本书得到国家自然科学基金项目(71601123)的资助

金融风险度量

基于非参数统计理论

刘晓倩 著

北京大学出版社
PEKING UNIVERSITY PRESS

图书在版编目(CIP)数据

金融风险度量：基于非参数统计理论/刘晓倩著. —北京：北京大学出版社，2021.10

ISBN 978-7-301-32689-3

Ⅰ. ①金… Ⅱ. ①刘… Ⅲ. ①金融风险—非参数统计 Ⅳ. ①F830.9

中国版本图书馆 CIP 数据核字(2021)第 215955 号

书　　名　金融风险度量——基于非参数统计理论
JINRONG FENGXIAN DULIANG
——JIYU FEI CANSHU TONGJI LILUN

著作责任者　刘晓倩　著

责 任 编 辑　吕　正

标 准 书 号　ISBN 978-7-301-32689-3

出 版 发 行　北京大学出版社

地　　址　北京市海淀区成府路 205 号　100871

网　　址　http://www.pup.cn　　新浪微博：@北京大学出版社

电 子 信 箱　sdyy_2005@126.com

电　　话　邮购部 010-62752015　发行部 010-62750672
编辑部 021-62071998

印 刷 者　北京虎彩文化传播有限公司

经 销 者　新华书店

730 毫米×980 毫米　16 开本　12.75 印张　200 千字
2021 年 10 月第 1 版　2021 年 10 月第 1 次印刷

定　　价　58.00 元

前　　言

有效度量和控制金融风险是金融市场所面临的最紧迫和最重要的任务之一,也是目前国际金融界的热点问题之一。科学准确地对风险进行度量是金融市场风险管理过程的核心环节,度量风险需要用到统计分析方法,对金融风险度量的统计方法研究是度量风险的重要手段。

笔者在介绍非参数核光滑估计和非参数回归估计的基础上,着重讨论金融风险度量风险价值(VaR)和期望损失(ES)的非参数估计方法及实证分析。主要涉及概率统计、非参数统计、半参数统计、计量经济学和金融风险管理等常用的统计模型和统计推断理论方法。

本书适合作为数理统计、统计学以及计量经济学等专业方向的研究生课程教材,还适合从事金融风险度量相关专业的专业人士使用。

全书分为七章。第一章介绍金融风险管理的基础知识;第二章为统计学基础知识;第三章重点介绍非参数统计的发展;第四章重点介绍非参数核密度估计方法;第五章介绍非参数局部多项式估计方法;第六章介绍风险度量 VaR 的非参数估计方法;第七章介绍风险度量 ES 的非参数估计方法。

本书的写作和修改得到了上海外国语大学许多同事和上海财经大学部分老师和同学的支持和帮助,特别要感谢我的导师周勇教授多年以来对我的关心和支持,感谢他引导我在整个研究生学习期间(包括硕士和博士)学习了许多金融风险度量模型的理论方法、现代统计学的思想与理论,毕业后也一直在关心和督促我的科研工作。感谢上海外国语大学国际金融贸易学院院长章玉贵教授，感谢章院长一直以来对我工作的支持和帮助。笔者在写作时还得到许多同行的建议，感谢他们的支持和帮助。

本书也得到国家自然科学基金项目(71601123)的资助。

最后感谢我的家人长期以来对我科研和教学工作的支持与理解，他们的支持让我有足够的时间完成此书的撰写。

刘晓倩

于上海外国语大学

目 录

第一章 金融风险管理概述 …… 001
1.1 基本概念界定 …… 002
1.2 金融风险分类 …… 003
1.3 金融风险度量 …… 005
1.4 金融风险案例 …… 007
第二章 统计学基础 …… 012
2.1 概率密度和累积分布函数 …… 012
2.2 描述性统计量:均值、标准差、偏度和峰度 …… 017
2.3 置信区间、置信度及分位数 …… 022
2.4 协方差与相关系数 …… 023
2.5 随机变量的求和统计 …… 024
2.6 矩阵运算知识 …… 025
第三章 非参数统计的发展 …… 039
3.1 非参数统计定义 …… 039
3.2 常见的非参数估计方法 …… 040
第四章 非参数核密度估计方法 …… 046
4.1 直方图估计 …… 048
4.2 核密度估计 …… 049

第五章 非参数局部多项式估计方法 …… 053
5.1 局部多项式估计方法的研究背景 …… 053
5.2 局部多项式估计方法研究现状 …… 055
5.3 非参数回归估计 …… 056
5.4 局部线性估计 …… 057
5.5 局部多项式回归 …… 072
5.6 附录:本章的部分证明 …… 075
第六章 风险度量 VaR 的非参数估计方法 …… 083
6.1 VaR 的理论模型及研究现状 …… 084
6.2 VaR 的非参数估计 …… 094
6.3 主要统计结论 …… 097
6.4 数值模拟及实证分析 …… 099
6.5 本章的定理证明 …… 109
6.6 附录:VaR 的非参数估计 $\hat{v}_p$ 与 $\hat{v}_{p,h}$ 的期望和方差的计算 …… 112
第七章 风险度量 ES 的非参数估计方法 …… 116
7.1 ES 的理论模型及研究现状 …… 117
7.2 ES 的非参数估计 …… 119
7.3 ES 非参数估计的比较 …… 121
7.4 数值模拟及实证分析 …… 124
7.5 本章定理证明 …… 136
7.6 附录:ES 的非参数估计 $\hat{\mu}_p$ 与 $\hat{\mu}_{p,h}$ 的期望和方差的计算 …… 179
参考文献 …… 194

第一章　金融风险管理概述

花旗集团前任主席 Walter Wriston 曾经说过:“生活的全部内容在于管理风险,而不是消除风险。”

金融风险管理的发展是受 20 世纪 70 年代以来金融市场波动的不断加剧影响的。1971 年,固定汇率制度的瓦解使得汇率具有波动性和灵活性;始于 1973 年的石油危机,导致高通货膨胀和利率的剧烈波动;从 1973 年 10 月 29 日一直到 12 月 5 日,美股持续大跌,道琼斯工业指数最低下跌到 784 点,1 个月的跌幅达 21%;1987 年 10 月 19 日被称为“黑色星期一”,美国股市历史上第一次熔断,股市下挫超过 23%,资本缩水 1 万亿美元;1989 年年末,日本股价泡沫最终破灭,日经指数在之后的三年内从 39000 点下跌到 17000 点,导致日本历史上规模空前的金融危机;1992 年 9 月,欧洲货币体系瓦解;1997 年 7 月 2 日,泰国宣布放弃固定汇率,实行浮动汇率制,引发亚洲金融风暴,印尼、韩国、马来西亚和泰国的股票市值损失了大约 3/4;2006 年春,美国“次贷危机”开始显现,2007 年 8 月开始席卷欧盟和日本等世界上主要金融市场;2008 年 9 月 7 日,美国联邦政府宣布接管房利美和房地美,9 月 15 日,雷曼兄弟申请美国历史上最大破产保护,9 月 17 日,美联储向危在旦夕的美国国际集团(AIG)提供 850 亿美元紧急贷款,变相接管该集团,这两个标志性事件意味着,“次贷危机”正式升级为金融危机;2011 年 5 月底开始,希腊的债务违约风险不断增加,6 月 13 日,标准普尔把希腊信用评级从 B 下调至 CCC,希腊成为世界上信用等级最差的国家。

纵观历史上这些事件，唯一的共同点就是它们的不可预见性。人们每次都会惊讶于这些事件变化之迅速、发生之突然，在大多数情况下，这些迅速的变化都造成了大量的资本损失，但通过金融风险管理可以有效降低这些不同的金融风险。

1.1 基本概念界定

在现代金融理论中，有关风险分析、定价和风险管理的理论和方法占据着重要的地位，是目前国际金融界的热点问题。荣获 1997 年诺贝尔经济学奖的美国金融学家 Robert Merton 教授曾经说过，资金的时间价值、资产定价和风险管理是现代金融理论的三大支柱。

自从人类经济社会出现存贷款等金融活动以来，金融风险和风险管理就成为经济和金融体系必要的组成部分。然而，全面系统的现代金融风险管理却是近二三十年才得以迅速发展的。伴随着 20 世纪七八十年代以来经济全球化、金融一体化和金融创新的发展，现代企业面临的风险环境也日益复杂，尤其是 20 世纪 90 年代一系列风险事件的发生，极大地推动了现代金融风险管理的发展。无论是风险管理的手段和内容，还是机制和组织形式都发生了很大变化。

现代企业一般面临着三类风险：战略风险、业务风险和金融风险。金融风险应该被定义为：个人、企业、金融机构以及政府在资金的筹措和运用中，由于客观环境的变化、决策失误或其他事先无法预料的不确定因素所造成的损失。金融风险是金融活动的内在属性，金融风险的广泛存在是现代金融市场的重要特征，与金融活动有关的任何一类经济主体都面临金融风险。

从总体上来说，金融风险管理是指人们通过实施一系列政策和措施来控制金融风险以消除或减少其不利影响的行为。金融风险管理包括风险识别、风险度量、风险管理决策与实施、风险控制四个阶段。其中，风险度量既是基础又是关键。

金融风险的度量是对金融风险水平的分析和估量，包括衡量各种风险导致损失的可能性大小以及损失发生的范围和程度。准确评估金融风险的大小对最大限度减少损失和获取利润十分重要。如果对风险估计不足，经济主体就不会采取相应措施规避风险或尽力减少风险可能造成的损失；反之，如果对风险估计过高，则可能会因此付出不必要的管理成本，并可能失去获取更大收益的机会。广义来说，这也是一类金融风险。

1.2　金融风险分类

根据不确定性的来源不同，金融风险主要可以分为五类：市场风险、信用风险、流动性风险、操作风险和法律风险。

市场风险：由于金融市场条件的变化（比如股票价格、利率、汇率等的变化）导致的不确定性，或者说，由于市场条件的变化导致金融资产损失的可能性。

市场风险主要有两种形式——绝对风险和相对风险。绝对风险是用资金或其他货币形式衡量的风险，关注点在总体收益率的波动性上；相对风险是用相对的基准指数衡量的风险，关注点在根据追踪误差或者比较与基准指数的差异衡量风险。

市场风险还可以分为方向性风险和非方向性风险。方向性风险是指由于股票价格、利率、汇率、商品价格等金融变量的运动方向所产生的风险。通常，这些风险可以通过线性近似值进行衡量。非方向风险是指其他市场风险，包括非线性风险、对冲头寸、波动性风险等。

市场风险可以由风险管理者通过限制名义金额、敏感性分析、VaR 衡量方法或独立监控进行控制。

信用风险：也称为违约风险，它是由于交易一方违约，无力履行义务导致财务损失的可能性。目前，信用风险管理是我国金融风险管理的主要内容。

债券、贷款和衍生工具都容易产生信用风险。总的来说，信用风险比较容易衡量。信用风险可以通过对名义金额、当前和潜在的风险进行信用限制，衡量市场风险的方法也可以用来衡量信用风险。

流动性风险：这是由于机构无法在预期价格下变现自己的资产从而导致资产损失的可能性。主要有两种形式的流动性风险：一种是现金资产的流动性风险，另一种是非现金资产的流动性风险。前者是指因为现金流不能满足机构支出的需求从而被迫提前进行清算使得账面潜在损失变为实际损失，甚至有导致机构破产的可能性。后者是指因为非现金资产不能按照市场现有价值及时变现造成损失的可能性。

流动性风险主要有两种形式——资产流动性风险和融资流动性风险。资产流动性风险也称为市场流动性风险或产品流动性风险，当相对于正常交易单位的交易头寸太大或太小，导致交易不能按现行市场价格进行时，产生的就是资产流动性风险。这种风险可以通过对某些市场或产品设置限制，或利用分散化的手段进行管理。融资流动性风险也称为现金流风险，是指投资者没有能力履行支付义务，可能会被迫提前进行清算，从而将账面损失转变为已实现的损失。当投资组合具有杠杆效应且很可能收到贷方的追加保证金通知时，就很容易产生融资流动性风险。融资流动性风险可以通过适当的现金流需求计划进行控制，现金流需求则可以通过对现金流缺口设置限制以及考虑通过筹集新资金满足资金短缺的需求加以控制。

操作风险：主要指由于金融机构自身交易系统不完善、管理失误、控制缺失或其他一些人为错误导致损失的可能性。

操作风险可能带来市场风险和信用风险。比如在交易中发生的一个操作性问题——“结算失败”，就可能产生市场风险和信用风险，因为交易成本取决于市场价格的波动情况。操作风险可以通过系统备份、严格内部控制责任、常规的应急计划等进行控制。

法律风险：主要指当交易对方不具备法律或监管部门授予的交易权利时导致损失的可能性。法律风险通常与信用风险相关，可以通过相关机构与风险管理者及高层管理人员进行协商后制定规章制度控制。

1.3　金融风险度量

金融风险的度量包含两方面的关键内容：一是确立有效的度量金融风险大小的指标；二是根据这些指标建立有效的度量金融风险的统计模型。相关金融风险度量的研究也是围绕这两个方面进行的。由于金融风险来自未来的不确定性，涉及多种因素，因而金融风险的度量相当复杂，技术含量很高。金融理论界和实践部门多年来一直致力于研究开发度量金融风险的有效方法。1952 年，Markowitz 在投资组合理论研究中，基于"风险是投资收益率的易变性或不确定性"提出将资产收益率对其分布均值的偏离，即方差或标准差作为风险度量的指标，开创了定量研究风险度量的先河。从此，金融风险管理在不断的变化、争议中创新、演变和发展。1973 年，以 Black-Scholes 的期权定价模型为标志，金融风险管理进入崭新的发展阶段，现代金融技术的不断发展和突破极大地推动了金融风险管理量化研究的发展。特别是 20 世纪 90 年代以来的一系列金融危机促进了当今金融风险管理行业的完善，无论是管理金融风险的手段、内容还是机制和组织形式，都发生了巨大变化。与传统金融风险管理相比，现代金融风险管理更加战略化、制度化、全面化、产品化、模型化、信息化。现代金融风险管理越来越重视定量分析，数学、统计学、计量经济学等在金融风险管理中得到大量应用，广泛运用数理统计模型识别、衡量和预测风险，使得金融风险管理越来越多体现出客观性和科学性的特征。最具代表性的金融风险度量模型是 1994 年 JP Morgan 提出的风险价值(value at risk，简称 VaR)模型，该模型受到业界的广泛认可和应用，被许多金融机构采用。1996 年，巴塞尔委员会明确规定将 VaR 模型作为确定银行监管资本的标准模型。

学者们在对金融风险管理60多年的研究中，发展出各式各样的金融风险度量和管理工具。在统计学上，根据这些风险度量工具侧重点的不同，常用的金融风险度量工具大体可以分为三类：

第一类是测量证券投资组合价值对市场影响因素的敏感性，我们可以称其为灵敏度方法。针对不同类型的金融资产有各种不同形式的灵敏度方法，比如针对股票的灵敏度方法有Beta，针对债券等利率性金融产品的灵敏度方法有久期(duration)、凸性、时期结构模型等，针对衍生金融工具的灵敏度方法有Delta、Gamma、Vega、Rho、Theta，等等。

第二类是采用概率统计学中的表示离散程度的矩(moment)来度量金融资产或投资组合风险的方法，反映的是收益率的总体波动性，我们可以称其为波动性方法。波动性越强，风险值越大。比如方差(variance)、半方差(semi-variance)、绝对离差(absolute deviation)、半绝对离差(semi-absolute deviation)、低位部分矩(LPM)等，都是基于矩的金融风险度量。在波动性方法中最具有代表性的应该是Markowitz于1952年提出的均值—方差模型，随后Cox和Ross于1976年 发展了资本资产定价模型(capital asset pricing model，简称CAPM)，用标的资产价格和收益率的统计方差作为风险度量的核心技术。这类金融风险度量工具的优点是非常简单直观，容易理解，并且都具有良好的统计性质，因此至今仍然得到广泛应用。

第三类是建立在分位点(quantile)基础上的尾部金融风险度量，度量的是发生在金融资产收益率分布尾部，特别是左尾部的不利事件所造成的金融风险，其中最具代表性的就是VaR模型。由于风险管理者最关心的是发生在收益率分布左尾部的风险，所以在风险管理中常用的风险度量方法以基于分位点的尾部风险度量为主。

1.4　金融风险案例

1.4.1　巴林银行倒闭

1995 年 2 月 27 日(星期一),全世界各大报纸的头版头条都报道了一个震惊全球的消息,英国最古老的银行之一——巴林银行濒临破产,经过英格兰银行一个周末的拯救,这家有着 233 年悠久历史的金融翘楚最终消逝在历史的长河之中。令人意想不到的是,就是这样一家有着悠久历史、在全球范围内掌控 270 多亿英镑的金融巨头,毁在一个年仅 28 岁的交易员尼克·里森手中。

里森在期货市场上的操作使得巴林银行面临日本股票市场的巨大风险,最终给巴林银行带来巨额损失并导致其破产。在此之前,里森被国际金融界誉为"天才交易员",曾任巴林银行驻新加坡巴林期货交易部经理、首席交易员,以稳健、大胆著称。在日经 225 股指期货合约市场上,他曾被誉为"不可战胜的里森"。巴林银行在新加坡交易所和大阪交易所的名义头寸曾高达 70 亿美元。在 1995 年的 1—2 月,日本股市下跌超过 15%,巴林银行遭受巨大的损失。同时,由于里森已经大量售出期权,使得损失进一步加重。当损失不断加重时,里森依然固执地认为日本股市会保持平稳,仍然不断地扩大手里的头寸规模。2 月 24 日,日经指数再次加速暴跌,里森所在的巴林期货交易部的头寸损失已接近整个巴林银行资本和储备之和,融资已无渠道,亏损已无法挽回,里森已经没有资金支付交易所要求的保证金,里森最终畏罪潜逃。随后,里森给上司发了一份传真:"我为留下的烂摊子深表歉意。"

由于巴林银行一直被认为是一家保守的银行,它的破产给全世界的金融机构敲响了警钟。此次破产揭示了巴林银行内部管理的严重缺陷:里森既控制了前台交易部门,又控制了后台部门。后台部门的职能是确认交易并确保所有的交易活动都符合规章制度。在任何一家正规的银行,交易员可以支配的资金和可持有的头寸数量都有严格限制。为了避免利益冲突,银行必须清楚界定前台交易部门和后台部门各自不同的职能。此外,多数银行都设有独立的金融风险管理部门,以加强对交易员的监督检查。

由于新加坡交易所和大阪交易所未注意到巴林银行的头寸规模,因此也难辞其咎。在大阪交易所,巴林期货公司的头寸曾高达 2 万张合约,每张合约价值 20 万美元。这个数字是该交易所第二大头寸的 8 倍,第二大头寸仅为 2500 张合约。

里森之所以犯下如此“滔天大罪”,是因为他过去的交易记录非常优秀。1994 年,里森为巴林银行创造了 2000 万美元的利润,约占巴林银行总利润的 1/5。这为里森和他的上司们带来了丰厚的奖金。巴林银行破产也与其所采用的“矩阵管理结构”有关,里森所在的部门需遵循“地理”和“职能”两条路径进行汇报,这种管理结构固有的分散性导致了监管上的薄弱。也有人指责巴林银行的高层管理人员,在已经察觉里森的行为会带来巨大风险时,还同意拨款 10 亿美元帮助里森追加保证金。

1995 年 2 月 27 日,《华尔街日报》引用英格兰银行的官员们有关巴林银行破产的观点,很好地概括了此次事件带给我们的教训:英格兰银行的官员们表示,他们并不认为巴林银行倒闭的问题与衍生工具之间有某种特殊联系。在某种情况下,当交易员超越授权范围持有大量头寸时,真正的问题在于投资机构内部控制的强度,以及交易所和管理层进行的外部监控。

巴林银行的股东们承担了全部损失,巴林银行的股价跌至 0,高达 10 亿美元的市场资本总额瞬间化为乌有。巴林银行的债券持有者只能得到债券面额 5%的偿付。此外,还有一部分损失由荷兰的金融服务集团荷兰国际公司承担,该公司斥“巨资”1 英镑收购了巴林银行。

1.4.2　大和银行亏损案

大和银行亏损案就像是巴林银行倒闭事件的重现。大和银行是日本排名第 12 位的大型国际性商业银行。1995 年 9 月，大和银行纽约分行主管交易的执行副总裁井口俊男坦言自己在长达 11 年的时间中累计隐瞒高达 1100 亿日元的巨额亏损，该亏损金额与导致巴林银行倒闭的金额相当。随即，大和银行被迫对外宣布亏损。但由于其"家大业大"，这笔损失"仅仅"蒸发了该银行 1/7 的资本。大和银行虽未倒闭，却信誉扫地，最后不得不走向与住友银行合并之路。井口俊男成为继巴林银行交易员里森之后，又一个令国际银行界为之震惊的人物。

井口俊男 1976 年开始在大和银行纽约分行工作，三年后被提拔为交易部主任，负责前台交易、后台结算和债券保管。自 1984 年起的 11 年里，井口俊男总计隐瞒了以美国国库券为标的物的 3 万多笔交易。井口俊男利用职务之便篡改客户账户，将客户账户中的债券出售，再造假账说明这些债券并未卖掉。假账和亏损积聚迅速，然而日本政府的大藏省、美国联邦储备银行及大和银行总行均未检查出问题，直到井口俊男自感难以为继才主动坦白，各方如梦初醒。很显然，大和银行没有交叉核对每日的交易，也没有核对投资组合的月汇总报表。

与巴林银行倒闭事件一样，大和银行亏损的最大问题依然是井口俊男既负责前台交易又控制后台部门。在日本的国内市场上，日本银行依赖团队精神，这种团队精神可以为内部的安全机制发挥作用。但是，在海外市场，采取日本国内的方法就有可能会产生致命的风险。大和银行亏损案充分暴露了日本银行风险管理上的问题，大和银行亏损案其实比巴林银行倒闭案更令人担忧。因为大和银行的亏损被隐瞒长达 11 年之久，而不是短短的几个月。

在大和银行发生巨额亏损之前，由于国际信贷和商业破产的警示,美国已经加强对外国银行的监管力度。美国联邦储备委员会分别于1992年11月和1993年11月两次检查了大和银行的美国分支机构,且两次都警告其管理结构存在巨大风险。然而,大和银行管理层并没有引起重视,也没有作出大的调整。

由于井口俊男造成的巨大损失,大和银行关闭了纽约分行,其高级管理层在1995年10月宣布缩小大和银行的经营规模。美国政府严厉地惩罚了大和银行,责令其停止在美国的一切经营活动,这种处罚是前所未有的。

大和银行巨额亏损在日本金融界引起极大震动,东京股票交易所及大阪股票交易所当天暂停了大和银行的股票交易。国际金融市场对大和银行的巨额亏损也作出反应,在香港同业市场,大和银行融资成本比其他银行高出0.3125个百分点。穆迪及标准普尔闻讯后,下调了大和银行的信用级别。尽管日本大藏省及中央银行多次重申大和银行亏损不至于拖累日本银行体系,但人们难免会担心日本金融体系的脆弱性。

1.4.3 法国兴业银行巨亏案

法国兴业银行是法国主要银行集团之一,成立于拿破仑时代,是世界上最大的银行集团之一。其总资产在1997年12月31日达到4411亿美元,从法国第3位跃居到第1位,在全球银行业排名第7。2008年,以市值计算,法国兴业银行在巴黎股票交易所的市值达369亿欧元,为法国第二大银行、欧元区第七大银行。一直以来,法国兴业银行在全球以风险管理优秀著称,尤其在股权衍生品方面,法国兴业银行长期扮演全球衍生品交易领导者角色,是全球另类投资领域最大的提供商,是金融界公认防范风险的典范。

自2007年开始,杰洛米·科维尔利用银行资金对欧洲股指期货的未来走向投下巨额的做空筹码,并创设了虚假的对冲头寸,以掩盖自己的操作。直到2007年年末,科维尔的交易还处于赢利水平。但在 2007 年圣诞节及 2008 年新年假期后，市场开始走向了他的对立面。他交易的巴黎 CAC-40 指数大幅下挫。这意味着他所持的头寸出现了较大损失。2008 年 1 月 24 日，位于香港的法国兴业银行亚太总部发布公告，由于该行的杰洛米·科维尔交易员在股指期货操作上的欺诈行为，导致法国兴业银行损失 49 亿欧元。法国兴业银行因此被法国银行委员会罚款 400 万欧元，科维尔最终被判三年监禁，并向法国兴业银行赔偿 49 亿欧元损失。

由于损失巨大，并且超出了法国兴业银行的风险控制范围，导致其资本充足率降至警戒线以下，全球最大的信誉评级机构穆迪、惠誉、标准普尔等相继调低法国兴业银行的债务等级，法国兴业银行面临被收购的风险。2008 年 2 月 11 日，法国兴业银行不得不对外宣布，将通过融资扩股计划筹资 55 亿欧元以渡过此次危机。

法国兴业银行具有享誉全球的风险控制系统，科维尔的欺诈性交易在系统中触发了多达 75 次的警报，但是大部分预警并没有按照风险控制程序得到全面、准确的查证。

科维尔在股指期货投机的失败表明，金融衍生工具的使用具有“双刃剑”作用，一方面，它可以帮助银行规避国际市场中的价格、利率、汇率风险，使银行管理层可以有更多精力关注核心业务；另一方面，过度的金融衍生业务投资又会在银行内部积聚巨大风险，且金融衍生品业务中的风险性可能会被无限放大，由个人和所在机构的风险演变为系统性风险。

以上三个案例所涉及的损失都超过 10 亿美元。造成损失的具体原因是多样的，但归根结底，导致金融风险的主要原因是企业内部风险控制制度的缺乏或失效，并且缺乏有效的金融风险管理政策。

第二章 统计学基础

众所周知，风险度量技术离不开统计分析方法，笔者在本章中将介绍一些在风险度量中用到的统计学方法。

2.1 概率密度和累积分布函数

在用参数统计方法度量风险时，我们通常用概率密度函数描述不同损失水平的可能性大小。例如，我们可以用概率密度函数计算某个投资组合的日损失不超过 100 万元的概率。对于一组数据，要构造它的概率密度函数，通常要先构造该组数据的直方图，然后根据直方图得到其概率密度图，进而得到该组数据的概率密度函数。

假设我们有一组数据（如某只基金的日收益率），我们定义几个区间，把这些不同的日收益率数值归入不同的区间，计算落入每个区间内的样本数量有多少，据此，便可以得到统计学中的直方图。概率的古典定义就是：落入某个区间（比如第 i 个区间）的样本个数 n_i 除以总的样本数 N，就是落入第 i 个区间的概率 P_i，记为

$$P_i = \frac{n_i}{N}$$

如果我们所研究的数据是离散型的，即数据取值的所有可能性都能列举出来，如 $x_1, x_2, \cdots, x_n$，则称 $P(x_i) = P(X = x_i)$ 为概率函数。若我们所研究的数据通常是连续型的，即数据值可以取某一区间或整个实数轴上的任意一个值，此时取任何一个特定的值的概率都等于 0，不

能列出每一个值及其相应的概率，对于此类情形，我们通常研究它取某一区间值的概率。我们用 $f(x)$ 表示概率密度函数，但需要注意的是，$f(x)$ 不是概率，即 $f(x) \neq P(X=x)$，而 $P(X=x)$ 在连续分布的条件下为零。通常，$f(x)$ 须同时满足以下两个条件：

$$f(x) \geqslant 0,$$

$$\int_{-\infty}^{+\infty} f(x)\,\mathrm{d}x = 1$$

这种连续型数据的概率通常用分布函数 $F(x)$ 来表示，分布函数定义为

$$F(x) = P(X \leqslant x) = \int_{-\infty}^{x} f(t)\,\mathrm{d}t(-\infty < x < +\infty)$$

$$f(x) = F'(x)$$

在风险管理中，我们最常用到的四种连续型随机变量概率密度函数为正态分布、t 分布、对数正态分布和贝塔分布。

2.1.1 正态分布

正态分布又称高斯分布，也被称为贝尔曲线。人们在描述影响市场风险的因素，如利率、汇率、股票价格等的变化时，经常用到正态分布。之所以把这些影响因素看作正态分布，是因为正态分布具有很好的统计性质，并且存在中心极限定理。关于中心极限定理，最简单、常用的描述是这样的：在实际工作中，只要样本容量 n 足够大，便可以把独立同分布的随机变量之和看作服从正态分布。这种方法的应用非常普遍，当处理大样本数据时，它是一个非常重要的工具。正态分布的概率密度函数为：

$$f(x) = \frac{1}{\sigma\sqrt{2\pi}} \mathrm{e}^{-\frac{1}{2\sigma^2}(x-\mu)^2}, \quad -\infty < x < +\infty$$

记作 $X \sim N(\mu,\sigma^2)$，其中，$f(x)$ 表示随机变量 X 取值为 x 对应的概率密度，μ 为均值，σ^2 为方差。一般正态分布取决于均值 μ 和标准差 σ，μ 决定曲线的高度，σ 决定曲线的平缓程度，即宽度。正态分布曲线的最

高点在均值 μ 处，因为正态分布曲线是一对称图形，所以 μ 也是正态分布的中位数和众数。

任何一个一般的正态分布，都可以通过线性变换

$$Z = \frac{X-\mu}{\sigma} \sim N(0,1)$$

转化为标准正态分布。事实上，我们有

$$\begin{aligned} P(Z \leqslant z) &= P\left(\frac{X-\mu}{\sigma} \leqslant z\right) = P(X \leqslant \sigma z + \mu) \\ &= \frac{1}{\sigma\sqrt{2\pi}} \int_{-\infty}^{\sigma z+\mu} e^{-\frac{1}{2\sigma^2}(x-\mu)^2} dx = \frac{1}{\sqrt{2\pi}} \int_{-\infty}^{z} e^{-\frac{t^2}{2}} dt \end{aligned}$$

所以，$P(Z \leqslant z)$是标准正态分布的累积分布函数，通常记为

$$\Phi(x) = \int_{-\infty}^{x} \frac{1}{\sqrt{2\pi}} e^{-\frac{t^2}{2}} dt$$

标准正态分布的概率密度函数通常记为

$$\varphi(x) = \frac{1}{\sqrt{2\pi}} e^{-\frac{x^2}{2}}, \quad -\infty < x < \infty$$

所有正态分布的概率都可以借助标准正态分布进行计算。例如，计算正态分布 $N(\mu,\sigma^2)$的期望时，可以先求标准正态分布 $N(0,1)$的期望，然后通过变换得到 $N(\mu,\sigma^2)$的期望。如果 $Z \sim N(0,1)$，则有

$$EZ = \frac{1}{\sqrt{2\pi}} \int_{-\infty}^{+\infty} t e^{-\frac{t^2}{2}} dt = -\frac{1}{\sqrt{2\pi}} e^{-\frac{t^2}{2}} \Big|_{-\infty}^{+\infty} = 0$$

于是，若有 $X \sim N(\mu,\sigma^2)$，根据期望的计算公式，可以得到

$$EX = E(\mu + \sigma Z) = \mu + \sigma EZ = \mu$$

类似地，我们可以根据 $VarZ=1$ 以及计算方差的公式得到 $VarX=\sigma^2$。

正态分布是一类特别的分布，它的两个参数期望(μ)和方差(σ^2)完全确定了分布的形状和位置。当然，参数能够完全确定分布的不止正态分布，通常，位置—尺度函数的概率分布函数均具有这一性质。关于位置—尺度函数的概率分布介绍，读者可以查阅高等数理统计相关书籍。

正态分布的应用极其广泛，其中最重要的一项应用是可以通过正态分布逼近其他分布，这是由中心极限定理所保证的。例如，若随机变量 X 服从参数为(n,p)的二项分布，则期望为 $EX=np$，方差为 $VarX=np(1-p)$。在适当的条件下，X 的分布可以用一个期望 $\mu=np$，方差 $\sigma^2=np(1-p)$的正态随机变量来近似。这里需要的适当的条件是 n 很大，而 p 不在其定义域端点 0 和 1 附近，n 很大是为了保证 X 有足够多的取值，p 尽可能取到中间是为了保证二项分布尽可能对称，在形态上更接近于正态分布。

2.1.2 t 分布

t 分布也称为学生分布，可以由正态分布变量转换得到。假设随机样本 $X_1,X_2,\cdots,X_n$ 来自正态分布 $N(\mu,\sigma^2)$总体，则随机变量 $T=\frac{\bar{X}-\mu}{S/\sqrt{n}}$服从自由度为$(n-1)$的 t 分布，记为 $T\sim t(n-1)$或 $T\sim t_{n-1}$。随机变量 T 的概率密度函数可以记为

$$f_T(t)=\frac{\Gamma\left(\frac{n}{2}\right)}{\Gamma\left(\frac{n-1}{2}\right)}\frac{1}{[(n-1)\pi]^{1/2}}\frac{1}{(1+t^2/(n-1))^{n/2}},$$

$$-\infty<t<+\infty$$

若上式中 $n=2$，则此概率密度函数就是样本容量为 2 时的 Cauchy 分布的概率密度函数。

t 分布并非存在任意阶的矩，没有矩母函数。若 t 分布的自由度为 n，则它只存在$(n-1)$阶矩。若 $T\sim t_{n-1}$，其期望和方差分别为

$$\mathrm{E}T_{n-1}=0,\quad n>2$$

$$\mathrm{Var}T_{n-1}=\frac{n-1}{n-3},\quad n>3$$

2.1.3 对数正态分布

当所研究的数据均为非负值时，如股票的价格、利率的取值等，我

们可以把这样的数据看作服从对数正态分布。如果某一随机变量 X 服从对数正态分布，那么对该变量取对数后，即 $Y=\log X$，就服从正态分布。反之，如果某一随机变量 X 服从正态分布，那么对该变量取指数，即 e^X 就服从对数正态分布。所以，若 X 服从对数正态分布，其概率密度函数为：

$$f(x \mid \mu\sigma^2) = \frac{1}{\sqrt{2\pi}\sigma}\frac{1}{x}e^{-(\log x-\mu)^2/(2\sigma^2)}$$

其中，$0\leqslant x<+\infty$，$-\infty<\mu<+\infty$，$\sigma>0$。通常，我们记为 $X\sim LN(\mu,\sigma^2)$。利用对数正态分布与正态分布之间的联系，可以得到对数正态分布的期望为：

$$\mathrm{E}X = \mathrm{E}e^{\log X} = \mathrm{E}e^{Y} = e^{\mu+(\sigma^2/2)}$$

其中，最后一个等式是根据正态分布的矩母函数得到的。用同样的方法可以算得 $\mathrm{E}X^2$，进而得到方差为：

$$\mathrm{Var}X = e^{2(\mu+\sigma^2)} - e^{2\mu+\sigma^2}$$

对数正态分布的形状与 Γ 分布族相似，广泛应用于某些右偏的数据集。例如，人们的收入通常是一个右偏变量，因而可以通过对数正态分布对其进行建模，而 log(收入)服从的就是一个正态分布，可以按照正态分布的理论进行分析处理。

2.1.4 贝塔分布

在描述信用风险的损失时，最常用的是贝塔分布。贝塔分布的特点是具有很高的偏度。贝塔分布是一个(0,1)区间内含有两个参数(α,β)的连续分布，其概率密度函数较为复杂，表示为：

$$f(x \mid \alpha,\beta) = \frac{1}{\mathrm{B}(\alpha,\beta)}x^{\alpha-1}(1-x)^{\beta-1}$$

其中，$0<x<1$，$\alpha>0$，$\beta>0$，$\mathrm{B}(\alpha,\beta)$表示贝塔函数(B 函数)，

$$\mathrm{B}(\alpha,\beta) = \int_0^1 x^{\alpha-1}(1-x)^{\beta-1}\mathrm{d}x$$

B 函数与 Γ 函数之间存在如下关系：

$$B(\alpha,\beta)=\frac{\Gamma(\alpha)\Gamma(\beta)}{\Gamma(\alpha+\beta)}$$

所以我们可以借助 Γ 函数的性质处理 B 函数的问题，事实上，通常都是如此处理问题的。

贝塔分布是为数不多的几类被命名且在有限区间上取得概率为 1 的分布函数之一，因而常被用于(0,1)内的各种比例数据分析。

根据贝塔分布的概率密度函数，我们可以求得贝塔分布的 n 阶原点矩为：

$$\begin{aligned}EX^n&=\frac{1}{B(\alpha,\beta)}\int_0^1 x^n x^{\alpha-1}(1-x)^{\beta-1}\mathrm{d}x\\&=\frac{1}{B(\alpha,\beta)}\int_0^1 x^{(\alpha+n)-1}(1-x)^{\beta-1}\mathrm{d}x\\&=\frac{B(\alpha+n,\beta)}{B(\alpha,\beta)}\\&=\frac{\Gamma(\alpha+n)\Gamma(\alpha+\beta)}{\Gamma(\alpha+\beta+n)\Gamma(\alpha)}\end{aligned}$$

当上式中的 $n=1,2$ 时，可以得到参数(α,β)的贝塔分布的期望和方差分别为：

$$EX=\frac{\alpha}{\alpha+\beta}$$

$$\mathrm{Var}X=\frac{\alpha\beta}{(\alpha+\beta)^2(\alpha+\beta+1)}$$

参数(α,β)取值不同，贝塔分布会呈现不同的形状。当 $\alpha=\beta=1$ 时，贝塔分布退化成(0,1)区间上的均匀分布，所以均匀分布可以看作贝塔分布的一个特例。并且通过适当的变换，还可以将贝塔分布跟 F 分布联系起来。

2.2　描述性统计量：均值、标准差、偏度和峰度

进行数据分析时，我们通常需要对数据分布的特征进行简单的描

述性统计分析，主要从三个方面进行测度和描述：一是分布的集中趋势，反映的是各数据向其中心值靠拢或聚集的程度；二是分布的离散程度，反映的是各数据远离其中心值的趋势；三是分布的形状，反映的是数据分布的偏态和峰态。这三个方面分别反映了数据分布特征的不同侧面。

2.2.1 均值

集中趋势是一组数据向其中心值靠拢的倾向和程度，测度集中趋势就是寻找数据水平的代表值或中心值，不同类型的数据用不同的集中趋势测度值，低层次数据的测度值适用于高层次的测量数据，但高层次数据的测度值并不适用于低层次的测量数据。

第一种反映数据集中趋势的统计量是众数，也就是一组数据中出现次数最多的变量值，主要用于分类数据，也可用于顺序数据和数值型数据。众数适合于数据量较大，数据分布偏斜程度较高，且有明显峰值时应用，并且不受极端值影响。

第二种反映数据集中趋势的统计量是中位数和分位数，中位数是数据排序后处于中间位置上的变量值，分位数是数据排序后处于不同百分比分位点位置上的变量值。中位数和分位数主要用于顺序数据，也可用于数值型数据，但不能用于分类数据。中位数和分位数适用于数据分布偏斜程度较高时，也不受极端值影响。

第三种反映数据集中趋势的统计量是均值，也称为平均数，是一组数据相加后除以数据的个数得到的结果。均值是集中趋势最常用的测度方法，是一组数据的均衡点所在，体现的是数据的必然性特征。根据总体数据计算的，称为总体平均数，通常记为 μ；根据样本数据计算的，称为样本平均数，通常记为 $\bar{x}$。平均数适用于数值型数据，且具有优良的数学性质；其还适用于对称或接近对称分布的数据，但易受极端值影响。

总体数据的均值是所有值的加权和，权重系数是每个取值所对应

发生的概率。如果研究总体是离散型的,那么其均值是各个取值的加权和,即

$$\mu = \sum_{i=1}^{N} p(x_i) x_i$$

其中,N 表示总体容量,$p(x_i)$表示实验结果 x_i 对应的概率。如果研究总体是连续型的,那么其均值可用积分表达式表示,即

$$\mu = \int_{-\infty}^{+\infty} x f(x) \mathrm{d}x$$

其中,$f(x)$表示 x 的概率密度函数。随机变量的均值通常又被称为预期值。如果 $P(x_i)$和 $f(x)$对不同的取值 x_i 有不同的取值,就称此时得到的平均数为加权平均数。

平均数具有很好的数学性质。第一,各变量值与平均数的离差之和等于零,即

$$\sum_{i=1}^{n} (x_i - \bar{x}) = 0$$

第二,各变量值与平均数的离差平方和最小,即

$$\sum_{i=1}^{n} (x_i - \bar{x})^2 = \min$$

2.2.2 标准差

数据分布的另一个重要特征就是离中趋势,它反映的是各个变量值远离中心值的程度,也就是离散程度。离中趋势其实从另一个侧面说明集中趋势测度值所能代表的程度。同样地,不同类型的数据有不同的离散程度测度值,低层次数据的离散程度测度值适用于高层次的测量数据,但高层次数据的离散程度测度值并不适用于低层次的测量数据。

第一种反映数据离中趋势的统计量是异众比率,它是对分类数据离散程度的测度,也可用于顺序数据和数值型数据。所谓异众比率,就是非众数组的频数占总频数的比例,衡量的是众数的代表性。

第二种反映数据离中趋势的统计量是四分位差,也称内距或四分

间距，它是对顺序数据离散程度的测度，也可用于数值型数据。所谓四分位差，就是上四分位数与下四分位数之差，反映的是中间 50%数据的离散程度。四分位差不受极端值的影响，但并没有充分利用原始数据，衡量的是中位数的代表性。

第三种反映数据离中趋势的统计量是方差、标准差、平均差、极差等。

极差也被称为全距，是一组数据的最大值与最小值之差，表明总体数据变动的范围。离差是表示离散程度的最简单测度值，极易受到极端值的影响，并且没有考虑数据的分布情况。但是，极差计算起来非常简便，直观且易于理解。

平均差也被称为平均绝对离差，是各变量值与其平均数离差的绝对值的平均数。平均差能全面反映一组数据的离散程度，但是数学性质较差，所以在实际中的应用非常少。

方差和标准差是反映数据离散程度最常用的测度值，反映的是各变量值与均值的平均差异。如果是根据总体数据计算得到的方差或标准差，称为总体方差或标准差，分别记为 σ^2、σ；如果是根据样本数据计算得到的方差或标准差，称为样本方差或标准差，分别记为 s^2、s。在风险管理度量中，标准差是一个非常重要的统计量，因为标准差可以反映收益的期望值同实际收益之间的差异。

总体数据的方差是所有取值同均值之差的平方的加权和，权重系数是每个取值所对应发生的概率。如果研究总体是离散型的，那么其方差用加权和的形式可表示为：

$$\sigma^2 = \sum_{i=1}^{N} [p(x_i)\ (x_i - \mu)^2]$$

其中，N 表示总体容量，$p(x_i)$表示实验结果 x_i 对应的概率。如果研究总体是连续型的，那么其方差用积分表达式表示，即

$$\sigma^2 = \int_{-\infty}^{+\infty} [f(x)\ (x_i - \mu)^2]\mathrm{d}x$$

其中，$f(x)$表示 x 的概率密度函数。

对于样本数据而言，其方差公式为：

$$s^2 = \frac{\sum_{i=1}^{n}(x_i - \bar{x})^2}{n-1}$$

其中，n 表示样本容量，之所以是除以($n-1$)而不是 n，是为了保证样本方差与所研究的总体方差具有一致性，保证样本方差是一个无偏统计量。

2.2.3　偏度和峰度

偏度的定义是统计学家 Pearson 于 1895 年首次提出的，是对数据分布偏斜程度(不对称程度)的一种度量。将偏度应用到风险管理中，就是对盈利概率是否超过损失概率的一种描述。如果偏度系数等于 0，就表示所研究数据服从的分布为对称分布；如果偏度系数大于 0，就表示所研究数据服从的分布为右偏分布；如果偏度系数小于 0，就表示所研究数据服从的分布为左偏分布。偏度系数大于 1 或小于 −1，通常被认为是高度偏态分布；偏度系数在 0.5 到 1 或 −0.5 到 −1 之间，通常被认为是中等偏态分布；偏度系数越接近于 0，其偏斜程度就越小。离散型和连续型总体数据的偏度系数公式分别为：

$$SK = \sum_{i=1}^{N}\left[\left(\frac{x_i - \mu}{\sigma}\right)^3 p(x_i)\right]$$

和

$$SK = \int_{-\infty}^{+\infty}\left[\left(\frac{x_i - \mu}{\sigma}\right)^3 f(x_i)\right]\mathrm{d}x$$

峰度由统计学家 Pearson 于 1905 年首次提出。峰度是对数据分布扁平程度的一种度量。在风险管理中，通常用峰度来描述极端事件，如发生概率为 1‰的重大损失事件。例如，我们考虑两个不同的资产组合，它们的均值、标准值、偏度系数都相同，只有峰度不同。这时如果发生极端事件，峰度较高的资产组合遭受的损失将会更加严重。峰度系数等于 0 表示扁平峰度适中，峰度系数小于 0 表示为扁平分布，峰度系数大于 0 表示为尖峰分布。离散型和连续型总体数据的峰度系数公式分别为：

$$K=\sum_{i=1}^{N}\left[\left(\frac{x_i-\mu}{\sigma}\right)^4 p(x_i)\right]-3$$

和

$$K=\int_{-\infty}^{+\infty}\left[\left(\frac{x_i-\mu}{\sigma}\right)^4 f(x_i)\right]\mathrm{d}x-3$$

2.3 置信区间、置信度及分位数

由样本统计量所构成的总体参数估计区间称为置信区间，它是一种旨在阐述未来事件可能发生的可能性（概率）的方法。统计学家们在某种程度上确信这个区间会包含真正的总体参数，所以称其为置信区间。置信区间是用一个具体样本所构造的区间，是一个特定的区间，我们无法知道这个样本所产生的这个区间是否包含总体参数的真值。我们只能希望这个区间是大量包含总体参数真值的区间中的某一个，但它也可能是少数一部分不包含参数真值的区间中的一个。通过置信区间，我们可以判断一个变量落在某个区间内的概率值。比如变量 X 落在 a 和 b 之间的概率可以表示为

$$P(a<x<b)=\int_a^b f(x)\mathrm{d}x$$

其中，a 和 b 是区间的上下限，$f(x)$是变量 X 的概率密度函数。假如随机变量 X 服从标准正态分布，那么变量 X 落在[-1,1]之间的概率是 0.682，因此对于服从标准正态分布的变量而言，68.2%的置信区间就是[-1,1]。变量 X 落在[-2,2]之间的概率是 0.954，则对于服从标准正态分布的变量而言，95.4%的置信区间就是[-2,2]。变量 X 落在[-3,3]之间的概率是 0.997，则对于服从标准正态分布的变量而言，99.7%的置信区间就是[-3,3]。

在风险管理中，人们常常更关心左端风险以及出现最糟糕情形的可能性。所以置信度比置信区间在风险管理中应用更加广泛。我们用置信度来表示某个概率水平，在此水平下，随机变量不会超过某个

值。还是以标准正态分布为例，随机变量 X 服从标准正态分布，那么变量 X 大于 1.64 的概率只有 0.05，变量 X 小于－1.96 的概率只有 0.025。

分位数是置信度的逆运算。分位数为 95％表示在这个样本容量足够大的样本中，存在一个样本值，大约 95％的样本值都比它小。对于服从标准分布的样本而言，分位数 95％等于均值加上 1.64 倍的标准差。在处理实际数据时，分位数 95％代表整个数据进行排序后，排在 95％位置上的数据。例如，共有 600 个数据，那么分位数 95％就是指排序后倒数第 30 位的那个数。

2.4　协方差与相关系数

上文介绍的是独立随机变量的统计特征，实际上，随机变量是直接存在关系的，特别是当研究对象为金融数据时，金融数据之间往往存在相关关系。这种刻画随机变量之间关系强度的统计量就是协方差和相关系数。

假设有两个随机变量 X 和 Y，它们的期望分别记为 μ_X 和 μ_Y，方差分别记为 σ_X^2 和 σ_Y^2，那么随机变量 X 和 Y 的协方差定义为：

$$\mathrm{Cov}(X,Y) = \mathrm{E}[(X-\mu_X)(Y-\mu_Y)]$$

相关系数定义为：

$$\rho_{XY} = \frac{\mathrm{Cov}(X,Y)}{\sigma_X \sigma_Y}$$

如果随机变量 X 和 Y 同时增大或者减小，则称它们是正相关的，此时协方差（相关系数）大于 0。如果 X 增大时 Y 反而减小，则称它们是负相关的，此时协方差（相关系数）小于 0。如果随机变量 X 和 Y 的变化没有任何关联，彼此是完全独立的，则称它们是不相关的，此时协方差（相关系数）等于 0。

协方差的取值可以是任意实数，并且根据协方差的取值无法确定随机变量 X 和 Y 之间关系的强度。相关系数的取值介于−1 和 1 之间,当相关系数取值为−1 或者 1 时,表示随机变量 X 和 Y 之间存在纯粹的线性关系。一个随机变量同自身的相关系数恒等于 1。

2.5 随机变量的求和统计

在风险管理的研究过程中,常常会遇到关于随机变量的求和统计问题。例如,研究信贷问题时,信贷组合的损失等于构成此信贷组合的各个独立部分的损失之和。再如,研究股票收益时,一年总的交易损失等于每天的损失之和,等等。假设随机变量 Z 是随机变量 X 和 Y 的和,即

$$Z = X + Y$$

和的期望等于两个随机变量期望之和,即

$$\mathrm{E}Z = \mathrm{E}X + \mathrm{E}Y$$

和的方差等于两个随机变量的方差之和再加上它们的协方差,即

$$\mathrm{Var}Z = \mathrm{Var}X + \mathrm{Var}Y + 2\mathrm{Cov}(X,Y)$$

以上关系式在很多风险度量场合都会用到,可以通过简单推导得到此结论。推导过程如下:

$$\begin{aligned}\mathrm{Var}Z &= \mathrm{Var}(X+Y) = \mathrm{E}(X+Y)^2 - [\mathrm{E}(X+Y)]^2 \\ &= \mathrm{E}(X^2+Y^2+2XY) - (\mathrm{E}X)^2 - (\mathrm{E}Y)^2 - 2\mathrm{E}X\cdot\mathrm{E}Y \\ &= [\mathrm{E}X^2 - (\mathrm{E}X)^2] + [\mathrm{E}Y^2 - (\mathrm{E}Y)^2] + 2[\mathrm{E}XY - \mathrm{E}X\cdot\mathrm{E}Y] \\ &= \mathrm{Var}X + \mathrm{Var}Y + 2\mathrm{Cov}(X,Y)\end{aligned}$$

如果是多个随机变量的和,$Y=X_1+X_2+\cdots+X_p$,那么 Y 的期望和方差分别为:

$$\mathrm{E}Y = \mathrm{E}X_1 + \mathrm{E}X_2 + \cdots + \mathrm{E}X_p,$$

$$\begin{aligned}\mathrm{Var}Y = &\sqrt{\mathrm{Var}X_1}\cdot\sqrt{\mathrm{Var}X_1} + \rho_{X_1,X_2}\sqrt{\mathrm{Var}X_1}\cdot\sqrt{\mathrm{Var}X_2} + \cdots \\ &+ \rho_{X_1,X_p}\sqrt{\mathrm{Var}X_1}\cdot\sqrt{\mathrm{Var}X_p} + \rho_{X_2,X_1}\sqrt{\mathrm{Var}X_2}\cdot\sqrt{\mathrm{Var}X_1}\end{aligned}$$

$$+\sqrt{\mathrm{Var}X_2}\cdot\sqrt{\mathrm{Var}X_2}+\cdots+\rho_{X_2,X_p}\sqrt{\mathrm{Var}X_2}\cdot\sqrt{\mathrm{Var}X_p}+\cdots$$

$$+\rho_{X_p,X_1}\sqrt{\mathrm{Var}X_p}\cdot\sqrt{\mathrm{Var}X_1}+\rho_{X_p,X_2}\sqrt{\mathrm{Var}X_p}\cdot\sqrt{\mathrm{Var}X_2}+\cdots$$

$$+\sqrt{\mathrm{Var}X_p}\cdot\sqrt{\mathrm{Var}X_p}$$

$$=\sum_{j=1}^{q}\sum_{k=1}^{q}\rho_{X_j,X_k}\sqrt{\mathrm{Var}X_j}\cdot\sqrt{\mathrm{Var}X_k},$$

其中,ρ_{X_j,X_k}表示变量 X_j 和 X_k 的相关系数。若上式中的相关系数均为0,那么上式则变为:

$$\mathrm{Var}Y=\sum_{j=1}^{q}\mathrm{Var}X_j$$

在逐日研究市场变动时,通常会假设多个变量之间的相关系数为0,如果市场逐日变化彼此无关,那么多日的损失方差就是每一天方差的简单加和:

$$\sigma_T^2=\sigma_{day1}^2+\sigma_{day2}^2+\cdots+\sigma_{dayT}^2$$

进一步地,假设每日损失方差相等,那么上式可以简化为:

$$\sigma_T^2=T\sigma_{day1}^2$$

上式两边同时开根号,那么 T 天内的损失标准差就等于一天内损失的标准差乘以$\sqrt{T}$,即

$$\sigma_T=\sqrt{T}\sigma_{day1}$$

此式经常用来进行市场风险分析,预测多日累计损失的严重程度。

2.6 矩阵运算知识

在风险度量的运算过程中,通常涉及的变量很多,如我们考虑风险因素对风险值的影响,风险的因素变量可能有利率、汇率、股价、商品价格,等等。这时,普通的代数运算表达式就显得非常烦琐,就要用到矩阵的运算,本节将介绍一些常见的矩阵运算。

2.6.1 向量与长度

向量可以看作一个特殊的矩阵，n 维向量可以看作一个 $n\times 1$ 维的矩阵。由 n 个实数构成的一个数组被称为 n 维向量，即

$$X=\begin{bmatrix} x_1 \\ x_2 \\ \vdots \\ x_n \end{bmatrix}$$

通常也记为

$$X=(x_1,x_2,\cdots,x_n)^T$$

其中，A^T 称为矩阵 A 的转置。

n 维向量的几何意义可以看作一个有方向的线段，向量可以进行的线性运算是数乘和加法（减法）运算。向量 $X=(x_1,x_2,\cdots,x_n)^T$，$Y=(y_1,y_2,\cdots,y_n)^T$，λ 为一实数，则

$$\lambda X=(\lambda x_1,\lambda x_2,\cdots,\lambda x_n)^T$$

$$X\pm Y=(x_1\pm y_1,x_2\pm y_2,\cdots,x_n\pm y_n)^T$$

向量 $X=(x_1,x_2,\cdots,x_n)^T$ 的长度也称为向量的模，记为 D_X，其值为

$$D_X=\sqrt{x_1^2+x_2^2+\cdots+x_n^2}$$

如果令 $Z=\lambda X=(\lambda x_1,\lambda x_2,\cdots,\lambda x_n)^T$，那么向量 Z 的长度为

$$D_Z=D_{\lambda X}=|\lambda|D_X$$

进一步地，如果 $\lambda=\dfrac{1}{D_X}$，则向量 Z 是长度为 1，且与向量 X 同方向的单位向量，即

$$Z=\frac{1}{D_X}X$$

向量之间乘积的运算法则跟实数的乘积运算法则不同，向量之间的积有两种：数量积和张量积。下面进行简单介绍。

同样考虑两个向量 X 和 Y，它们之间是数量积，也称为内积，定义如下：

$$(X,Y) = D_X D_Y \cos\theta$$

其中，θ 为向量 X 和 Y 的夹角。内积的还可以表示为：

$$(X,Y) = X^T Y = Y^T X = x_1 y_1 + x_2 y_2 + \cdots + x_n y_n$$

所以，向量 X 和 Y 的夹角的余弦可以记为：

$$\cos\theta = \frac{(X,Y)}{D_X D_Y}$$

需要注意的是，当$(X,Y)=0$ 时，$\cos\theta=0$，所以当$(X,Y)=0$ 时，向量 X 和 Y 是互相垂直的。

向量 X 和 Y 的张量积也称为叉积、外积，记为 $X \otimes Y$，这是一个矩阵，可以记为 A，

$$A = X \otimes Y = \begin{bmatrix} x_1 y_1 & x_1 y_2 & \cdots & x_1 y_n \\ x_2 y_1 & x_2 y_2 & \cdots & x_2 y_n \\ \vdots & \vdots & \ddots & \vdots \\ x_n y_1 & x_n y_2 & \cdots & x_n y_n \end{bmatrix}$$

一组向量 $X_1, X_2, \cdots, X_p$ 都是 n 维向量，如果存在不全为 0 的一组实数 $\lambda_1, \lambda_2, \cdots, \lambda_p$，使得 $\lambda_1 X_1 + \lambda_2 X_2 + \cdots \lambda_p X_p = 0$ 成立，那么就称这组向量 $X_1, X_2, \cdots, X_p$ 是线性相关的，否则这组向量是线性无关的。所谓线性相关，是指这组向量中至少有一个向量可以由其他向量的线性组合表示出来。

下面介绍一个向量在另一个向量上投影的定义。同样考虑向量 $X=(x_1, x_2, \cdots, x_n)^T$ 和向量 $Y=(y_1, y_2, \cdots, y_n)^T$，向量 X 在向量 Y 上的投影为：

$$\frac{(X,Y)}{(Y,Y)} Y = \frac{X^T Y}{D_Y} \cdot \frac{1}{D_Y} Y$$

其中，$\frac{1}{D_Y} Y$ 表示向量 X 在向量 Y 上投影的方向。向量 X 在向量 Y 上投影的长度为：

$$\frac{|X^TY|}{D_Y} = D_X\left|\frac{X^TY}{D_XD_Y}\right| = D_X\,|\cos\theta|$$

以上是向量及其运算的简单介绍，其他内容可以查阅相关线性代数的书籍。

2.6.2 矩阵及基本运算

矩阵的概念是由英国的数学家凯利于 19 世纪首先提出的。矩阵是一个按照长方阵列排列的复数或实数集合，如由 $p\times q$ 个实数 a_{11}，a_{12}，…，a_{pq} 排列成一个 p 行 q 列的长方形阵列，即

$$A = \begin{bmatrix} a_{1\,1} & a_{1\,2} & \cdots & a_{1\,q} \\ a_{2\,1} & a_{2\,2} & \cdots & a_{2\,q} \\ \vdots & \vdots & \ddots & \vdots \\ a_{p\,1} & a_{p\,2} & \cdots & a_{p\,q} \end{bmatrix}$$

A 就被称为一个 $p\times q$ 的矩阵，通常记为 $A=(a_{ij})_{p\times q}$，a_{ij} 表示矩阵 A 中第 i 行、第 j 列的元素。需要注意的是，如果 $q=1$，就称 A 为一 p 维的列向量，可以记为：

$$a = \begin{bmatrix} a_1 \\ a_2 \\ \vdots \\ a_p \end{bmatrix}$$

进一步地，当 p 维的列向量的每个元素都是 1 时，常常记为向量 1_p，

$$1_p = \begin{bmatrix} 1 \\ 1 \\ \vdots \\ 1 \end{bmatrix}$$

如果 $p=1$，就称 A 为一 q 维的行向量，可以记为 a^T，

$$a^T = (a_1, a_2, \cdots, a_q)$$

如果矩阵 A 的所有元素都是 0，那么 A 就被称为零矩阵，记为 $A=$

$0_{p\times q}$。如果矩阵 A 的所有元素都是 1，通常记该矩阵为 J，且 $J_{p\times q}=1_p 1_q^T$。

如果 $p=q$，则称矩阵 A 为 p 阶方阵，其中，$a_{11},a_{22},\cdots,a_{pp}$ 称为方阵的对角线元素，其他元素 $a_{ij}(i\neq j)$ 称为非对角线元素。如果方阵 A 对角线上方的元素都是 0，即 $a_{ij}=0(i<j)$，那么就称 A 是一个下三角矩阵；如果方阵 A 的对角线下方的元素都是 0，即 $a_{ij}=0(i>j)$，那么就称 A 是一个上三角矩阵。如果方阵 A 的所有非对角线上的元素都是 0，即 $a_{ij}=0(i\neq j)$，那么就称 A 是一个对角矩阵，通常记为 $A=diag(a_{11},a_{22},\cdots,a_{pp})$；进一步地，如果对角矩阵的对角线上的元素都为 1，那么就称对角矩阵 A 为 p 阶单位矩阵，通常记为 $A=I$ 或 $A=I_p$。

将矩阵 A 的行与列进行互换，得到的新的矩阵称为矩阵 A 的转置，记为 A^T，即

$$A^T=\begin{bmatrix} a_{11} & a_{21} & \cdots & a_{p1} \\ a_{12} & a_{22} & \cdots & a_{p2} \\ \vdots & \vdots & \ddots & \vdots \\ a_{1q} & a_{2q} & \cdots & a_{pq} \end{bmatrix}_{q\times p}$$

如果矩阵 A 是一方阵，且 $A^T=A$，则称方阵 A 为对称矩阵，在对称矩阵中，$a_{ij}=a_{ji}$；如果矩阵 A 是一方阵，且 $A^T=-A$，那么就称方阵 A 为反对称矩阵，在反对称矩阵中，$a_{ij}=-a_{ji}$，且 $a_{ii}=0$。

如果矩阵 $A=(a_{ij})_{p\times q}$，$B=(b_{ij})_{p\times q}$，那么矩阵 A 与 B 的和为：

$$A+B=(a_{ij}+b_{ij})_{p\times q}$$

若 λ 为一常数，那么 λ 与矩阵 A 的乘积为

$$\lambda A=(\lambda a_{ij})_{p\times q}$$

如果矩阵 $A=(a_{ij})_{p\times q}$，$B=(b_{ij})_{q\times r}$，那么矩阵 A 与 B 的积为：

$$AB=\Big(\sum_{k=1}^{q}a_{ik}b_{kj}\Big)_{p\times r}$$

从以上矩阵的运算定义可以得到以下矩阵运算规律：

(1) $(A+B)^T=A^T+B^T$

(2) $(AB)^T=B^TA^T$

(3) $A(B+C)=AB+AC$

(4) $A\left(\sum_{i=1}^{k}B_i\right)=\sum_{i=1}^{k}AB_i$

(5) $\lambda(A+B)=\lambda A+\lambda B$

如果 p 阶方阵 A 满足 $AA^T=I_p$,则称矩阵 A 为正交矩阵。如果在正交矩阵中,$\sum_{j=1}^{p}a_{ij}^2=1,(i=1,2,\cdots,p)$,则称正交矩阵 A 的 p 个行向量为单位向量;$\sum_{j=1}^{p}a_{ij}a_{kj}=0,(i\neq k)$,则称正交矩阵 A 的 p 个行向量两两互相正交。当 $AA^T=I_p$ 时,显然 $A^TA=I_p$,那么由 $A^TA=I_p$ 可以得到:$\sum_{i=1}^{p}a_{ij}^2=1,(j=1,2,\cdots,p)$,此时正交矩阵 A 的 p 个列向量也是单位向量;$\sum_{i=1}^{p}a_{ij}a_{ik}=0,(j\neq k)$,此时正交矩阵 A 的 p 个列向量也是两两互相正交的。

若方阵 A 满足 $A^2=A$,则称 A 为幂等矩阵。一个方阵既是对称的又是幂等的,则称其为投影矩阵。

最后介绍矩阵分块。矩阵分块在处理阶数较高的矩阵时常常用到,且在证明统计量的统计性质时非常有用。如果把一个高阶矩阵看作由一些低阶矩阵构成,相当于把矩阵看作由实数构成。假设矩阵 $A=(a_{ij})_{p\times q}$,我们将其分成四块,即

$$A=\begin{bmatrix}A_{11} & A_{12}\\ A_{21} & A_{22}\end{bmatrix}$$

其中,A_{11} 是一个 $k\times l$ 阶矩阵,A_{12} 是一个 $k\times(q-l)$ 阶矩阵,A_{21} 是一个 $(p-k)\times l$ 阶矩阵,A_{22} 是一个 $(p-k)\times(q-l)$ 阶矩阵。分块矩阵也可以进行加法、乘法等运算。

如果矩阵 A 与 B 具有相同的分块,那么 A 与 B 的和为:

$$A+B=\begin{bmatrix}A_{11}+B_{11} & A_{12}+B_{12}\\ A_{21}+B_{21} & A_{22}+B_{22}\end{bmatrix}$$

假设将矩阵 $C=(c_{ij})_{q\times r}$ 分成四块,即

$$C=\begin{bmatrix}C_{11} & C_{12}\\ C_{21} & C_{22}\end{bmatrix}$$

其中，C_{11}是一个$l\times m$阶矩阵，C_{12}是一个$l\times(r-m)$阶矩阵，C_{21}是一个$(q-l)\times m$阶矩阵，C_{22}是一个$(q-l)\times(r-m)$阶矩阵。那么A与C的积为：

$$\begin{aligned}AC&=\begin{bmatrix}A_{11} & A_{12}\\ A_{21} & A_{22}\end{bmatrix}\begin{bmatrix}C_{11} & C_{12}\\ C_{21} & C_{22}\end{bmatrix}\\&=\begin{bmatrix}A_{11}C_{11}+A_{12}C_{21} & A_{11}C_{12}+A_{12}C_{22}\\ A_{21}C_{11}+A_{22}C_{21} & A_{21}C_{12}+A_{22}C_{22}\end{bmatrix}\end{aligned}$$

2.6.3 行列式

对于p阶方阵A，它的行列式定义为：

$$|A|=\sum_{j_1j_2\cdots j_p}(-1)^{\tau(j_1j_2\cdots j_p)}a_{1j_1}a_{2j_2}\cdots a_{pj_p}$$

其中，$\sum\limits_{j_1j_2\cdots j_p}$表示对$1,2,\cdots,p$的所有的排列求和，$\tau(j_1j_2\cdots j_p)$表示排列$j_1,j_2,\cdots,j_p$中逆序的总数，可以称为这个排列的逆序数。所谓逆序，是指在一个排列中一对数的前后位置与大小顺序相反，也就是前面的数大于后面的数。行列式具有如下性质：

(1) 若方阵A的某行或者某列为0，则其行列式$|A|=0$。

(2) 对于任意方阵A都有$|A|=|A^T|$。

(3) 如果将方阵A的某一行或者某一列乘以常数λ，所得新的方阵的行列式为$\lambda|A|$。

(4) 假设存在一个p阶方阵A及常数λ，则$|\lambda A|=\lambda^p|A|$。

(5) 如果任意互换方阵A的某两行或者某两列，则其行列式的绝对值不变，但符号改变。

(6) 如果方阵A的某两行或者某两列相同，则其行列式为0。

(7) 如果将方阵A的某一行或某一列的倍数加到另外一行或者一列，所得到的新行列式不变。

(8) 如果方阵 A 的某一行或某一列是其他一些行或者一些列的线性组合,则此行列式为 0。

(9) 如果 p 阶方阵 A 是一个上三角矩阵、下三角矩阵或者对角矩阵,则行列式 $|A| = \prod_{i=1}^{p} a_{ii}$。

(10) 如果 A 与 B 都是 n 阶方阵,则 $|AB| = |A||B|$。

(11) 对于任意矩阵 A,因为 AA^T 是非负定方阵,则 $|AA^T| \geqslant 0$。

(12) 如果 A 与 B 都是方阵,则 $\begin{vmatrix} A & C \\ 0 & B \end{vmatrix} = \begin{vmatrix} A & 0 \\ C & B \end{vmatrix} = |A||B|$。

(13) 如果 A 是一个 $p \times q$ 矩阵,B 是一个 $q \times p$ 矩阵,则 $|I_p + AB| = |I_q + BA|$。

2.6.4 逆矩阵、矩阵的秩及分块矩阵求逆

如果方阵 A 满足 $|A| \neq 0$,则称 A 为非退化方阵或非奇异方阵;如果 $|A| = 0$,则称 A 为退化方阵。如果 p 阶方阵 $A = (a_{ij})_{p \times p}$ 是一个非退化方阵,设 A_{ij} 为 a_{ij} 的代数余子式,且

$$A^* = \begin{bmatrix} A_{11} & A_{21} & \cdots & A_{p1} \\ A_{12} & A_{22} & \cdots & A_{p2} \\ \vdots & \vdots & \ddots & \vdots \\ A_{1p} & A_{2p} & \cdots & A_{pp} \end{bmatrix}$$

那么方阵 A 的逆 B 可以记为:

$$B = A^{-1} = \frac{1}{|A|} A^*$$

且 $AB = BA = I$。A^{-1} 是唯一的,且是一个非负定矩阵。逆矩阵有如下性质:

(1) $(A^T)^{-1} = (A^{-1})^T$

(2) 如果方阵 A 和 B 都是 p 阶非退化方阵,则 $(AB)^{-1} = B^{-1}A^{-1}$。

(3) $|A^{-1}| = |A|^{-1}$

(4) 如果方阵 A 是正交矩阵,则 $A^{-1}=A^T$。

(5) 如果方阵 $A=diag(a_{11},a_{22},\cdots,a_{pp})$ 是非退化的,即 $a_{ii}\neq 0$,$i=1,2,\cdots,p$,则 $A^{-1}=diag(a_{11}^{-1},a_{22}^{-1},\cdots,a_{pp}^{-1})$。

(6) 如果方阵 A 和 B 都是非退化方阵,则 $\begin{bmatrix} A & 0 \\ 0 & B \end{bmatrix}^{-1}=\begin{bmatrix} A^{-1} & 0 \\ 0 & B^{-1} \end{bmatrix}$。

设矩阵 $A=(a_{ij})_{p\times q}$,如果存在 A 的一个 r 阶子方阵,其行列式不为 0,而 A 的所有 $(r+1)$ 阶子方阵均为 0,则称 A 的秩为 r,记作 $rank(A)=r$。矩阵的秩具有如下性质:

(1) 矩阵 A 的秩为 0,当且仅当矩阵 A 为 0 矩阵。

(2) 如果矩阵 $A=(a_{ij})_{p\times q}$,且 A 不是 0 矩阵,则 $1\leqslant rank(A)\leqslant \min\{p,q\}$。

(3) 矩阵 A 的转置的秩等于矩阵 A 的秩。

(4) 如果矩阵 $A=(a_{ij})_{p\times q}$,$B=(b_{ij})_{p\times r}$,则

$$\max\{rank(A),rank(B)\}\leqslant rank[A \quad B]\leqslant \min\{p,rank(A)+rank(B)\}。$$

(5) $rank\begin{bmatrix} A & 0 \\ 0 & B \end{bmatrix}=rank\begin{bmatrix} 0 & A \\ B & 0 \end{bmatrix}=rank(A)+rank(B)$

(6) $rank(AB)\leqslant \min\{rank(A),rank(B)\}$

(7) $rank(A+B)\leqslant rank(A)+rank(B)$

(8) 如果方阵 A 和 C 都是非退化方阵,则 $rank(ABC)=rank(B)$。

分块矩阵在证明统计量的统计性质时具有重要意义,下面介绍分块矩阵的求逆。

如果 A 是 p 阶满秩的方阵,且其分块形式为:

$$A=\begin{bmatrix} A_{11} & A_{12} \\ A_{21} & A_{22} \end{bmatrix}$$

那么其逆矩阵记为:

$$A^{-1}=\begin{bmatrix} A^{11} & A^{12} \\ A^{21} & A^{22} \end{bmatrix}$$

其中，A_{11}和A^{11}都是$r\times r$阶矩阵，A_{22}和A^{22}都是$s\times s$阶矩阵，并且$r+s=p$。

如果A_{11}是满秩的，则

$$\begin{bmatrix} A^{11} & A^{12} \\ A^{21} & A^{22} \end{bmatrix} = \begin{bmatrix} A_{11}^{-1}+A_{11}^{-1}A_{12}A_{22\cdot 1}^{-1}A_{21}A_{11}^{-1} & -A_{11}^{-1}A_{12}A_{22\cdot 1}^{-1} \\ -A_{22\cdot 1}^{-1}A_{21}A_{11}^{-1} & A_{22\cdot 1}^{-1} \end{bmatrix},$$

其中，$A_{22\cdot 1}=A_{22}-A_{21}A_{11}^{-1}A_{12}$。

如果A_{22}是满秩的，则

$$\begin{bmatrix} A^{11} & A^{12} \\ A^{21} & A^{22} \end{bmatrix} = \begin{bmatrix} A_{11\cdot 2}^{-1} & -A_{11\cdot 2}^{-1}A_{12}A_{22}^{-1} \\ -A_{22}^{-1}A_{21}A_{11\cdot 2}^{-1} & A_{22\cdot 1}^{-1}+A_{22}^{-1}A_{21}A_{11\cdot 2}^{-1}A_{12}A_{22}^{-1} \end{bmatrix},$$

其中，$A_{11\cdot 2}=A_{11}-A_{12}A_{22}^{-1}A_{21}$。

关于非退化矩阵的行列式有以下三个结论：

(1) 如果A_{11}和A_{22}都是满秩的，则

$$|A|=|A_{11}||A_{22\cdot 1}|=|A_{22}||A_{11\cdot 2}|$$

(2) 设矩阵$A=(a_{ij})_{p\times q}$，$B=(b_{ij})_{q\times p}$，常数$\lambda\neq 0$，则

$$|\lambda I_p-AB|=\lambda^{p-q}|\lambda I_q-BA|$$

(3) 设矩阵$A=(a_{ij})_{p\times q}$，$B=(b_{ij})_{q\times p}$，则

$$|I_p+AB|=|I_q+BA|$$

2.6.5 特征值、特征向量和矩阵的迹

假设p阶方阵$A=(a_{ij})_{p\times p}$，则方程$|A-\lambda I_p|=0$左边是一个λ的p次多项式。因此，根据多项式理论可知，该方程有p个根（包括重根）。但是，虽然矩阵A是实数矩阵，但是方程的根可能是实数根也可能是复数根，记为$\lambda_1,\lambda_2,\cdots,\lambda_p$，称为矩阵$A$的特征根或特征值。

如果λ_i是方程$|A-\lambda I_p|=0$的一个根，则$(A-\lambda_i I_p)$是一个退化矩阵，所以存在一个p维的非零向量x_i，使得

$$(A-\lambda_i I_p)x_i=0$$

也即λ_i是矩阵A的一个特征根，x_i是相应的特征向量，通常取x_i为单位向量，即满足$x_i^T x_i=1$。关于特征根和特征向量有如下基本性质：

(1) 方阵 A 的转置 A^T 和方阵 A 具有相同的特征根。

(2) 设矩阵 A,$A=(a_{ij})_{p\times q}$,$B=(b_{ij})_{q\times p}$,则 AB 和 BA 有相同的非零特征根。

(3) 如果矩阵 A 是实对称矩阵,则 A 的特征根都是实数,p 个特征根按大小依次表示为 $\lambda_1\geqslant\lambda_2\geqslant\cdots\geqslant\lambda_p$。如果 $\lambda_i\neq\lambda_j$,则相应的特征向量 x_i 和 x_j 必然正交,即 $x_i^Tx_j=0$。

(4) 如果矩阵 A 是对角线矩阵,即 $A=diag(a_{11},a_{22},\cdots,a_{pp})$,则 $a_{11},a_{22},\cdots,a_{pp}$ 就是矩阵 A 的特征根,相应的特征向量分别为:

$$
\begin{aligned}
e_1 &= (1,0,0,\cdots,0)^T \\
e_2 &= (0,1,0,\cdots,0)^T \\
&\vdots \\
e_p &= (0,0,\cdots,0,1)^T
\end{aligned}
$$

(5) 对于方阵 A,有 $|A|=\prod_{i=1}^{p}\lambda_i$,即方阵 A 的行列式等于其特征根的乘积。因此,当且仅当 A 的特征根均不为 0 时,方阵 A 为非退化矩阵;当且仅当 A 至少有一个特征根为 0 时,A 为退化矩阵。

(6) 如果矩阵 A 为 p 阶对称方阵,那么存在正交矩阵 Γ 及对角矩阵 $\Lambda=diag(\lambda_1,\lambda_2,\cdots,\lambda_p)$,将 Γ 按列向量进行分块,并记作 $\Gamma=(l_1,l_2,\cdots,l_p)$,矩阵 A 就有如下分解形式:

$$
A = \Gamma\Lambda\Gamma^T = \sum_{i=1}^{p}\lambda_i l_i l_i^T
$$

此分解为矩阵 A 的谱分解。

对于 p 阶方阵 A,它的对角线元素之和称为 A 的迹,记作 $tr(A)$,即

$$
tr(A) = a_{11} + a_{22} + \cdots + a_{pp}
$$

关于方阵的迹也有如下基本性质:

(1) 假设 $\lambda_1,\lambda_2,\cdots,\lambda_p$ 是矩阵 A 的特征根,则 $tr(A)=\lambda_1+\lambda_2+\cdots+\lambda_p$。

(2) $tr(AB)=tr(BA)$

(3) $tr(A)=tr(A^T)$

(4) $tr\left(\sum_{i=1}^{n}A_i\right)=\sum_{i=1}^{n}tr(A_i)$

(5) 假设矩阵 A 是投影矩阵,则 $tr(A)=rank(A)$。

2.6.6 正定矩阵、非负定矩阵和投影矩阵

假设 p 阶矩阵 A 是对称矩阵,x 是一个 p 维向量,那么就称 x^TAx 为矩阵 A 的二次型。如果对一切 $x\neq 0$,都有 $x^TAx>0$,那么就称矩阵 A 是正定矩阵,可以记为 $A>0$;如果对一切 $x\neq 0$,都有 $x^TAx\geqslant 0$,那么就称矩阵 A 是非负定矩阵,可以记为 $A\geqslant 0$。$A>B$ 表示 $A-B>0$;$A\geqslant B$ 表示 $A-B\geqslant 0$。

关于正定矩阵和非负定矩阵有以下性质:

(1) 如果矩阵 A 是对称矩阵,那么矩阵 A 是正定(非负定)矩阵,当且仅当矩阵 A 的所有特征根都是正值(非负值)。

(2) 如果矩阵 A 是正定的,那么它的逆矩阵也是正定的。

(3) 对任意矩阵 A 都有 $AA^T\geqslant 0$。

(4) 如果 $A>0$(或 $A\geqslant 0$),那么存在 $A^{\frac{1}{2}}>0$(或 $A^{\frac{1}{2}}\geqslant 0$),使得 $A=A^{\frac{1}{2}}A^{\frac{1}{2}}$,其中的 $A^{\frac{1}{2}}$ 被称为是矩阵 A 的平方根矩阵。

(5) 如果 p 阶非负定矩阵 A 的秩为 r,那么存在一个秩为 r 的 $p\times r$ 阶矩阵,使得 $A=BB^T$。

(6) 如果 $A>0,B>0$,且 $A-B>0$,那么 $B^{-1}-A^{-1}>0$,且 $|A|>|B|$。

(7) 如果 $A>0$,将矩阵 A 进行分块

$$A=\begin{bmatrix}A_{11} & A_{12}\\ A_{21} & A_{22}\end{bmatrix}$$

其中的 A_{11} 为方阵,则

$$\begin{aligned}&A_{11}>0,\\&A_{22}>0,\\&A_{11\cdot 2}=A_{11}-A_{12}A_{22}^{-1}A_{21}>0,\\&A_{22\cdot 1}=A_{22}-A_{21}A_{11}^{-1}A_{12}>0。\end{aligned}$$

还有一类特殊的矩阵就是投影矩阵，所谓投影矩阵，就是对称的幂等矩阵。关于投影矩阵，有很多特殊的性质：

(1) 如果矩阵 A 是投影矩阵，那么它的秩等于它的迹，即 $tr(A)=rank(A)$。

(2) 如果矩阵 A 是投影矩阵，则 $(I-A)$ 也是投影矩阵。

(3) 如果矩阵 A 是秩为 r 的投影矩阵，则矩阵 A 有 r 个特征根为 1，其余特征根为 0，所以满秩的投影矩阵必然为 I。

(4) 如果矩阵 A 和 B 都是投影矩阵，且 $A+B=I$，则 $AB=BA=0$。

(5) 如果矩阵 X 是一个 $n\times p$ 阶的矩阵，且 $n\geqslant p$，$rank(X)=p$，则 $P_x=X(X^TX)^{-1}X^T$ 是投影矩阵，并且有 $rank(P_x)=p$。

2.6.7 矩阵的微商和变换的雅各比行列式

我们按照自变量是一元变量、p 维向量及 $p\times q$ 阶矩阵时，分别讨论关于函数、向量函数及矩阵函数的微商表达形式。

如果向量 $y=(y_1,y_2,\cdots,y_p)^T$ 是一元变量 x 的函数，那么 y 对 x 的导数向量为

$$\frac{\mathrm{d}y}{\mathrm{d}x}=\left(\frac{\mathrm{d}y_1}{\mathrm{d}x},\frac{\mathrm{d}y_2}{\mathrm{d}x},\cdots,\frac{\mathrm{d}y_p}{\mathrm{d}x}\right)^T$$

如果矩阵 $Y=F(x)$ 是一元变量 x 的矩阵函数，$Y=(y_{ij})$ 是 $p\times q$ 阶矩阵，那么 Y 对 x 的导数矩阵为

$$\frac{\mathrm{d}Y}{\mathrm{d}x}=\left(\frac{\mathrm{d}y_{ij}}{\mathrm{d}x}\right)_{p\times q}$$

如果自变量 x 是 p 维向量，$x=(x_1,x_2,\cdots,x_p)^T$，$y=f(x)$ 是 x 的函数，y 是一元变量。如果令 $x_1,\cdots,x_{i-1},x_{i+1},\cdots,x_p$ 为常数，对 x_i 求导可以得到 y 对 x_i 的偏导数，记为 $\frac{\partial f}{\partial x_i}$ 或 $\frac{\partial y}{\partial x_i}$，所以 y 对 x 的偏导数向量记为

$$\frac{\partial f}{\partial x}=\left(\frac{\partial f}{\partial x_1},\frac{\partial f}{\partial x_2},\cdots,\frac{\partial f}{\partial x_p}\right)^T$$

如果 $y=(y_1,y_2,\cdots,y_q)^T$ 是向量 $x=(x_1,x_2,\cdots,x_p)^T$ 的 q 维向量函数，即 $y_i=f_i(x)(i=1,2,\cdots,q)$，简记为 $y=f(x)$。那么 y 关于 x 的偏导数构成的矩阵为：

$$\frac{\partial(y)}{\partial(x)}=\frac{\partial y^T}{\partial x}=\left(\frac{\partial y_i}{\partial x_i}\right)_{p\times q}=\begin{bmatrix}\frac{\partial y_1}{\partial x_1} & \frac{\partial y_2}{\partial x_1} & \cdots & \frac{\partial y_q}{\partial x_1}\\ \frac{\partial y_1}{\partial x_2} & \frac{\partial y_2}{\partial x_2} & \cdots & \frac{\partial y_q}{\partial x_2}\\ \vdots & \vdots & \ddots & \vdots\\ \frac{\partial y_1}{\partial x_p} & \frac{\partial y_2}{\partial x_p} & \cdots & \frac{\partial y_q}{\partial x_p}\end{bmatrix}$$

如果 $y=(y_1,y_2,\cdots,y_q)^T$，A 是 $q\times p$ 阶的常数矩阵，令 $y=Ax$，则

$$\frac{\partial(y)}{\partial(x)}=\frac{\partial y^T}{\partial x}=A^T$$

如果 B 是 p 阶方阵，x 是 p 维向量，则

$$\frac{\partial x^TBx}{\partial x}=(B+B^T)x$$

特别地，如果 B 是对称矩阵，则

$$\frac{\partial x^TBx}{\partial x}=2Bx$$

第三章　非参数统计的发展

非参数统计是对总体分布形式不了解时进行推断的统计方法，是近三十年来现代统计学发展的一个重要方向，也是数理统计学的一个重要分支，它是针对参数统计而言的。非参数统计又称为分布自由检验，主要是它不受总体分布的限制，不假定总体分布的具体形式，尽量从数据或样本本身获得所需要的信息，通过估计获得分布的结构，并逐步建立对事物的数学描述和统计模型的方法。

3.1　非参数统计定义

迄今为止，没有关于非参数统计的准确定义，非参数统计师是相对于参数统计而言的。陈希儒和柴根象(1989)曾这样定义非参数统计：判断一个统计问题是参数性还是非参数性的，就看该问题涉及的分布族 J，如果 i 可以通过有限个参数刻画，则该问题是参数性的，否则就是非参数性的。但是这个定义不够合理，如极值统计，通过取极限分布，极值统计只涉及三种类型的分布族。

虽然不对总体分布进行假设，但是可以把数据按照从小到大的顺序进行排列，从而使得每个数据都有自己的位置，称之为秩。样本容量为 n 的样本产生了 n 个秩，问题就简化为对秩进行研究。这些秩及其构成的统计量的统计性质和分布是可以计算的，并且与总体的分布无关 (distribution-free)。与秩有关的非参数方法是最简单的，除此之外，还有很多其他的非参数方法。因为非参数统计方法不受总体分布的限制，不假定总体分布的具体形式，尽量从数据或样本本身获得所需要的信息，通过估计获得分布的结构，并逐步建立对事物的数学描述和统计模型，所以非参数估计具有相当好的稳健性。非参数方法计算简单，处理问题广泛，在分布未知的情况下比参数估计方法更加有效。当然，虽然参数估计方法有其局限性，但在总体分布已知的情况下，参数估计方法比非参数估计方法利用了更多有用的样本信息，因而更加有效。

用于函数估计的非参数方法大致上有四种：核回归估计法、局部多项式估计法、多项式样条估计法和光滑样条估计法，这些非参数估计方法有各自的优缺点。使用核估计需要考虑边界点的影响，相对于核估计而言，局部多项式估计则不必考虑修正边界的问题。核估计、局部多项式估计都是局部估计的方法。多项式样条估计方法则是建立在全局逼近基础上的一种全局估计方法，它基于对分散的数据点进行分段多项式拟合，从而对未知函数进行估计，同时它又是多项式技巧的有用推广。局部多项式估计与多项式样条估计比较适合样本数据中有较多异常值的场合，而对于多项式样条估计一个很重要的问题就是节点的选择问题，节点的位置与数量对非参数拟合曲线的光滑程度都有很重要的影响，但节点的选择具有很大程度上的主观性，如果所取的节点过多，就会出现过度拟合的问题。因此一个对多项式样条估计很重要的修正方法是光滑样条方法，这个方法是通过加入光滑参数 λ 以调节曲线的光滑程度，因此节点的选取就没有光滑参数 λ 的选取重要，所有可能的节点取数据点即可，这样就降低了节点选取的困难程度以及节点选取对非参数拟合曲线光滑程度的影响。下面分别简单介绍这四种非参数估计方法。

3.2 常见的非参数估计方法

假设模型

$$Y_i = m(X_i) + \varepsilon_i$$

其中，$i=1,2,\cdots,n$，ε_i 是观测误差，$\{(X_i,Y_i)\}_{i=1}^n$ 为样本点，$m(X_i)$ 为一任意形式的未知实值函数，即 m 的形式完全未知，当 X_i 为一维或多维时，分别称为一维与多维非参数模型。

以上非参数模型有两种情形：第一种情形称为随机设定模型。随机变量 $\{(X_i,Y_i)\}_{i=1}^n$ 是独立同分布的，此时的回归曲线可以定义为 $m(x)$，如果联合密度 $f(x,y)$ 存在，$m(x)$ 可以表示为 $m(x)=\dfrac{\int yf(x,y)\mathrm{d}y}{f(x)}$，其中，$f(x)=\int f(x,y)\mathrm{d}y$ 是 X 的边际密度。第二种情形称为固定设计模型，模型中的 $\{X_i\}_{i=1}^n$ 是非随机变量，在许多情形中，$\{X_i\}_{i=1}^n$ 被假定为等分布于区间 $[a,b]$ 上，为了不失一般性，可以假定 $[a,b]=[0,1]$，$X_i=\dfrac{1}{n}$。无论是随机变量还是非随机变量，他们的估计原理都是对相邻变量进行平均。

3.2.1 核回归估计法

核估计的权函数定义如下：

$$W_{ni}(x)=K_{h_n}(x-X_i)/f_{h_n}(x) \tag{3.1}$$

其中，$f_{h_n}(x)=n^{-1}\sum_{i=1}^{n}K_{h_n}(x-X_i)$，$K_{h_n}(u)=h_n^{-1}K(U/h_n)$，$h_n$ 是窗宽，函数 $f_{h_n}(x)$ 称为 X 的密度的 Rosenblatt-Parzen 核密度估计；核函数 K 是一个连续、有界、对称的实值函数且积分为 1，对于核函数的选择有很多种，如高斯核、三角核、四次方核等。最优核函数 $K(u)=0.75(1-u^2)\mathrm{I}(|u|\leqslant 1)$ 是由 Epanechnikov，Bartlett 提出的，又被称为 Epanechnikov 核，同时它是一个万能的加权方式，为比较核提供了一个有用的基准。苏联的 E. A. Nadaraya 和美国的 G. Watson 于 1964 年各自提出一种被称为核函数估计的统计方法，后来就以 Nadaraya-Watson 命名这种非参数回归的核估计方法，被广泛记为 Nadaraya-Watson 估计，

$$\hat{m}_{h_n}(x)=\frac{n^{-1}\sum_{i=1}^{n}K_{h_n}(x-X_i)Y_i}{n^{-1}\sum_{i=1}^{n}K_{h_n}(x-X_i)}=\sum_{i=1}^{n}\left(\frac{K_{h_n}(x-X_i)}{\sum_{i=1}^{n}K_{h_n}(x-X_i)}\right)Y_i$$

$$=\sum_{i=1}^{n}W_{ni}(x)Y_i$$

其中,X_i 可以为一维或多维。核估计是一种常用的非参数估计方法,但是这种方法在使用时需要考虑边界点对其的影响。

3.2.2 局部多项式估计法

局部多项式估计是一个用途非常广泛的非参数技术,Stone(1977),Cleveland(1979)和 Fan & Gijbels(1996)分别系统介绍了这种估计方法。其主要估计思想为,由于回归函数的形式没有被指定,因而距离 x_0 远的数据点对 $m(x_0)$ 提供了很少的信息,因此我们只能使用 x_0 附近的局部数据点。假设 $m(x)$ 在 $X=x_0$ 处有 $(p+1)$ 阶导数,由泰勒展开可得,对 x_0 邻域内任一点 x 可有

$$m(x)\approx m(x_0)+m'(x_0)(x-x_0)+\frac{m''(x_0)}{2!}(x-x_0)^2+\cdots$$

$$+\frac{m^{(p)}(x_0)}{p!}(x-x_0)^p$$

若令 $m^{(j)}(x_0)\doteq j!\ \beta_j(j=0,1,2,\cdots,p)$,则局部多项式估计可表示为

$$m(x)\approx\beta_0+\beta_1(X_1-x_0)+\beta_2(X_2-x_0)^2+\cdots+\beta_p(X_p-x_0)^p$$

这里的 $(X_1,Y_1),(X_2,Y_2),\cdots,(X_n,Y_n)$ 为 (X,Y) 的观测样本。局部多项式估计要使目标函数最小化:

$$\sum_{i=1}^{n}\left[Y_i-\sum_{j=0}^{p}\beta_j(X_j-x_0)^j\right]^2\frac{1}{h_n}K\left(\frac{X_i-x_0}{h_n}\right)$$

这里假设权函数为 $\frac{1}{h_n}K\left(\frac{X_i-x_0}{h_n}\right)$。最小化上式可得:

$$\hat{\beta}=(X'WX)^{-1}X'WY,\quad \beta=(\beta_0,\beta_1,\cdots,\beta_p)'$$

其中,$W=diag\left\{K\left(\frac{X_i-x_0}{h_n}\right)\right\}_{n\times n}$。向量 $\hat{\beta}$ 的第一个分量就是 $m(x)$ 的

局部多项式估计，当 $p=1$ 时，局部多项式估计就变成局部线性估计。

3.2.3 多项式样条估计法

样条估计是一种有效的统计数据分析工具，这里首先介绍多项式样条估计，多项式样条估计是下式的最小化：

$$S(g)=\sum_{i=1}^{T}(Y_i-m(X_i))$$

其中，$m(X_i)$是用一个样条函数进行拟合。在实际应用中，三阶样条比较常用，三阶样条的原理如下：设 $t_1,\cdots,t_m$ 是一列固定节点，且满足 $-\infty<t_1<\cdots<t_m<+\infty$，

$$B_i(x)=(x-t_i)_+^3,\quad (i=1,2,\cdots,m)$$

$$B_{m+1}(x)=1,\quad B_{m+2}(x)=x,\quad B_{m+3}(x)=x^2,\quad B_{m+4}(x)=x^3$$

其中，$B_i(x)$，$(i=1,2,\cdots,m+4)$称为样条基底，这个样条基底有这样一个优点，从 $B_i(x)$项中删掉一项就相当于删掉一个节点。三阶样条函数可表示为：$\sum_{i=1}^{m+4}\theta_i B_i(x)$，使 $S(g)=\sum_{i=1}^{T}\left\{Y_i-\sum_{i=1}^{m+4}\theta_i B_i(x)\right\}^2$ 最小化，可得 θ_j 的估计值 $\hat{\theta}=(\hat{\theta}_1,\cdots,\hat{\theta}_m)'$，因此非参数回归函数 $m(x)$的光滑样条估计为：

$$\hat{m}(x)=\sum_{i=1}^{m+4}\hat{\theta}_i B_i(x)$$

多项式样条估计对节点$\{t_j\}$的选择比较敏感，若所取的节点过多，就会出现过度拟合，通常，节点的选择可以采用自动选择节点法和逐点删除法。

3.2.4 光滑样条估计法

寻找一个光滑函数使得残差平方和 $\mathrm{RSS}=\sum_{i=1}^{T}\left(Y_i-\sum_{i=1}^{p}\alpha_i B_i(x)\right)^2$（$p$ 为样条基底的个数）最小是光滑样条估计的基本思想，人们一般利用 $\|m^n\|_2^2=\int_{\min}^{\max}(m^n(x))^2\mathrm{d}x, m\in W_2^1(0,1)$，($W_2^1(0,1)$ 通常称为 k

阶 Sobolev 空间)和 λ 来修正或控制函数的光滑程度。根据多元拉格朗日算法,求 RSS 的极小值相当于下述最小二乘问题,即对 m 极小化。

$$S=\sum_{t=1}^{T}(Y_t-m(X_t))^2+\lambda\|m''\|_2^2$$
$$=\sum_{t=1}^{T}\left(Y_t-\sum_{i=1}^{q}\alpha_iB_i(X_t)\right)^2+\lambda\|m''\|_2^2 \tag{3.2}$$

其中,λ 为需要选择的光滑参数,也称为拉格朗日乘子。极小化上式会得到解 $\hat{\alpha}_i$,也就得到一个样条函数,所有可能的节点就是数据点$\{X_1,\cdots,X_T\}$,因此利用此估计方法可以避免多项式样条估计的节点选择对非参数拟合曲线的光滑程度影响,之后再用样条基(如 B-样条基,自然样条基)展开就得到所要估计的函数。

极小化(3.2)式相当于求解下面的方程:

$$B^Ty=(B^TB+\lambda p)\alpha \tag{3.3}$$

其中,$p=diag(0_{p\times1},1_{tk\times1})$,$p$ 为样条的次数。求解方程(3.3)式就得到目标函数极小化求解所得的解 $\hat{\alpha}_i$,因此非参数回归函数 $m(x)$的光滑样条估计为:

$$\hat{m}(x)=\sum_{i=1}^{p+2}\hat{\partial}_iB_i(x)$$

同时也可以证明,上述极小值问题的解$\hat{m}(x)$存在,且在一定条件下唯一。

上述非参数估计模型都是一些比较常用的方法,它们有各自的优缺点。使用核估计需要考虑边界点的影响,相对于核估计来说,局部多项式估计则不必考虑修正边界的问题,另外,核估计、局部多项式估计都是局部估计的方法。多项式样条方法则是建立在全局逼近基础上的一种全局估计方法,它基于对分散的数据点进行分段多项式拟合,从而对未知函数进行估计,同时,它又是多项式技巧的有用推广。

局部多项式估计与多项式样条估计适用于样本数据中有较多异常值的情形,节点的选择对于多项式样条估计很重要,节点的位置与数量对非参数拟合曲线的光滑程度都有很重要的影响,但节点的选择具有很大程度上的主观性,如果取的节点过多,就会出现过度拟合。因此,光滑样条方法是多项式样条估计很重要的修正方法,这个方法是通过加入光滑参数 λ 以调节曲线的光滑程度,因而节点的选取就没有光滑参数 λ 的选取重要,所有可能的节点取数据点即可,这样就降低了节点的选取难度并减少了节点选取对非参数拟合曲线光滑程度的影响。

第四章　非参数核密度估计方法

核密度估计的原理很简单。当某一事物为概率分布时，如果某一个数出现在观察中，我们可以认为这个数的概率密度很大，和这个数比较接近的数的概率密度也会较大，而那些远离这个数的数的概率密度会比较小。

基于这种想法，针对观察中的第一个数，我们都可以用 $f(x-x_i)$ 拟合我们想象中的那个"远小近大"的概率密度。当然，也可以用其他对称的函数。针对每一个观察中出现的数拟合出多个概率密度分布函数后取平均值。如果某些数比较重要，而某些数反之，就可以取加权平均。

有一个著名的例子：在美国黄石国家公园有一个间歇式温泉，它的喷发间隔很有规律，大约每 66 分钟喷发一次，但实际的喷发时间在 33 分钟到 148 分钟之间变化，由于其喷发保持较明显的规律，人们称其为"老忠实"(old faithful)温泉。图 4.1 是其喷发持续时间(eruption)和间隔时间(waiting)的散点图。通过散点图可以看出该密度函数有两个峰。根据经验，最简单的方法是用直方图。图 4.2 是用不同数目的分割区间绘制的"老忠实"温泉间隔时间直方图。从中可以看出，当区间变小时，这些直方图看起来的确像是密度函数。然而，如果数据不够多，分割区间太多会使得个别点太突出导致无法得出总体形状。因此，选择区间的数量和大小是绘制直方图的关键。直方图有时被认为是初等的非参数密度估计，并且往往被归类为描述性统计的范畴。下面介绍非参数核密度估计方法。

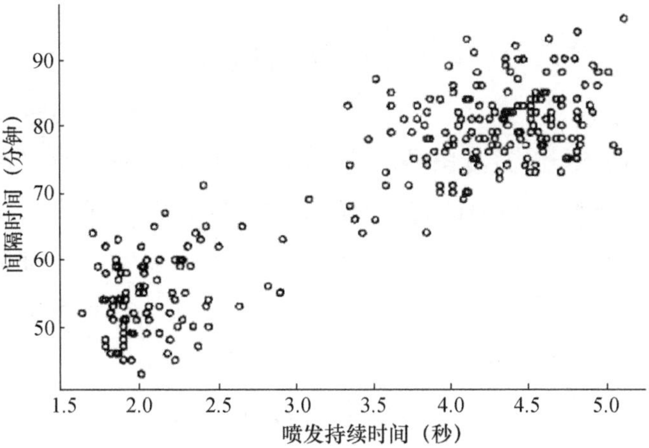

图 4.1　美国黄石公园“老忠实”温泉的喷发持续时间和间隔时间散点图

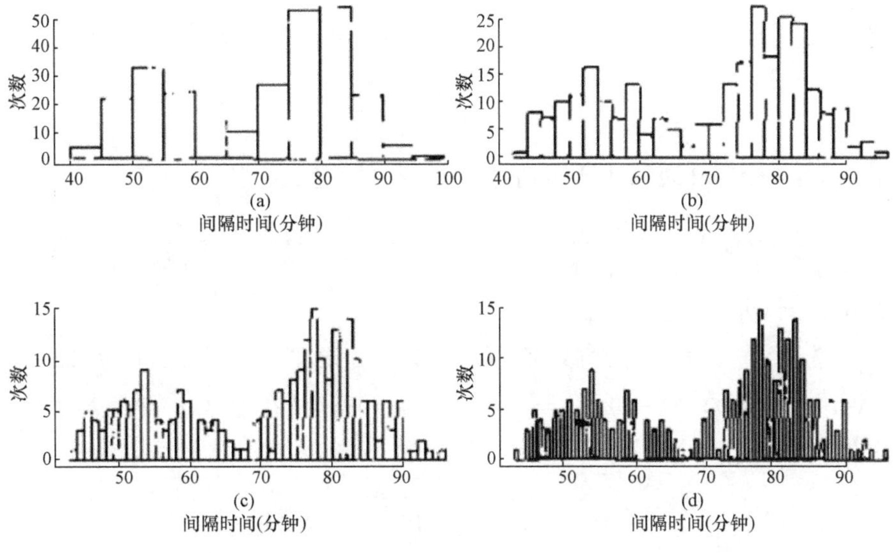

图 4.2　美国黄石公园“老忠实”温泉喷发间隔时间直方图

4.1 直方图估计

正如前文所述,直方图是最简单的密度函数估计。直方图中所有的矩形的面积和为1,因此它是密度函数。假定变量 X 有累积分布函数 $F(X)$,密度分布函数 $f(x)$,并且有观察值 $x_1,\cdots,x_n$。将整个定义区间分为 n 个小区间 $(b_1,b_2],(b_2,b_3],\cdots,(b_n,b_{n+1}]$,且 $b_{j+1}-b_j=h,j=1,2,\cdots,n,x\in(b_j,b_{j+1}]$。记为

$$P_j=\int_{b_j}^{b_{j+1}}f(t)\mathrm{d}t$$

$$P(N_j=n_j)=\frac{n!}{n_j!(n-n_j)!}P_j^{n_j}(1-p_j)^{n-n_j}$$

$$P(N_1=n_1,N_2=n_2,\cdots,N_n=n_n)=\frac{n!}{n_1!n_2!\cdots n_n!}P_1^{n_1}\cdot P_2^{n_2}\cdots P_n^{n_n}$$

其中,$\sum_{i=1}^{n}n_i=n$。在形式上,$F(X)$ 和 $f(x)$ 的直方图估计可以写为:

$$\hat{F}(x)=\frac{\#\{x_i\leqslant x\}}{n}$$

其中,$\#\{x_i\leqslant x\}$ 表示小于或等于 x 的 x_i 的个数。

$$\hat{f}(x)=\frac{(\#\{x_i\leqslant b_{j+1}\}-\#\{x_i\leqslant b_j\})/n}{h}=\frac{n_j}{nh}$$

其中,$x\in(b_j,b_{j+1}]$。

选择两个适当的常数 X_0 和 $h(>0)$,记第 i 个小区间为 $\Delta_i=[X_0+(i-1)h,\ X_0+ih]$,$i=0,\ \pm1,\pm2,\cdots,n$。在形式上,$f(x)$ 的直方图估计可以写为:

$$\hat{f}(x)=\frac{1}{nh}\sum_{i=1}^{n}\sum_{j=1}^{n}[I(x\in\Delta_j)]$$

其中,$I(x\in\Delta_j)$ 表示示性函数,该式表明 x 点所处的矩形的高为该区间的数据点的个数除以总个数 n 及窗宽 h,窗宽越大(即区间个数越小),则越光滑(即干扰去掉得多),但可能失去有用信息,而且残差大

(拟合不好);反之,如果窗宽太小(即区间个数太多),则残差小,但可能不光滑(即干扰去掉得少),也无法把有用信息和干扰分开,导致过分拟合。但是,因为直方图估计是离散的,很难用它来更好地描述连续的密度函数,因此,笔者将在后文介绍其他方法。

4.2 核密度估计

本节介绍核密度估计。对于数据 $x_1,\cdots,x_n$,有如下形式:

$$\hat{f}(x)=\frac{1}{nh}\sum_{i=1}^{n}K\left(\frac{x-x_i}{h}\right)$$

这是一个加权平均函数,而核估计(kernel function)$K(\cdot)$是权函数,该估计利用数据点 x_i 到 x 的距离($x-x_i$)决定 x_i 在估计点 x 的密度时所起的作用。核函数的形状和值域控制着用来估计 $f(x)$在点 x 时所用数据点的个数和利用的程度。通常考虑的核函数 $K(\cdot)$是一个连续、有界、对称的实值函数,且其积分为 1,所以它也是密度函数。对于核函数的选择有很多种,如高斯核、三角核、四次方核等。最优核函数 $K(u)=0.75(1-u^2)I(|U|\leqslant 1)$是由 Epanechnikov 于 1969 年提出的,其被称为 Epanechnikov 核,同时它是一个万能的加权方式,并为比较核提供一个有用的基准。表 4.1 给出了一些常用的核函数,它们都是对称密度函数。表达式中的 h 称为窗宽,一般来说,窗宽取值越大,估计的密度函数就越光滑,但偏差可能会较大;如果窗宽取值太小,估计的密度曲线就和样本拟合得较好,但可能很不光滑。一般的选择原则为使得均方误差最小为宜。有很多方法选择窗宽,如交叉验证法(cross-validation),直接插入法(direct plug-in),在各个局部取不同的窗宽,或者估计一个光滑的窗宽函数$\hat{h}(x)$,等等。

表 4.1 常用的核函数

核函数名称	核函数 $K(u)$
均匀(uniform)	$\frac{1}{2}I(\|U\|\leqslant 1)$
三角(triangle)	$(1-\|U\|)I(\|U\|\leqslant 1)$
伊潘涅契科夫(Epanechikov)	$\frac{3}{4}(1-u^2)I(\|U\|\leqslant 1)$
四次(quartic)	$\frac{15}{16}(1-u^2)I(\|U\|\leqslant 1)$
三权(triweight)	$\frac{35}{32}(1-u^2)^3I(\|U\|\leqslant 1)$
高斯(Gaussian)	$\frac{1}{\sqrt{2\pi}}\exp\left(\frac{1}{2}u^2\right)$
余弦(cosinus)	$\frac{\pi}{4}\cos\left(\frac{\pi}{2}u\right)I(\|U\|\leqslant 1)$

如果利用高斯函数(标准正态函数)作为核函数,即 $K\left(\frac{x-x_i}{h}\right)=\varphi\left(\frac{x-x_i}{h}\right)$,其中,$\varphi(\cdot)$为标准正态密度函数。由该表达式可看出,如果 x_i 离 x 越近,$\frac{x-x_i}{h}$越接近于零,正态密度的值则越大。因为正态密度的值域为整个实轴,所以所有的数据都用来估计 $f(x)$的值,只不过离 x 点越近的点对估计的影响越大。当 h 的值比较小时,只有最接近 x 的点对估计的影响比较大;而当 h 的值比较大时,离 x 较远的点的作用也会增加。如果用均匀分布概率密度作为核函数,其表达式为:

$$K\left(\frac{x-x_i}{h}\right)=\frac{1}{2}I\left(\left|\frac{x-x_i}{h}\right|\leqslant 1\right)$$

只有$\frac{x-x_i}{h}$的绝对值小于 1 或离 x 距离小于窗宽的点才用于估计 $f(x)$的值,其他所有离 x 距离小于窗宽的点的作用都一样。我们可以根据各个核函数的图形来理解不同加权方式的特点。

图 4.3 展示了核估计法用 4 种不同的窗宽 0.3、0.5、1 和 2估计“老

忠实”温泉间隔时间的密度，这里的核函数为标准正态密度函数。从中可以看出，当 $h=2$ 时，估计曲线太光滑；当 $h=0.3$ 时，显然有大量干扰存在，所以介于它们中间的值的效果会好一些。

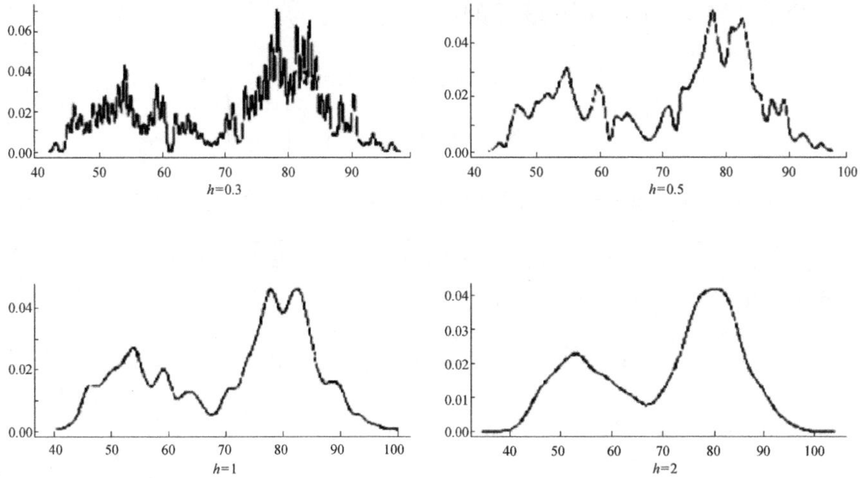

图 4.3　用不同窗宽对“老忠实”温泉的喷发间隔时间的核密度估计

那么，h 取何值最佳？这就需要分析 $\hat{f}(x)$ 的统计特征。在关于 $f(x)$ 和 $K(u)$ 的假设下，$\hat{f}(x)$ 关于 $f(x)$ 的均方误差（mean squared error，简称 MSE）为其方差和偏差（bias）平方的和，并有如下表达式：

$$\begin{aligned}\mathrm{Bias}\{\hat{f}(x)\} &= \mathrm{E}[\hat{f}(x)] - f(x)\\ &= \frac{h^2}{2}f''(x)\int u^2K(u)\mathrm{d}u + o(h^2),\ h\to 0\end{aligned}$$

$$\mathrm{Var}\{\hat{f}(x)\} = \frac{1}{nh}f(x)\int K^2(u)\mathrm{d}u + o\left(\frac{1}{nh}\right),\ nh\to\infty$$

$$\begin{aligned}\mathrm{MSE}\{\hat{f}(x)\} &= \mathrm{E}\,[\hat{f}(x) - f(x)]^2\\ &= \frac{1}{nh}f(x)\int K^2(u)\mathrm{d}u + \frac{h^4}{4}\left(f''(x)\int u^2K(u)\mathrm{d}u\right)^2\\ &\quad + o\left(\frac{1}{nh}\right) + o(h^4),\ h\to 0,\ nh\to\infty\end{aligned}$$

显然方差项太大意味着不光滑，偏差项太大意味着过于光滑。要使这二者平衡才能使均方误差最小。可选择一个最优窗宽 h_0 使得 $\mathrm{MSE}\{\hat{f}(x)\}$ 最小，即

$$h_0 = \arg\min_h \mathrm{MSE}\{\hat{f}(x)\}$$

这样容易求得均方意义下最优的核估计窗宽为：

$$h_0 = \left(\frac{f(x)\int K^2(u)\mathrm{d}u}{n\ (f''(x))^2\left(\int u^2K(u)\mathrm{d}u\right)^2}\right)^{\frac{1}{5}}$$

对于直方图估计，也有类似的 MSE 的表达式，此处不再赘述。当然，如果不用 MSE 作为标准，还可导出在其他标准下的最优窗宽。考虑积分平方误差（integrated squared error，简称 ISE），

$$d(h) = \int (\hat{f}(x) - f(x))^2\mathrm{d}x$$

使 $d(h)$ 最小等价于使

$$d(h) - \int f^2(x)\mathrm{d}x = \int \hat{f}^2(x)\mathrm{d}x - 2\int \hat{f}(x)f(x)\mathrm{d}x$$

最小，其中的 $\int \hat{f}(x)f(x)\mathrm{d}x = \mathrm{E}[\hat{f}(x)]$ 需要估计。为此，要运用交叉证实法令 $\hat{f}^{(i)}(x)$ 表示没有第 i 个数据参与时对 $f(x)$ 的估计，用 $\frac{1}{n}\sum_{i=1}^{n}\hat{f}(x_i)$ 估计 $\mathrm{E}[\hat{f}(X)]$。我们的任务就是选择 h，使平方交叉验证（squares cross-validation）

$$\mathrm{CV}(h) = \int \hat{f}^2(x)\mathrm{d}x - \frac{2}{n}\sum_{i=1}^{n}\hat{f}(x_i)$$

最小，即 $\hat{h}_{\mathrm{CV}} = \arg\min_h \mathrm{CV}(h)$。如果 $f(x_i)$ 有界，这样选出的 h_{CV} 是渐近最优的，窗宽序列 $\hat{h}_n = h(x_1, \cdots, x_n)$ 也是渐近最优的，当 $n \to \infty$ 时，

$$\frac{d(\hat{h}_n)}{\inf d(h)} \xrightarrow{a.s.} 1, h > 0$$

核估计法还可用来估计 $f(x)$ 的各阶导数或者多元密度（如 $f(x_1, x_2)$ 等）。

第五章 非参数局部多项式估计方法

非参数局部多项式估计模型是非参数回归模型中最重要的统计方法之一，同时非参数回归模型也是统计中最重要的模型。与上一章介绍的核光滑估计方法相比，该方法能很好地反映变量与变量之间的相关关系，在经济、金融、生物统计、社会统计等各个领域都有着非常重要的应用价值。因此，对非参数局部多项式估计方法进行深入、系统、广泛的研究非常重要。

5.1 局部多项式估计方法的研究背景

大千世界中普遍存在着变量与变量之间的关系。变量之间的关系主要分为确定性和不确定性两种。确定性的关系是指变量之间的关系可以用某种函数关系表达，变量之间的不确定性关系，一般称为相关关系。在大多数情况下，响应变量 Y 同解释变量 X 之间存在某种相关关系，如何确定并描述这种相关关系，成为学者们研究的重点。响应变量 Y 与解释变量 X 之间存在相关关系意味着当 X 取一定值时，虽然不能确定 Y 的取值，却能确定响应变量 Y 的条件分布。响应变量 Y 对解释变量 X 的取值的依赖关系，是最广泛意义下的回归关系。

早在 19 世纪中期，英国科学家高尔顿(Francis Galton)在研究人类遗传问题时提出“回归”一词，自此回归分析方法便广泛应用于社会和自然的各个领域，在到目前为止的近两个世纪内，产生了许许多多的回归模型。按照对回归函数的基本假设不同,一般将回归模型分为三大类:参数回归模型、非参数回归模型和半参数回归模型。

参数回归模型分为线性回归模型和非线性回归模型,参数回归模型的特点是在回归函数中,除去有限个参数外其余信息都是已知的。此类模型为回归函数提供了大量额外信息(通常由经验和历史资料获得),因而当假设模型成立时,其推断有较高的精度。但当假定与实际情形背离时,基于假设模型所作出的推断表现会很差,即所谓"模型误判"问题。因此,学者们试图寻求其他方法,并提出了另一类模型,即非参数回归模型。

20 世纪 70 年代以来,非参数回归模型日益兴起。非参数回归模型主要是针对那些总体分布不能确定,无法用有限个实参数刻画,而只能对其作一些诸如分布连续、有密度函数、具有某阶矩等一般性假设的统计问题研究。其主要特点是回归函数的形式是任意的,对解释变量 X 和响应变量 Y 分布的限制非常少,因而有很大的适应性。由于对总体分布的假定要求的条件比较宽松,因而使得针对这种问题构造的非参数统计方法不会因为对总体分布的假定不当导致重大错误,所以它通常具有良好的稳健性。最早提出非参数回归模型的权函数估计方法的是 Stone,自此之后,此方法引起了广泛关注。近几十年来,权函数方法如近邻估计法、核光滑估计方法、局部多项式估计方法等,都在不断发展完善,非参数回归模型的理论和应用都取得了较快发展。但在非参数回归模型中,各个解释变量对响应变量影响作用的差别往往被忽略,而且正是因为非参数统计方法需要照顾范围很广的分布,在某些情况下会导致其效率降低。若在实际问题中对此未提供任何信息,这是不可避免的;但若有某些解释变量对响应变量的影响较显著的根据(经验或历史资料等)时,使用非参数回归模型则没有充分利用已知信息,反而会明显降低模型的解释能力。

半参数回归模型可以弥补非参数回归模型的不足,它是介于参数模型和非参数模型之间的一种统计模型，由于这类模型既含有参数部分，又含有非参数部分，可以解决众多实际问题，因而引起广泛重视。在现实生活中，半参数模型更接近真实，更能充分利用数据中所提供的信息。在估计方法上，这种模型融合了常用的参数模型以及各种非参数模型，但又不是这两类模型的简单加和，因而其复杂性和难度超过了单一性质的回归模型。半参数模型有较强的解释能力，随着其理论和方法的日益成熟，该模型必将有广阔的前景，关于此模型笔者也进行了一些研究，但由于其与本书主题无关，此处不再赘述。

5.2　局部多项式估计方法研究现状

非参数方法基本上以数据的秩为出发点，在许多方面利用与秩有关的分布性质进行统计推断。随着计算机的飞速发展，非参数回归估计和密度估计这些需要大量计算的统计方法也得到快速发展。

非参数回归模型是近几十年来兴起的一种适合不确定性的、非线性的动态系统的非参数估计方法。它本身脱胎于混沌理论，最初用来预测混沌系统中的轨迹行为，其基本思想是：在历史数据库中寻找与当前状态相似的历史状态，并把与当前点匹配的历史状态应用于状态预测，具有可移植性强、预测精度高等特点。这种算法认为系统所有的因素之间的内在联系都包含在历史数据中，因此可直接从历史数据中得到信息而不是为历史数据建立一个近似模型。也即非参数建模没有将历史数据作平滑和压缩处理，因此，特别是在有特殊事件发生时，其预测效果要比参数建模精确。

局部多项式估计方法的思想最初由 Stone(1977)提出，Cleveland(1979)把这种思想应用于非参数回归模型，Fan & Gijbels(1996)对局部多项式估计作了较为详细的阐述。目前，局部多项式估计方法已经被广泛应用于各个领域，是一个用途广泛的非参数方法。

局部多项式估计方法适用于诸如随机设计点模型，固定设计点模型。而且,在无需运用其他具体边界核的情况下可避免边界效应,这一点完全不同于其他方法。正因为局部多项式方法具有上述边界核无需修改性质,所以它在处理数据点数边界巨大的多维情形时尤其有效,详见 Buckley,Eagleson & Silverman(1988)。

自从 Fan & Gijbels(1996)将局部多项式估计应用于非参数回归模型后,Fernández & Vila(2001)研究了 α-混合误差下固定设计点模型回归函数及波动函数的局部多项式估计,得到该估计的渐近偏差、渐近方差和渐近正态性。Beran & Feng(2002)研究了相依误差下局部多项式估计方法。何其祥和郑明(2003)将局部多项式回归的非参数方法应用于线性模型中异方差的估计,得到此估计的一致性统计性质和渐近正态性。邢国东和杨善朝研究了固定设计点非参数回归模型在 ρ-混合误差下回归权函数估计,得到了它的一致渐近正态性及其收敛速度,等等。关于非参数局部多项式估计应用的研究数不胜数,此处不再赘述。

5.3 非参数回归估计

非参数回归方法是一种非常有用的处理工具,非参数回归模型也是统计学中非常重要的模型之一。考虑如下回归模型:

$$Y = m(X) + \varepsilon \tag{5.1}$$

且 $E(\varepsilon|X)=0$,$E(\varepsilon^2|X=x)=\sigma^2(x)$。此时,$E(Y|X=x)=m(x)$,而 $m(x)$是一个未知的函数,没有给出它的任何具体形式,因此称(5.1)式为非参数回归模型,已有大量文献对这个模型进行研究。为了简单且不失一般性,首先假设 X 是一个一维的刻度变量,对于这个模型的推断最容易想到的方法是最小二乘估计方法。但是,在非参数回归模型中,由于 $m(x)$没有具体的形式,而对于 $x\in R$,$m(x)$是个无穷维参数。此时的最小二乘估计方法是对一个无穷维的参数进行估计,因此通常是无解的。为了能够应用最小二乘估计方法,我们假定在某个具

体的x_0处估计$m(x_0)$的值。此时，由于x_0固定，因而$m(x_0)$也变成一个固定值，因此可以把$m(x_0)$看作一个未知参数。但是，又出现一个新的问题，如果曲线$m(x)$在x_0处没有数据或者只有很少量的数据时，该如何估计它的值？此时，可以充分使用其他观察值包含的x_0信息，但需要注意的是，并不一定所有观察值对于$m(x_0)$都具有信息，因此，应适当考虑落在x_0处的一个小区间内的观察点，它们才能为$m(x_0)$的估计提供更有效的信息，这就是局部估计的思想。

5.4　局部线性估计

我们对$m(x)$进行局部线性展开，假设$m(x)$在点x_0处是足够光滑的，那么由泰勒展开可得，

$$m(x) \approx m(x_0) + m'(x_0)(x - x_0) \equiv a + b(x - x_0) \tag{5.2}$$

此时，用最小二乘思想对模型(5.2)进行参数估计，其最小二乘目标函数是一个加权和，即

$$\sum_{i=1}^{n} (Y_i - a - b(X_i - x_0))^2 I_i \tag{5.3}$$

其中，示性函数$I_i = 1$表示X_i落在x_0的小区间内，否则$I_i = 0$。把这种思想推广到核估计，那么目标函数(5.3)可变为：

$$\sum_{i=1}^{n} (Y_i - a - b(X_i - x_0))^2 K\left(\frac{X_i - x_0}{h}\right) \tag{5.4}$$

其中，$K(\cdot)$是一个核函数，h是窗宽。a和b的最小二乘估计是使(5.4)式达到最小值时的解，记为$\hat{a}$和$\hat{b}$，称$\hat{a}$为$m(x_0)$的局部线性估计，$\hat{b}$是$m'(x_0)$的估计。$\hat{a}$有如下显式表达式：

$$\hat{m}(x_0) = \hat{a} = \frac{\sum_{i=1}^{n} W_h(X_i - x_0) Y_i}{\sum_{i=1}^{n} W_h(X_i - x_0)} \tag{5.5}$$

其中，

$$W_h(X_i - x_0) = K\left(\frac{X_i - x_0}{h}\right)\left\{S_{n,2} - \left(\frac{X_i - x_0}{h}\right)S_{n,1}\right\}$$

$$S_{n,l} = \sum_{i=1}^{n} K\left(\frac{X_i - x_0}{h}\right)\left(\frac{X_i - x_0}{h}\right)^l, \quad l = 0,1,2,\cdots n$$

事实上，如果以上泰勒展开仅展开一项，获得的加权最小二乘估计就是使下式最小的 $\hat{a}$，

$$\sum_{i=1}^{n} (Y_i - a)^2 K\left(\frac{X_i - x_0}{h}\right) \tag{5.6}$$

这个估计就是通常意义下的核回归估计或称为核估计，它有如下形式：

$$\hat{m}(x_0) = \hat{a} = \frac{\sum_{i=1}^{n} W_h(X_i - x_0) Y_i}{\sum_{i=1}^{n} W_h(X_i - x_0)} \tag{5.7}$$

其中，$W_h(X_i - x_0) = K(X_i - x_0)/h$。此估计也称为 Nadaraya—Watson 估计，或简称为 N-W 估计。

更一般地，当 $m(x)$ 在 x_0 处有 $(p+1)$ 阶导数时，根据泰勒展开，可以近似地展开成 p 阶多项式，

$$\begin{aligned} m(x) &\approx m(x_0) + m'(x_0)(x - x_0) \\ &\quad + \frac{1}{2!}m''(x_0)(x - x_0)2 + \cdots + \frac{1}{p!}m^{(p)}(x_0)(x - x_0)^p \\ &\equiv \beta_0 + \beta_1(x - x_0) + \beta_2(x - x_0)2 + \cdots + \beta_p(x - x_0)^p \end{aligned}$$

此时，加权最小二乘目标函数为：

$$\sum_{i=1}^{n} (Y_i - \beta_0 - \beta_1(X_i - x_0) + \cdots + \beta_p(X_i - x_0)^p)^2 K\left(\frac{X_i - x_0}{h}\right) \tag{5.8}$$

求上式最小值便可得到估计 $\hat{\beta}_j (j = 0,1,\cdots,p)$，而 $j!\ \hat{\beta}_j$ 就是 $m^{(j)}(x_0)$ 的估计，这就是著名的局部多项式估计。为了对局部估计的思想和性质有更多了解，我们下面重点研究局部线性估计，对于局部多项式估计只给出类似结果。给出如下假设条件：

(1) 回归函数 $m(x)$有二阶有界的导数；

(2) 协变量 X 的密度函数 $f(x)$对于某个介于 0 与 1 之间的 α 满足 $|f(x)-f(y)|\leqslant c|x-y|^{\alpha}$ 且 $f(x_0)>0$,其中,c 是一任意常数；

(3) 条件方差 $\sigma(x)$是有界且连续的；

(4) 当 $n\to\infty$时,窗宽满足 $h\to 0$ 且 $nh\to\infty$,核函数 $K(x)$是有界连续的密度函数,且满足

$$\int_{-\infty}^{\infty} K(x)\mathrm{d}x = 1,\ \int_{-\infty}^{\infty} xK(x)\mathrm{d}x = 0,\ \int_{-\infty}^{\infty} x^2K(x)\mathrm{d}x \neq 0$$

同时，对于 $r=1,2,\cdots,n$,有

$$\int_{-\infty}^{\infty} x^{2r}K(x)\mathrm{d}x < \infty$$

通常,核函数为对称的且有限支撑的概率密度函数。以上有关核函数的假设是要求它们具有一定的光滑性。

定理 5.1

假设条件(1)—(4)都满足的情况下,局部线性估计的均方误差 MSE 为：

$$\begin{aligned}&\mathrm{E}\{\hat{m}(x_0)-m(x_0)\}^2\\&=\frac{1}{4}(m''(x_0)\mu_2)^2h^4+\frac{1}{nh}\frac{\sigma^2(x_0)}{f(x_0)}\nu_0+o\left(h^4+\frac{1}{nh}\right)\end{aligned}\quad(5.9)$$

其中，

$$\mu_r=\int_{-\infty}^{\infty}x^rK(x)\mathrm{d}x,\quad \nu_r=\int_{-\infty}^{\infty}x^rK^2(x)\mathrm{d}x$$

设 w 是一个有界权函数,且有紧支撑$[a,b]$,则局部线性估计的均方积分误差(MISE)可由下面的定理获得。

定理 5.2

在假设条件(1)—(4)都满足的情况下,局部线性估计的 MISE 为：

$$\begin{aligned} &\mathrm{E}\int_{-\infty}^{\infty}(\hat{m}(x_0)-m(x_0))^2 w(x)\mathrm{d}x \\ &=\frac{\mu_2^2 h^4}{4}\int_{-\infty}^{\infty}(m''(x))^2 w(x)\mathrm{d}x \\ &\quad+\frac{\nu_0}{nh}\int_{-\infty}^{\infty}\frac{\sigma^2(x)}{f(x)}w(x)\mathrm{d}x+o\left(h^4+\frac{1}{nh}\right) \end{aligned} \tag{5.10}$$

通过极小局部线性估计的 MSE 和 MISE 可以分别获得局部最优窗宽和全局最优窗宽。局部最优窗宽为：

$$h_{\mathrm{opt1}}=\left(\frac{\sigma^2(x_0)\nu_0}{(\mu_2 m''(x_0))^2 f(x_0)}\right)^{1/5} n^{-1/5} \tag{5.11}$$

这个窗宽依赖于估计点 x_0，因此称为局部最优窗宽。而全局最优窗宽为：

$$h_{\mathrm{opt2}}=\left(\frac{\nu_0\int_{-\infty}^{\infty}f^{-1}(x)\sigma^2(x)w(x)\mathrm{d}x}{\mu_2^2\int_{-\infty}^{\infty}(m''(x))^2 w(x)\mathrm{d}x}\right)^{1/5} n^{-1/5} \tag{5.12}$$

下面给出局部常数估计和局部线性估计的渐近表示结果，这些结果在半参数模型中特别有用。为了方便起见，记为 $\delta_{ln}=h^l+\{n^{-1}h^{-1}\log n\}^{1/2}, l=1,2$；$\delta_{0n}=\{n^{-1}h^{-1}\log n\}^{1/2}$。同时，不妨设 $\mu_0=\mu_2=1, \mu_1=\mu_3=0$。

定理 5.3

假设定理 5.1 的条件成立，并设 $S(f)$ 为 X 的分布支撑，且对所有 $x\in S(f)$ 都有 $f(x)>c>0$，其中，c 是一个非负常数。则对于局部常数估计 $\hat{m}_{\mathrm{NW}}(x)$，(5.13)式对 $x\in S(f)$ 一致成立，

$$\begin{aligned} \hat{m}_{\mathrm{NW}}(x)= &\, m(x)+\left(\frac{m'(x)f'(x)}{f(x)}+\frac{1}{2}m''(x)\right)h^2 \\ &+\frac{1}{nhf(x)}\sum_{i=1}^{n}K\left(\frac{X_i-x}{h}\right)\varepsilon_i+O(\delta_{0n}\delta_{1n}+h^2\delta_{1n}) \end{aligned} \tag{5.13}$$

而对于局部线性估计 $\hat{m}(x)$，(5.14)式对 $x\in S(f)$ 一致成立，

$$\hat{m}(x)=m(x)+\frac{1}{2}m''(x)h^2+\frac{1}{nhf(x)}\sum_{i=1}^{n}K\left(\frac{X_i-x}{h}\right)\varepsilon_i+O(\delta_{0n}\delta_{1n}+h^3\delta_{2n}). \tag{5.14}$$

定理 5.3 的结果若改为非一致成立(如逐点成立),则可以去掉条件“$f(x)>c>0$,其中,c 是一个非负常数”。

在证明此定理前,笔者先给出一个引理,这个引理在非参数中具有广泛应用。

引理 5.1

假设定理 5.1 的条件成立,则下式几乎处处对 $x\in S(f)$ 一致成立。

$$\sum_{i=1}^{n}K\left(\frac{X_i-x}{h}\right)(X_i-x)r=nh^{r+1}\mu_r f(x)+nh^{r+2}\mu_{r+1}f'(x)+O(nh^{r+1}\delta_{2n}) \tag{5.15}$$

其中,$r=0,1,2\cdots,n$ 且 $h\in[c_1n^{-a},c_2n^{-b}]$,$c_1,c_2>0$,$0<b<a<1$。此外,若 ε_i 独立同分布,$\mathrm{E}\varepsilon_i=0$,$\mathrm{E}\varepsilon_i^2=\sigma^2$ 且 ε_i 各阶矩有限,ε_i 与 X 独立,则

$$\sum_{i=1}^{n}K\left(\frac{X_i-x}{h}\right)\varepsilon_i=O(nh\delta_{0n})$$

$$\sum_{i=1}^{n}K\left(\frac{X_i-x}{h}\right)\left(\frac{X_i-x}{h}\right)\varepsilon_i=O(nh\delta_{0n})$$

对 $x\in S(f)$ 和 $h\in[c_1n^{-a},c_2n^{-b}]$ 一致成立。

引理 5.1 的证明如下。

由一致对数定律(Hall,1981; Stute,1982)可知,

$$\left|\frac{1}{nh}\sum_{i=1}^{n}K\left(\frac{X_i-x}{h}\right)\left(\frac{X_i-x}{h}\right)^r-\frac{1}{h}\mathrm{E}\left\{K\left(\frac{X_i-x}{h}\right)\left(\frac{X_i-x}{h}\right)^r\right\}\right|=O\left(\left(\frac{\log n}{nh}\right)^{1/2}\right) \tag{5.16}$$

几乎处处对 $x\in S(f)$ 一致成立。由于积分变换,上面的均值有

$$\mathrm{E}\left(K\left(\frac{X_i-x}{h}\right)\left(\frac{X_i-x}{h}\right)^r\right)=\int K\left(\frac{X_i-x}{h}\right)\left(\frac{X_i-x}{h}\right)^r f(X_i)\mathrm{d}X_i$$

令$\frac{X_i-x}{h}=u$，有 $X_i=hu+x,\mathrm{d}X_i=h\cdot\mathrm{d}u$，则

$$\mathrm{E}\left(K\left(\frac{X_i-x}{h}\right)\left(\frac{X_i-x}{h}\right)^r\right)=h\int u^r K(u)f(x+hu)\mathrm{d}u$$

将 $f(x+hu)$在 x 处进行泰勒展开可得，

$$f(x+hu)=f(x)+f'(x)\cdot hu+O(u^2h^2)$$

代入上式可得，

$$\begin{aligned}
&\mathrm{E}\left(K\left(\frac{X_i-x}{h}\right)\left(\frac{X_i-x}{h}\right)^r\right)\\
&\quad=h\int u^r K(u)\{f(x)+f'(x)\cdot hu+u^2O(h^2)\}\mathrm{d}u\\
&\quad=h\left\{f(x)\int u^r K(u)\mathrm{d}u+hf'(x)\int u^{r+1}K(u)\mathrm{d}u\right.\\
&\qquad\left.+O(h^2)\int u^{r+2}K(u)\mathrm{d}u\right\}\\
&\quad=h\{\mu_r f(x)+h\mu_{r+1}f'(x)+O(h^2)\}
\end{aligned}\tag{5.17}$$

所以，

$$\begin{aligned}
&\sum_{i=1}^{n}K\left(\frac{X_i-x}{h}\right)(X_i-x)^r\\
&\quad=n\cdot\mathrm{E}\left\{K\left(\frac{X_i-x}{h}\right)(X_i-x)^r\right\}+O\left(\left(\frac{\log n}{nh}\right)^{1/2}\right)\cdot nh^{r+1}\\
&\quad=nh^{r+1}\{\mu_r f(x)+h\mu_{r+1}f'(x)+O(h^2)\}+O(nh^{r+1}\delta_{0n})n\\
&\quad=nh^{r+1}\mu_r f(x)+nh^{r+2}\mu_{r+1}f'(x)+O(nh^{r+3})+O(nh^{r+1}\delta_{0n})\\
&\quad=nh^{r+1}\mu_r f(x)+nh^{r+2}\mu_{r+1}f'(x)+O(nh^{r+1}(h^2+\delta_{0n}))\\
&\quad=nh^{r+1}\mu_r f(x)+nh^{r+2}\mu_{r+1}f'(x)+O(nh^{r+1}\delta_{2n})
\end{aligned}$$

由一致对数定律，可知

$$\left|\frac{1}{nh}\sum_{i=1}^{n}K\left(\frac{X_i-x}{h}\right)\varepsilon_i-\frac{1}{h}\mathrm{E}\left\{K\left(\frac{X_i-x}{h}\right)\varepsilon_i\right\}\right|=O\left(\left(\frac{\log n}{nh}\right)^{1/2}\right)=O(\delta_{0n})$$

几乎处处对 $x\in S(f)$一致成立，且

$$\mathrm{E}\left\{K\left(\frac{X_i-x}{h}\right)\varepsilon_i\right\}=\mathrm{E}\left\{\mathrm{E}\left(K\left(\frac{X_i-x}{h}\right)\varepsilon_i \mid x_1,x_2,\cdots,x_n\right)\right\}$$
$$=\mathrm{E}\left\{K\left(\frac{X_i-x}{h}\right)\mathrm{E}(\varepsilon_i \mid x_1,x_2,\cdots,x_i)\right\}=0$$

所以,有

$$\sum_{i=1}^{n}K\left(\frac{X_i-x}{h}\right)\varepsilon_i=nh\cdot O(\delta_{0n})=O(nh\delta_{0n})$$

同理可得

$$\sum_{i=1}^{n}K\left(\frac{X_i-x}{h}\right)\left(\frac{X_i-x}{h}\right)\varepsilon_i=O(nh\delta_{0n})$$

定理 5.1 是定理 5.4 的特例,由定理 5.1 又可以推出定理 5.2,所以下面只证明定理 5.3,在本章附录中笔者详细推导了 N-W 估计 $\hat{m}_{\mathrm{NW}}(x)$ 的期望和方差。

定理 5.3 的证明如下。

此处需要先证明

$$\hat{m}(x)=m(x)+\frac{1}{2}m''(x)h^2$$
$$+\frac{1}{nhf(x)}\sum_{i=1}^{n}K\left(\frac{X_i-x}{h}\right)\varepsilon_i+O(\delta_{0n}\delta_{1n}+h^3\delta_{2n}) \quad (5.18)$$

成立,因为

$$\hat{m}(x)=\frac{\sum_{i=1}^{n}W_h(X_i-x)Y_i}{\sum_{i=1}^{n}W_h(X_i-x)}=\frac{\sum_{i=1}^{n}W_h(X_i-x)(m(X_i)+\varepsilon_i)}{\sum_{i=1}^{n}W_h(X_i-x)}$$
$$=\frac{\sum_{i=1}^{n}W_h(X_i-x)m(X_i)}{\sum_{i=1}^{n}W_h(X_i-x)}+\frac{\sum_{i=1}^{n}W_h(X_i-x)\varepsilon_i}{\sum_{i=1}^{n}W_h(X_i-x)}$$

下面分别计算 $\dfrac{\sum_{i=1}^{n}W_h(X_i-x)m(X_i)}{\sum_{i=1}^{n}W_h(X_i-x)}$ 和 $\dfrac{\sum_{i=1}^{n}W_h(X_i-x)\varepsilon_i}{\sum_{i=1}^{n}W_h(X_i-x)}$。

由引理 5.1 可得,

$$\begin{aligned}\sum_{i=1}^{n} W_h(X_i - x) &= \sum_{i=1}^{n}\left\{K\left(\frac{X_i - x}{h}\right)\left[S_{n,2} - \left(\frac{X_i - x}{h}\right)S_{n,1}\right]\right\} \\ &= \sum_{i=1}^{n}\left\{K\left(\frac{X_i - x}{h}\right)\left[\sum_{i=1}^{n}K\left(\frac{X_i - x}{h}\right)\left(\frac{X_i - x}{h}\right)^2\right.\right. \\ &\quad \left.\left. - \left(\frac{X_i - x}{h}\right)\sum_{i=1}^{n}K\left(\frac{X_i - x}{h}\right)\left(\frac{X_i - x}{h}\right)\right]\right\} \\ &= \left[\sum_{i=1}^{n}K\left(\frac{X_i - x}{h}\right)\right]\left[\sum_{i=1}^{n}K\left(\frac{X_i - x}{h}\right)\left(\frac{X_i - x}{h}\right)^2\right] \\ &\quad - \left[\sum_{i=1}^{n}K\left(\frac{X_i - x}{h}\right)\left(\frac{X_i - x}{h}\right)\right]^2 \\ &= A_0 \cdot A_2 - A_1^2\end{aligned}$$

其中,

$$\begin{aligned}A_0 &= \sum_{i=1}^{n}K\left(\frac{X_i - x}{h}\right) = nh\mu_0 f(x) + nh^2\mu_1 f'(x) + O(nh\delta_{2n}) \\ &= nhf(x) + O(nh\delta_{2n}),\end{aligned} \tag{5.19}$$

$$\begin{aligned}A_1 &= \sum_{i=1}^{n}K\left(\frac{X_i - x}{h}\right)\left(\frac{X_i - x}{h}\right) \\ &= nh\mu_1 f(x) + nh^2\mu_2 f'(x) + O(nh\delta_{2n}) = nh^2 f'(x) + O(nh\delta_{2n})\end{aligned} \tag{5.20}$$

$$\begin{aligned}A_2 &= \sum_{i=1}^{n}K\left(\frac{X_i - x}{h}\right)\left(\frac{X_i - x}{h}\right)^2 \\ &= nh\mu_2 f(x) + nh^2\mu_3 f'(x) + O(nh\delta_{2n}) \\ &= nhf(x) + O(nh\delta_{2n})\end{aligned} \tag{5.21}$$

所以,

$$\begin{aligned}&\sum_{i=1}^{n} W_h(X_i - x) \\ &= [nhf(x) + O(nh\delta_{2n})][nhf(x) + O(nh\delta_{2n})] \\ &\quad - [nh^2 f'(x) + O(nh\delta_{2n})]^2\end{aligned}$$

$$= n^2h^2f^2(x) + 2f(x)O(n^2h^2\delta_{2n}) + O(n^2h^2\delta_{2n}^2)$$
$$- n^2h^4\ (f'(x))^2 - 2f'(x)O(n^2h^3\delta_{2n}) - O(n^2h^2\delta_{2n}^2)$$
$$= n^2h^2f^2(x) + O(n^2h^2\delta_{2n}) \tag{5.22}$$

$$\frac{1}{nh}\sum_{i=1}^{n}K\left(\frac{X_i - x}{h}\right) = \frac{1}{nh}A_0 = f(x) + O(\delta_{2n}) \tag{5.23}$$

将 $m(X_i)$在 x 处进行泰勒展开可得，

$$m(X_i) = m(x) + m'(x)(X_i - x) + \frac{1}{2}m''(x)\ (X_i - x)^2$$
$$+ O((X_i - x)^3)$$

利用以上这些结果可得，

$$\frac{\sum_{i=1}^{n}W_h(X_i - x)m(X_i)}{\sum_{i=1}^{n}W_h(X_i - x)} - m(x)$$

$$= \frac{m(x)\sum_{i=1}^{n}W_h(X_i - x)}{\sum_{i=1}^{n}W_h(X_i - x)} + \frac{m'(x)\sum_{i=1}^{n}W_h(X_i - x)(X_i - x)}{\sum_{i=1}^{n}W_h(X_i - x)}$$

$$+ \frac{1}{2}m''(x)\ \frac{\sum_{i=1}^{n}W_h(X_i - x)\ (X_i - x)^2}{\sum_{i=1}^{n}W_h(X_i - x)}$$

$$+ \frac{\sum_{i=1}^{n}W_h(X_i - x)O((X_i - x)^3)}{\sum_{i=1}^{n}W_h(X_i - x)} - m(x)$$

$$= m'(x)\ \frac{\sum_{i=1}^{n}W_h(X_i - x)(X_i - x)}{\sum_{i=1}^{n}W_h(X_i - x)}$$

$$
\begin{aligned}
&+\frac{1}{2}m''(x)\frac{\sum_{i=1}^{n}W_h(X_i-x)(X_i-x)^2}{\sum_{i=1}^{n}W_h(X_i-x)} \\
&+\frac{\sum_{i=1}^{n}W_h(X_i-x)O((X_i-x)^3)}{\sum_{i=1}^{n}W_h(X_i-x)}
\end{aligned}
\tag{5.24}
$$

下面分别计算 $\sum_{i=1}^{n}W_h(X_i-x)(X_i-x)$，$\sum_{i=1}^{n}W_h(X_i-x)(X_i-x)^2$ 和 $\sum_{i=1}^{n}W_h(X_i-x)O((X_i-x)^3)$。

$$
\begin{aligned}
&\sum_{i=1}^{n}W_h(X_i-x)(X_i-x) \\
&=\sum_{i=1}^{n}K\left(\frac{X_i-x}{h}\right)\Big[\sum_{i=1}^{n}K\left(\frac{X_i-x}{h}\right)\left(\frac{X_i-x}{h}\right)^2 \\
&\quad-\left(\frac{X_i-x}{h}\right)\sum_{i=1}^{n}K\left(\frac{X_i-x}{h}\right)\left(\frac{X_i-x}{h}\right)\Big]\left(\frac{X_i-x}{h}\right)\cdot h \\
&=h\Big\{\Big[\sum_{i=1}^{n}K\left(\frac{X_i-x}{h}\right)\left(\frac{X_i-x}{h}\right)\Big]\Big[\sum_{i=1}^{n}K\left(\frac{X_i-x}{h}\right)\left(\frac{X_i-x}{h}\right)^2\Big] \\
&\quad-\Big[\sum_{i=1}^{n}K\left(\frac{X_i-x}{h}\right)\left(\frac{X_i-x}{h}\right)^2\Big]\Big[\sum_{i=1}^{n}K\left(\frac{X_i-x}{h}\right)\left(\frac{X_i-x}{h}\right)\Big]\Big\} \\
&=h(A_1A_2-A_2A_1)=0
\end{aligned}
\tag{5.25}
$$

$$
\begin{aligned}
&\sum_{i=1}^{n}W_h(X_i-x)(X_i-x)^2 \\
&=\sum_{i=1}^{n}K\left(\frac{X_i-x}{h}\right)\Big[\sum_{i=1}^{n}K\left(\frac{X_i-x}{h}\right)\left(\frac{X_i-x}{h}\right)^2 \\
&\quad-\left(\frac{X_i-x}{h}\right)\sum_{i=1}^{n}K\left(\frac{X_i-x}{h}\right)\left(\frac{X_i-x}{h}\right)\Big]\left(\frac{X_i-x}{h}\right)^2\cdot h^2 \\
&=h^2\Big\{\Big[\sum_{i=1}^{n}K\left(\frac{X_i-x}{h}\right)\left(\frac{X_i-x}{h}\right)^2\Big]\Big[\sum_{i=1}^{n}K\left(\frac{X_i-x}{h}\right)\left(\frac{X_i-x}{h}\right)^2\Big]
\end{aligned}
$$

$$-\left[\sum_{i=1}^{n}K\left(\frac{X_i-x}{h}\right)\left(\frac{X_i-x}{h}\right)^3\right]\left[\sum_{i=1}^{n}K\left(\frac{X_i-x}{h}\right)\left(\frac{X_i-x}{h}\right)\right]\Bigg\}$$

$$=h^2(A_2^2-A_3A_1) \tag{5.26}$$

其中,

$$\begin{aligned}A_3&=\sum_{i=1}^{n}K\left(\frac{X_i-x}{h}\right)\left(\frac{X_i-x}{h}\right)^3\\&=nh\mu_3f(x)+nh^2\mu_4f'(x)+O(nh\delta_{2n})\\&=nh^2\mu_4f'(x)+O(nh\delta_{2n})\end{aligned} \tag{5.27}$$

将(5.20)(5.21)和(5.27)三式代入(5.26)式,有

$$\begin{aligned}&\sum_{i=1}^{n}W_h(X_i-x)(X_i-x)^2\\&\quad=h^2\{[nhf(x)+O(nh\delta_{2n})]^2\\&\qquad-[nh^2\mu_4f'(x)+O(nh\delta_{2n})][nh^2f'(x)+O(nh\delta_{2n})]\}\\&\quad=h^2[n^2h^2f^2(x)+O(n^2h^2\delta_{2n})]\end{aligned} \tag{5.28}$$

$$\begin{aligned}&\sum_{i=1}^{n}W_h(X_i-x)O((X_i-x)^3)\\&=\sum_{i=1}^{n}W_h(X_i-x)\left(\frac{X_i-x}{h}\right)^3O(h^3)\\&=\Bigg\{\sum_{i=1}^{n}K\left(\frac{X_i-x}{h}\right)\left[\sum_{i=1}^{n}K\left(\frac{X_i-x}{h}\right)\left(\frac{X_i-x}{h}\right)^2\right.\\&\quad\left.-\left(\frac{X_i-x}{h}\right)\sum_{i=1}^{n}K\left(\frac{X_i-x}{h}\right)\left(\frac{X_i-x}{h}\right)\right]\left(\frac{X_i-x}{h}\right)^3\Bigg\}\cdot O(h^3)\\&=\Bigg\{\left[\sum_{i=1}^{n}K\left(\frac{X_i-x}{h}\right)\left(\frac{X_i-x}{h}\right)^3\right]\left[\sum_{i=1}^{n}K\left(\frac{X_i-x}{h}\right)\left(\frac{X_i-x}{h}\right)^2\right]\\&\quad-\left[\sum_{i=1}^{n}K\left(\frac{X_i-x}{h}\right)\left(\frac{X_i-x}{h}\right)^4\right]\left[\sum_{i=1}^{n}K\left(\frac{X_i-x}{h}\right)\left(\frac{X_i-x}{h}\right)\right]\Bigg\}\cdot O(h^3)\\&=(A_3A_2-A_4A_1)\cdot O(h^3)\end{aligned} \tag{5.29}$$

其中,

$$A_4 = \sum_{i=1}^{n} K\left(\frac{X_i - x}{h}\right)\left(\frac{X_i - x}{h}\right)^4$$
$$= nh\mu_4 f(x) + nh^2\mu_5 f'(x) + O(nh\delta_{2n}) = nh\mu_4 f(x) + O(nh\delta_{2n}) \tag{5.30}$$

将(5.20)(5.21)(5.27)和(5.30)四式代入(5.29)式，有

$$\sum_{i=1}^{n} W_h(X_i - x) O((X_i - x)^3)$$
$$= \{[nh^2\mu_4 f'(x) + O(nh\delta_{2n})][nhf(x) + O(nh\delta_{2n})]$$
$$- [nh\mu_4 f(x) + O(nh\delta_{2n})][nh^2 f'(x) + O(nh\delta_{2n})]\} \cdot O(h^3)$$
$$= O(n^2 h^5 \delta_{2n}) \tag{5.31}$$

再将(5.22)(5.25)(5.28)和(5.31)四式代入(5.24)式，有

$$\frac{\sum_{i=1}^{n} W_h(X_i - x) m(X_i)}{\sum_{i=1}^{n} W_h(X_i - x)} - m(x) = \frac{1}{2} m''(x) h^2 + O(h^3 \delta_{2n})$$

即

$$\frac{\sum_{i=1}^{n} W_h(X_i - x) m(X_i)}{\sum_{i=1}^{n} W_h(X_i - x)} = m(x) + \frac{1}{2} m''(x) h^2 + O(h^3 \delta_{2n}) \tag{5.32}$$

下面计算 $\dfrac{\sum_{i=1}^{n} W_h(X_i - x)\varepsilon_i}{\sum_{i=1}^{n} W_h(X_i - x)}$。

$$\frac{\sum_{i=1}^{n} W_h(X_i - x)\varepsilon_i}{\sum_{i=1}^{n} W_h(X_i - x)}$$
$$= \frac{nhf(x)\sum_{i=1}^{n} K\left(\frac{X_i - x}{h}\right)\varepsilon_i + \sum_{i=1}^{n} K\left(\frac{X_i - x}{h}\right)\varepsilon_i O(nh\delta_{2n}) + O(nh^2)}{n^2 h^2 f^2(x) + O(n^2 h^2 \delta_{2n})}$$

$$
\begin{aligned}
&= \frac{1}{nhf(x)}\sum_{i=1}^{n}K\left(\frac{X_i - x}{h}\right)\varepsilon_i + O(\delta_{0n}\delta_{2n}) \\
&\quad - \frac{f'(x)}{nf^2(x)}\left[K\left(\frac{X_i - x}{h}\right)\left(\frac{X_i - x}{h}\right)\varepsilon_i\right] - O(\delta_{0n}\delta_{2n}) \\
&= \frac{1}{nhf(x)}\sum_{i=1}^{n}K\left(\frac{X_i - x}{h}\right)\varepsilon_i + O(\delta_{0n}\delta_{2n}) + O(h\delta_{0n}) \\
&= \frac{1}{nhf(x)}\sum_{i=1}^{n}K\left(\frac{X_i - x}{h}\right)\varepsilon_i + O(\delta_{0n}\delta_{1n})
\end{aligned} \tag{5.33}
$$

从而，由(5.32)和(5.33)两式，可得

$$
\begin{aligned}
\hat{m}(x) &= m(x) + \frac{1}{2}m''(x)h^2 \\
&\quad + \frac{1}{nhf(x)}\sum_{i=1}^{n}K\left(\frac{X_i - x}{h}\right)\varepsilon_i + O(\delta_{0n}\delta_{1n} + h^3\delta_{2n})
\end{aligned}
$$

以下证明

$$
\begin{aligned}
\hat{m}_{\mathrm{NW}}(x) &= m(x) + \left(\frac{m'(x)f'(x)}{f(x)} + \frac{1}{2}m''(x)\right)h^2 \\
&\quad + \frac{1}{nhf(x)}\sum_{i=1}^{n}K\left(\frac{X_i - x}{h}\right)\varepsilon_i + O(\delta_{0n}\delta_{1n} + h^2\delta_{1n}).
\end{aligned}
$$

同样地，

$$
\begin{aligned}
\hat{m}_{\mathrm{NW}}(x) &= \frac{\sum_{i=1}^{n}K\left(\frac{X_i - x}{h}\right)Y_i}{\sum_{i=1}^{n}K\left(\frac{X_i - x}{h}\right)} = \frac{\sum_{i=1}^{n}K\left(\frac{X_i - x}{h}\right)(m(X_i) + \varepsilon_i)}{\sum_{i=1}^{n}K\left(\frac{X_i - x}{h}\right)} \\
&= \frac{\sum_{i=1}^{n}K\left(\frac{X_i - x}{h}\right)m(X_i)}{\sum_{i=1}^{n}K\left(\frac{X_i - x}{h}\right)} + \frac{\sum_{i=1}^{n}K\left(\frac{X_i - x}{h}\right)\varepsilon_i}{\sum_{i=1}^{n}K\left(\frac{X_i - x}{h}\right)}
\end{aligned}
$$

分别计算$\dfrac{\sum_{i=1}^{n}K\left(\frac{X_i - x}{h}\right)m(X_i)}{\sum_{i=1}^{n}K\left(\frac{X_i - x}{h}\right)}$和$\dfrac{\sum_{i=1}^{n}K\left(\frac{X_i - x}{h}\right)\varepsilon_i}{\sum_{i=1}^{n}K\left(\frac{X_i - x}{h}\right)}$。

先将 $m(X_i)$在 x 处的泰勒展开式代入

$$\frac{\sum_{i=1}^{n} K\left(\frac{X_i - x}{h}\right) m(X_i)}{\sum_{i=1}^{n} K\left(\frac{X_i - x}{h}\right)}$$

可得，

$$\frac{\sum_{i=1}^{n} K\left(\frac{X_i - x}{h}\right) m(X_i)}{\sum_{i=1}^{n} K\left(\frac{X_i - x}{h}\right)}$$

$$= \frac{\sum_{i=1}^{n} K\left(\frac{X_i - x}{h}\right)\left[m(x) + m'(x)(X_i - x) + \frac{1}{2}m''(x)(X_i - x)^2 + O(X_i - x)^3\right]}{\sum_{i=1}^{n} K\left(\frac{X_i - x}{h}\right)}$$

$$= m(x) + m'(x)h\frac{\sum_{i=1}^{n} K\left(\frac{X_i - x}{h}\right)\left(\frac{X_i - x}{h}\right)}{\sum_{i=1}^{n} K\left(\frac{X_i - x}{h}\right)} + \frac{1}{2}m''(x)h^2\frac{\sum_{i=1}^{n} K\left(\frac{X_i - x}{h}\right)\left(\frac{X_i - x}{h}\right)^2}{\sum_{i=1}^{n} K\left(\frac{X_i - x}{h}\right)}$$

$$+ \frac{\sum_{i=1}^{n} K\left(\frac{X_i - x}{h}\right)\left(\frac{X_i - x}{h}\right)^3 O(h^3)}{\sum_{i=1}^{n} K\left(\frac{X_i - x}{h}\right)}$$

再分别计算 $\frac{\sum_{i=1}^{n} K\left(\frac{X_i - x}{h}\right)\left(\frac{X_i - x}{h}\right)}{\sum_{i=1}^{n} K\left(\frac{X_i - x}{h}\right)}$，$\frac{\sum_{i=1}^{n} K\left(\frac{X_i - x}{h}\right)\left(\frac{X_i - x}{h}\right)^2}{\sum_{i=1}^{n} K\left(\frac{X_i - x}{h}\right)}$ 和 $\frac{\sum_{i=1}^{n} K\left(\frac{X_i - x}{h}\right)\left(\frac{X_i - x}{h}\right)^3 O(h^3)}{\sum_{i=1}^{n} K\left(\frac{X_i - x}{h}\right)}$。

$$\frac{\sum_{i=1}^{n} K\left(\frac{X_i - x}{h}\right)\left(\frac{X_i - x}{h}\right)}{\sum_{i=1}^{n} K\left(\frac{X_i - x}{h}\right)} = \frac{A_1}{A_0} = \frac{nh^2 f'(x) + O(nh\delta_{2n})}{nhf(x) + O(nh\delta_{2n})} = h\frac{f'(x)}{f(x)} + O(\delta_{2n})$$

$$\frac{\sum_{i=1}^{n} K\left(\frac{X_i - x}{h}\right)\left(\frac{X_i - x}{h}\right)^2}{\sum_{i=1}^{n} K\left(\frac{X_i - x}{h}\right)} = \frac{A_2}{A_0} = \frac{nhf(x) + O(nh\delta_{2n})}{nhf(x) + O(nh\delta_{2n})} = 1$$

$$\frac{\sum_{i=1}^{n} K\left(\frac{X_i - x}{h}\right)\left(\frac{X_i - x}{h}\right)^3 O(h^3)}{\sum_{i=1}^{n} K\left(\frac{X_i - x}{h}\right)} = \frac{A_3 O(h^3)}{A_0}$$

$$= \frac{[nh^2 \mu_4 f'(x) + O(nh\delta_{2n})]O(h^3)}{nhf(x) + O(nh\delta_{2n})} = O(h^4) + O(h^3\delta_{2n})$$

则

$$\frac{\sum_{i=1}^{n} K\left(\frac{X_i - x}{h}\right) m(X_i)}{\sum_{i=1}^{n} K\left(\frac{X_i - x}{h}\right)}$$

$$= m(x) + \frac{m'(x)f'(x)}{f(x)}h^2 + O(h\delta_{2n})$$

$$+ \frac{1}{2}m''(x)h^2 + O(h^4) + O(h^3\delta_{2n})$$

$$= m(x) + \frac{m'(x)f'(x)}{f(x)}h^2 + \frac{1}{2}m''(x)h^2 + O(h\delta_{2n}) \tag{5.34}$$

另，

$$\frac{\sum_{i=1}^{n} K\left(\frac{X_i - x}{h}\right)\varepsilon_i}{\sum_{i=1}^{n} K\left(\frac{X_i - x}{h}\right)} = \frac{\sum_{i=1}^{n} K\left(\frac{X_i - x}{h}\right)\varepsilon_i}{nhf(x) + O(nh\delta_{2n})}$$

$$= \frac{1}{nhf(x)}\sum_{i=1}^{n} K\left(\frac{X_i - x}{h}\right)\varepsilon_i + O(\delta_{0n}\delta_{2n}) \tag{5.35}$$

由(5.34)和(5.35)两式可得，

$$\hat{m}_{NW}(x) = m(x) + \left\{\frac{m'(x)f'(x)}{f(x)} + \frac{1}{2}m''(x)\right\}h^2$$

$$+ \frac{1}{nhf(x)}\sum_{i=1}^{n} K\left(\frac{X_i - x}{h}\right)\varepsilon_i + O(\delta_{0n}\delta_{1n} + h^2\delta_{2n})$$

至此，定理 5.3 的证明结束。

5.5 局部多项式回归

5.5.1 提出估计

笔者根据 Fan & Gijbels(1996)的一些结论，给出局部多项式估计的一些性质。这里应用矩阵表述，这在非参数和半参数中使用局部多项式估计时非常有用。有关局部多项式更深入和详细的内容可以参见 Ruppert & Wand(1994)，Fan & Gijbels(1992)，Fan & Gijbels(1996)等。

我们用矩阵的形式表达局部多项式估计的目标函数(5.8)式，分别记为

$$X=\begin{bmatrix}1 & (X_1-x_0) & \cdots & (X_1-x_0)^p\\ \vdots & \vdots & \ddots & \vdots\\ 1 & (X_n-x_0) & \cdots & (X_n-x_0)^p\end{bmatrix}$$

和

$$Y=\begin{bmatrix}Y_1\\ \vdots\\ Y_n\end{bmatrix},\quad \hat{\beta}=\begin{bmatrix}\hat{\beta}_0\\ \vdots\\ \hat{\beta}_p\end{bmatrix}$$

更进一步地，记 W 为核函数的对角阵，即

$$W=diag\{K_h(X_i-x_0)\}$$

其中，$K_h(\cdot)=K(\cdot/h)/h$，则式(5.8)可以转化为

$$\min_{\beta}(Y-X\beta)^{\tau}W(Y-X\beta),\quad \beta=(\beta_0,\cdots,\beta_p)^{\tau} \tag{5.36}$$

这个极小值的解可由加权最小二乘理论给出，即

$$\hat{\beta}=(X^{\tau}WX)^{-1}X^{\tau}WY \tag{5.37}$$

5.5.2 局部多项式估计的偏差及方差

根据加权最小二乘估计的性质，局部多项式估计的条件偏差和条

件方差分别有如下表达式：

$$\mathrm{E}(\hat{\beta} \mid \mathcal{X}) = (X^{\tau}WX)^{-1}Wg = \beta + (X^{\tau}WX)^{-1}Wr$$

$$\mathrm{Var}(\hat{\beta} \mid \mathcal{X}) = (X^{\tau}WX)^{-1}(X^{\tau}\Sigma X)(X^{\tau}WX)^{-1} \tag{5.38}$$

其中，$g=(m(X_1)\cdots,m(X_n))^{\tau}$，$r=g-X\beta$ 表示多项式逼近的剩余，$\Sigma=diag\{K_h^2(X_i-x_0)\sigma^2(X_i)\}$，$\mathcal{X}=\{X_1,\cdots,X_n\}$。记 $H=diag(1,h,\cdots,h^p)$，

$$S = (\mu_{j+1})_{0\leqslant j,1\leqslant p}, \quad c_p = (\mu_{p+1}\cdots,\mu_{2p+1})^{\tau}$$

$$S^{+} = (\mu_{j+1+1})_{0\leqslant j,1\leqslant p}, \quad c_p^{+} = (\mu_{p+2}\cdots,\mu_{2p+2})^{\tau}$$

$$S^{*} = (\nu_{j+1})_{0\leqslant j,1\leqslant p}$$

同时，以 $e_{\nu+1}=(0,\cdots,0,1,0,\cdots,0)^{\tau}$ 表示一个 $(p+1)$ 维向量，且其第 $(\nu+1)$ 个元为 1，其余全为 0，则有如下定理。

定理 5.4

假设 $f(x_0)>0$，且 $f(x)$，$\sigma^2(x)$ 和 $m^{(p+1)}(x)$ 在 x_0 的邻域内都是连续的。同时，假设之前的条件(4)成立。如果 $(p-\nu)$ 是奇数，则渐近偏差为：

$$\mathrm{Bias}(\hat{m}_\nu \mid \mathcal{X}) = e_{\nu+1}^{\tau}S^{-1}c_p\frac{\nu!}{(p+1)!}m^{(p+1)}(x_0)h^{p+1-\nu} + o_p(h^{p+1-\nu}) \tag{5.39}$$

如果 $(p-\nu)$ 是偶数，且 $f'(x)$ 和 $m^{(p+2)}$ 在 x_0 的邻域内都是连续的，则渐近偏差为：

$$\begin{aligned}\mathrm{Bias}(\hat{m}_\nu \mid \mathcal{X}) = {} & e_{\nu+1}^{\tau}S^{-1}c_p^{+}\frac{\nu!}{(p+2)!} \\ & \cdot\left\{m^{(p+2)}(x_0)+(p+2)m^{(p+1)}(x_0)\frac{f'(x_0)}{f(x_0)}\right\}h^{p+2-\nu} \\ & + o_p(h^{p+2-\nu})\end{aligned} \tag{5.40}$$

但无论 $(p-\nu)$ 是奇数还是偶数，渐近方差都为：

$$\mathrm{Var}(\hat{m}_\nu \mid \mathcal{X}) = e_{\nu+1}^{\tau}S^{-1}S^{*}S^{-1}e_{\nu+1}\frac{\nu!^2\sigma^2(x_0)}{f(x_0)nh^{2\nu+1}} + o_p\left(\frac{1}{nh^{2\nu+1}}\right) \tag{5.41}$$

由于定理的证明非常烦琐,因此读者可参考本章附录。

5.5.3 窗宽选择

对于局部最优窗宽可以通过极小化局部多项式估计的均方误差获得,由定理 5.4 可得局部的最优窗宽为:

$$h_{\text{opt}} = C_{\nu,p}\left[\frac{\sigma^2(x_0)}{\{m^{(p+1)}(x_0)\}^2 f(x_0)}\right]^{1/(2p+3)} n^{-1/(2p+3)} \tag{5.42}$$

其中,

$$C_{\nu,p} = \left[\frac{(p+1)!^2(2\nu+1)\int K_\nu^{*2}(t)\mathrm{d}t}{2(p+1-\nu)\left\{\int t^{p+1}K_\nu^*(t)\mathrm{d}t\right\}^2}\right]^{1/(2p+1)}$$

此处,$K_\nu^*(t)=e_{\nu+1}^{\tau}S^{-1}(1,2,\cdots,t^p)^{\tau}K(t)$。

通过最小化加权的 MISE 便可获得全局的最优窗宽为:

$$h_{\text{opt}} = C_{\nu,p}\left[\frac{\int \sigma^2(x)w(x)/f(x)\mathrm{d}x}{\int\{m^{(p+1)}(x)\}^2 w(x)\mathrm{d}x}\right]^{1/(2p+3)} n^{-1/(2p+3)} \tag{5.43}$$

其中,$w(x)$为一权重函数。

5.5.4 核函数的选择

在非参数研究中,常用的核函数有均匀核、高斯核、Epanechnikov 核,等等。均匀核为:

$$K(x) = \frac{1}{2}I(x\in[-1,1])$$

高斯核为:

$$K(x) = \frac{1}{\sqrt{2\pi}}\exp\left\{\frac{-x^2}{2}\right\}$$

对称 Beta 核为:

$$K(x) = \frac{1}{\mathrm{Beta}(1/2,\gamma+1)}(1-x^2)_+^{\gamma},\quad \gamma=0,1,\cdots,\infty$$

其中的"＋"表示数的正部。

当 $\gamma=0,1,2,3$ 可以分别导出均匀核、Epanechnikov 核、二权核(biweight)和三权核(triweight)。当 $\gamma\to\infty$ 时，则可导出高斯核。

当使用最优权窗宽(5.42)式和(5.43)式时，它们的 MSE 和 MISE 的渐近表达式都通过以下常数依赖于核函数，

$$T_{\nu,p}=\left|\int t^{p+1}K_\nu^*(t)\mathrm{d}t\right|^{2\nu+1}\left\{\int K_\nu^{*2}(t)\mathrm{d}t\right\}^{p+1-\nu} \tag{5.44}$$

当$(p-\nu)$是偶数时，核函数是对称的，则 $T_{\nu,p}=0$，因此仅考虑当$(p-\nu)$是奇数的情况。Fan & Gijbels(1996)给出了几种不同核函数下窗宽系数 $C_{\nu,p}$ 的数值，如表 5.1 所示。

表 5.1　窗宽系数对应不同核函数的值

v	p	高斯核	均匀核	Epanechnikov 核	二权核	三权核
0	1	0.776	1.351	1.719	2.036	2.312
0	3	1.161	2.813	3.243	3.633	3.987
1	2	0.884	1.963	2.275	2.586	2.869
2	3	1.006	2.604	2.893	3.208	3.503

5.6　附录:本章的部分证明

5.6.1　$\hat{m}_{NW}(x)$期望与方差的计算

由定理 5.3 可直接得到 $\hat{m}_{NW}(x)$的期望：

$$\begin{aligned}\mathrm{E}\{\hat{m}_{NW}(x)\}&=\mathrm{E}\left\{m(x)+\left(\frac{m'(x)f'(x)}{f(x)}+\frac{1}{2}m''(x)\right)h^2\right.\\&\quad\left.+\frac{1}{nhf(x)}\sum_{i=1}^{n}K\left(\frac{X_i-x}{h}\right)\varepsilon_i+O(\delta_{0n}\delta_{1n}+h^2\delta_{1n})\right\}\\&=m(x)+\left(\frac{m'(x)f'(x)}{f(x)}+\frac{1}{2}m''(x)\right)h^2+o(h^2)\end{aligned} \tag{5.45}$$

为了计算 $\hat{m}_{NW}(x)$的方差，我们将 $\hat{m}_{NW}(x)$记为：

$$\hat{m}_{NW}(x)=\frac{\sum_{i=1}^{n}K\left(\frac{X_i-x}{h}\right)m(X_i)}{\sum_{i=1}^{n}K\left(\frac{X_i-x}{h}\right)}+\frac{\sum_{i=1}^{n}K\left(\frac{X_i-x}{h}\right)\varepsilon_i}{\sum_{i=1}^{n}K\left(\frac{X_i-x}{h}\right)}=I_1+I_2$$

则，

$$\mathrm{Var}\{\hat{m}_{NW}(x)\}=\mathrm{Var}(I_1)+\mathrm{Var}(I_2)+2\mathrm{Cov}(I_1,I_2)$$

下面分别计算 $\mathrm{Var}(I_1)$，$\mathrm{Var}(I_2)$和 $\mathrm{Cov}(I_1,I_2)$。

$$\mathrm{Cov}(I_1,I_2)=\mathrm{E}(I_1I_2)-\mathrm{E}(I_1)\mathrm{E}(I_2)$$

其中，

$$\begin{aligned}
\mathrm{E}(I_1I_2)&=\mathrm{E}\left(\frac{\sum_{i=1}^{n}\sum_{j=1}^{n}K\left(\frac{X_i-x}{h}\right)m(X_i)K\left(\frac{X_j-x}{h}\right)\varepsilon_j}{\left[\sum_{i=1}^{n}K\left(\frac{X_i-x}{h}\right)\right]^2}\right)\\
&=\mathrm{E}\left\{\mathrm{E}\left(\left.\frac{\sum_{i=1}^{n}\sum_{j=1}^{n}K\left(\frac{X_i-x}{h}\right)m(X_i)K\left(\frac{X_j-x}{h}\right)\varepsilon_j}{\left[\sum_{i=1}^{n}K\left(\frac{X_i-x}{h}\right)\right]^2}\right|x_1,x_2,\cdots,x_n\right)\right\}\\
&=\mathrm{E}\left\{\frac{\sum_{i=1}^{n}\sum_{j=1}^{n}K\left(\frac{X_i-x}{h}\right)m(X_i)K\left(\frac{X_j-x}{h}\right)\mathrm{E}(\varepsilon_j\mid x_1,x_2,\cdots,x_n)}{\left[\sum_{i=1}^{n}K\left(\frac{X_i-x}{h}\right)\right]^2}\right\}=0,
\end{aligned}$$

$$\begin{aligned}
\mathrm{E}(I_1)&=\mathrm{E}\left\{\frac{\sum_{i=1}^{n}K\left(\frac{X_i-x}{h}\right)m(X_i)}{\sum_{i=1}^{n}K\left(\frac{X_i-x}{h}\right)}\right\}\\
&=m(x)+\left(\frac{m'(x)f'(x)}{f(x)}+\frac{1}{2}m''(x)\right)h^2+o(h^2)
\end{aligned}$$

$$\begin{aligned}
\mathrm{E}(I_2)&=\mathrm{E}\left\{\frac{\sum_{i=1}^{n}K\left(\frac{X_i-x}{h}\right)\varepsilon_i}{\sum_{i=1}^{n}K\left(\frac{X_i-x}{h}\right)}\right\}\\
&=\mathrm{E}\left\{\mathrm{E}\left(\left.\frac{\sum_{i=1}^{n}K\left(\frac{X_i-x}{h}\right)\varepsilon_i}{\sum_{i=1}^{n}K\left(\frac{X_i-x}{h}\right)}\right|x_1,x_2,\cdots,x_n\right)\right\}
\end{aligned}$$

$$= \mathrm{E}\left\{\frac{\sum_{i=1}^{n} K\left(\frac{X_i - x}{h}\right)\mathrm{E}(\varepsilon_i \mid x_1, x_2, \cdots, x_n)}{\sum_{i=1}^{n} K\left(\frac{X_i - x}{h}\right)}\right\} = 0$$

所以，

$$\mathrm{Cov}(I_1, I_2) = 0 \tag{5.46}$$

$$\mathrm{Var}(I_2) = \mathrm{E}I_2^2 - (\mathrm{E}I_2)^2 = \mathrm{E}I_2^2$$

$$= \mathrm{E}\left\{\left(\frac{\sum_{i=1}^{n} K\left(\frac{X_i - x}{h}\right)\varepsilon_i}{\sum_{i=1}^{n} K\left(\frac{X_i - x}{h}\right)}\right)^2\right\}$$

$$= \mathrm{E}\left(\frac{\sum_{i=1}^{n}\sum_{j=1}^{n} K\left(\frac{X_i - x}{h}\right)\varepsilon_i K\left(\frac{X_j - x}{h}\right)\varepsilon_j}{\left[\sum_{i=1}^{n} K\left(\frac{X_i - x}{h}\right)\right]^2}\right)$$

$$= \mathrm{E}\left\{\mathrm{E}\left(\frac{\sum_{i=1}^{n}\sum_{j=1}^{n} K\left(\frac{X_i - x}{h}\right) K\left(\frac{X_j - x}{h}\right)\varepsilon_i\varepsilon_j}{\left[\sum_{i=1}^{n} K\left(\frac{X_i - x}{h}\right)\right]^2} \,\middle|\, x_1, x_2, \cdots, x_n\right)\right\}$$

$$= \mathrm{E}\left\{\frac{\sum_{i=1}^{n}\sum_{j=1}^{n} K\left(\frac{X_i - x}{h}\right) K\left(\frac{X_j - x}{h}\right)\mathrm{E}(\varepsilon_i\varepsilon_j \mid x_1, x_2, \cdots, x_n)}{\left[\sum_{i=1}^{n} K\left(\frac{X_i - x}{h}\right)\right]^2}\right\}$$

因为当 $i \neq j$ 时，ε_i 与 ε_j 不相关，所以

$$\mathrm{E}(\varepsilon_i\varepsilon_j \mid x_1, x_2, \cdots, x_n) = 0$$

当 $i = j$ 时，

$$\mathrm{E}(\varepsilon_i\varepsilon_j \mid x_1, x_2, \cdots, x_n) = \mathrm{E}(\varepsilon^2 \mid x_1, x_2, \cdots, x_n) = \sigma^2$$

因此，

$$\mathrm{Var}(I_2) = \mathrm{E}\left\{\frac{\sigma^2 \sum_{i=1}^{n}\left[K\left(\frac{X_i - x}{h}\right)\right]^2}{\left[\sum_{i=1}^{n} K\left(\frac{X_i - x}{h}\right)\right]^2}\right\} = \sigma^2 \mathrm{E}\left\{\frac{\sum_{i=1}^{n}\left[K\left(\frac{X_i - x}{h}\right)\right]^2}{\left[\sum_{i=1}^{n} K\left(\frac{X_i - x}{h}\right)\right]^2}\right\}$$

$$= \frac{\sigma^2}{(nhf(x)+O(nh\delta_{2n}))^2}\mathrm{E}\left\{\sum_{i=1}^{n}\left[K\left(\frac{X_i-x}{h}\right)\right]^2\right\}$$

$$= \frac{\sigma^2}{n^2h^2f^2(x)+O(n^2h^2\delta_{2n})}\cdot n\cdot \mathrm{E}\left[K\left(\frac{X_i-x}{h}\right)\right]^2(\{X_i\}i.i.d.)$$

$$= \frac{\sigma^2}{nh^2f^2(x)+O(nh^2\delta_{2n})}\int K^2\left(\frac{X_i-x}{h}\right)f(X_i)\mathrm{d}X_i$$

$$= \frac{\sigma^2}{nhf^2(x)+O(nh\delta_{2n})}\int K^2(u)f(hu+x)\mathrm{d}u$$

令$\frac{X_i-x}{h}=u$进行换元积分，

$$= \frac{\sigma^2}{nhf^2(x)}(1+O(\delta_{2n}))\int K^2(u)f(hu+x)\mathrm{d}u$$

将 $f(hu+x)$在 x 处进行泰勒展开，得到 $f(hu+x)=f(x)+f'(x)hu+O(h^2)$，所以，

$$\mathrm{Var}(I_2)=\frac{\sigma^2}{nhf^2(x)}(1+O(\delta_{2n}))\left[f(x)\int K^2(u)\mathrm{d}u+O(h)\right]$$
$$=\frac{\sigma^2}{nhf(x)}\int K^2(x)\mathrm{d}x+O(n^{-1})=\frac{\sigma^2\nu_0}{nhf(x)}+O(n^{-1}) \tag{5.47}$$

再计算 $\mathrm{Var}(I_1)$。

$$\mathrm{Var}(I_1)=\mathrm{Var}(I_1-m(x))$$
$$=\mathrm{E}\,(I_1-m(x))^2-[\mathrm{E}(I_1-m(x))]^2$$
$$=\mathrm{E}\,(I_1-m(x))^2+O(h^4)$$
$$=\mathrm{E}\left(\frac{\sum_{i=1}^{n}K\left(\frac{X_i-x}{h}\right)m(X_i)}{\sum_{i=1}^{n}K\left(\frac{X_i-x}{h}\right)}-m(x)\right)^2+O(h^4)$$
$$=\mathrm{E}\left(\frac{\sum_{i=1}^{n}K\left(\frac{X_i-x}{h}\right)m(X_i)-\sum_{i=1}^{n}K\left(\frac{X_i-x}{h}\right)m(x)}{\sum_{i=1}^{n}K\left(\frac{X_i-x}{h}\right)}\right)^2+O(h^4)$$

将 $m(X_i)$ 在 x 处进行泰勒展开可得，

$$m(X_i)=m(x)+m'(x)(X_i-x)+\frac{m''(x)}{2}(X_i-x)^2+O((X_i-x)^3)$$

则，

$$\begin{aligned}
&\operatorname{Var}(I_1)\\
&=\mathrm{E}\left(\frac{\sum_{i=1}^{n}K\left(\frac{X_i-x}{h}\right)\left[m'(x)(X_i-x)+\frac{m''(x)}{2}(X_i-x)^2+O((X_i-x)^3)\right]}{\sum_{i=1}^{n}K\left(\frac{X_i-x}{h}\right)}\right)^2\\
&\quad+O(h^4)=\frac{1}{(nhf(x)+O(nh\delta_{2n}))^2}\mathrm{E}\left[\sum_{i=1}^{n}K\left(\frac{X_i-x}{h}\right)m'(x)(X_i-x)\right.\\
&\quad\left.+\sum_{i=1}^{n}K\left(\frac{X_i-x}{h}\right)\frac{m''(x)}{2}(X_i-x)^2+\sum_{i=1}^{n}K\left(\frac{X_i-x}{h}\right)O((X_i-x))^3\right]^2\\
&\quad+O(h^4)=O(h^4)+\frac{n^2}{n^2h^2f^2(x)+O(n^2h^2\delta_{2n})}\int\left[K\left(\frac{X_i-x}{h}\right)m'(x)(X_i-x)\right.\\
&\quad\left.+K\left(\frac{X_i-x}{h}\right)\frac{m''(x)}{2}(X_i-x)^2+K\left(\frac{X_i-x}{h}\right)O((X_i-x)^3)\right]^2f(X_i)\mathrm{d}X_i
\end{aligned}$$

令 $\frac{X_i-x}{h}=U_i$，进行换元积分可得，

$$\begin{aligned}
\operatorname{Var}(I_1)=&\frac{1}{h^2f^2(x)}(1+O(\delta_{2n}))\\
&\cdot\int\left[hK(U_i)m'(x)U_i+h^2K(U_i)\frac{m''(x)}{2}U_i^2\right.\\
&\left.+K(U_i)U_i^3O(h^3)\right]^2f(U_ih+x)\mathrm{d}U_i+O(h^4)
\end{aligned}$$

将 $f(U_ih+x)$ 在 x 处进行泰勒展开可得，

$$\begin{aligned}
\operatorname{Var}(I_1)=&\frac{1}{h^2f^2(x)}(1+O(\delta_{2n}))\int[h^2(m'(x))^2K^2(U_i)U_i^2(f(x)+O(h))\\
&+O(h^3)(f(x)+O(h))]\mathrm{d}U_i+O(h^4)\\
=&\frac{1}{h^2f^2(x)}(1+O(\delta_{2n}))[f(x)h^2(m'(x))^2\int K^2(U)U^2\mathrm{d}U\\
&+h^2(m'(x))^2O(h)\int K^2(U)U^2\mathrm{d}U]+O(h^4)
\end{aligned}$$

$$= \frac{(m'(x))^2}{f(x)}\int U^2 K^2(U)\mathrm{d}U(1+O(\delta_{2n}))+O(h)(1+O(\delta_{2n}))$$

$$= \frac{(m'(x))^2}{f(x)}\int U^2 K^2(U)\mathrm{d}U+O(\delta_{2n})+O(h)$$

$$= \frac{(m'(x))^2}{f(x)}\int x^2 K^2(x)\mathrm{d}x+O(h^2+\delta_{0n}+h)$$

$$= \frac{(m'(x))^2}{f(x)}\nu_2+O(\delta_{1n})。 \tag{5.48}$$

因此，由(5.46)(5.47)和(5.48)三式可得，

$$\mathrm{Var}\{\hat{m}_{NW}(x)\}=\frac{\sigma^2}{nhf(x)}\nu_0+O(n^{-1})+\frac{(m'(x))^2}{f(x)}\nu_2+O(\delta_{1n})$$

$$=\frac{1}{nhf(x)}(\sigma^2\nu_0+nh\ (m'(x))^2\nu_2)+O(n^{-1}+\delta_{1n})$$

至此，便得到 N-W 估计 $\hat{m}_{NW}(x)$的期望和方差，局部线性估计 $\hat{m}(x)$的期望和方差可用类似的方法得到，此处不再列出证明过程，只写出结论，$\hat{m}(x)$的期望为：

$$\mathrm{E}\{\hat{m}(x)\}=m(x)+\frac{1}{2}m''(x)h^2+o(h^2)$$

$\hat{m}(x)$的方差为：

$$\mathrm{Var}\{\hat{m}(x)\}=\frac{\sigma^2\nu_0}{nhf(x)}+O\left(\frac{1}{nh}\right)$$

5.6.2 定理 5.4 的证明

此处需要先证明定理中的条件渐近方差。令$(p+1)\times(p+1)$矩阵 $S_n=X^\tau WX$，$S_n^*=X^\tau\Sigma X$，其元素表示为$(S_{n,j+l}^*)_{0\leqslant i,j\leqslant p}$，其中，

$$S_{nj}^*=\sum_{i=1}^{n}(X_i-x_0)^j K_h^2(X_i-x_0)\sigma^2(X_i)$$

那么，条件方差(5.38)式可表示为：

$$S_n^{-1}S_n^*S_n^{-1} \tag{5.49}$$

下面分别计算矩阵 S_n 和 S_n^* 的近似值。根据 S_n 的定义，当 $n\to\infty$，$h\to 0$ 和 $nh\to\infty$时，

$$S_{nj}=ES_{nj}+O_p(\{^{V}ar(S_{nj})\}\ 1/2)$$
$$=nh^j\int u^jK(u)f(x_0+hu)du+O_p(\{nE\{(X_1-x_0)^{2j}K_h^2(X_1-x_0)\}\}^{1/2})$$
$$=nh^j\{f(x_0)\mu_j+o(1)+O_p\{(nh)-1/2\}$$
$$=nh^jf(x_0)\mu_j\{1+o_p(1)\} \tag{5.50}$$

由此可得，

$$S_n=nf(x_0)HSH\{1+o_p(1)\} \tag{5.51}$$

利用相似的论证可得，

$$S_{nj}^*=nh^{j-1}f(x_0)\sigma^2(x_0)\nu_j\{1+o_p(1)\} \tag{5.52}$$

所以

$$S_n^*=nh^{-1}f(x_0)\sigma^2(x_0)HS^*H\{1+o_p(1)\} \tag{5.53}$$

因此，由(5.49)(5.51)和(5.53)三式可得

$$\mathrm{Var}(\hat{\beta}\mid X)=\frac{\sigma^2(x_0)}{nhf(x_0)}H^{-1}S^{-1}S^*S^{-1}H^{-1}\{1+o_p(1)\} \tag{5.54}$$

由于 $\hat{m}_\nu(x_0)=\nu!\ e_{\nu+1}^{\tau}\hat{\beta}$，因此由上式便可直接获得条件方差的公式。

下面对$(p-v)$是奇数和偶数分别证明偏差公式。当$(p-v)$是奇数时，问题相对简单。由泰勒展开可将 $\hat{\beta}$ 的条件偏差 $S_n^{-1}X^{\tau}Wr$ 写为：

$$S_n^{-1}X^{\tau}W[\beta_{p+1}(X_i-X_0)^{p+1}+O_p\{(X_i-X_0)^{p+1}\}]_{1\leqslant i\leqslant n}$$
$$=S_n^{-1}\{\beta_{p+1}d_n+o_p(nh^{p+1})\} \tag{5.55}$$

其中，$d_n=(S_{n,p+1},\cdots,S_{n,2p+1})^{\tau}$，$\beta_{p+1}=m^{(p+1)}(x_0)/(p+1)!$。应用(5.50)式和(5.51)式，从(5.55)式可得

$$\mathrm{Bias}(\hat{\beta}\mid X)=H^{-1}S^{-1}c_p\beta_{p+1}h^{p+1}\{1+o_p(1)\} \tag{5.56}$$

其中，$c_p=(\mu_{p+1},\cdots,\mu_{2p+1})^{\tau}$。

经过简单运算，可以证明定理 5.4 中的(5.39)式。

只要$(p-v)$是奇数，以上的证明都成立。但是当$(p-v)$是偶数时，则 $S^{-1}c_p$ 的第$(\nu+1)$个元是 0。只要把 S 和 c_p 的代数式运算列出，且由核函数的对称性可得，核函数的奇数阶矩是 0。使得(5.56)式中的主项是 0，因此应当进行更高一阶的展开。我们可以应用相似的展

开,但是需要$f(\cdot)$和$m^{(p+2)}(\cdot)$满足更强的条件。容易看出,(5.50)式可展开为

$$S_{nj} = nh^j\{f(x_0)\mu_j + hf'(x_0)\mu_{j+1} + O_p(a_n)\} \tag{5.57}$$

其中,$a_n = h^2 + 1/\sqrt{nh}$。因此,

$$S_n = nH\{f(x_0)S + hf'(x_0)S^{+} + O_p(a_n)\}H \tag{5.58}$$

那么再使用类似(5.55)式的泰勒展开,则有

$$\begin{aligned} &S_n^{-1}X^{\tau}W[\beta_{p+1}(X_i - x_0)^{p+1} + \beta_{p+2}(X_i - x_0)^{p+2} + o_p\{(X_i - x_0)^{p+2}\}]_{1\leqslant i\leqslant n} \\ &= S_n^{-1}\{\beta_{p+1}d_n + \beta_{p+1}\tilde{d}_n + o_p(nh^{p+2})\} \end{aligned} \tag{5.59}$$

其中,$\tilde{d}_n = (S_{n,p+2},\cdots,S_{n,2p+2})^{\tau}$。把(5.57)式和(5.58)式代入(5.59)式,可得

$$\begin{aligned} \mathrm{Bias}(\hat{\beta} \mid X) = {} & H^{-1}\{^{f}(x_0)S + hf'(x_0)\tilde{S} + O_P(a_n)\} - 1h^{p+1} \\ & \times [\beta_{p+1}f(x_0)c_p + h\{f'(x_0)\beta_{p+1} + \beta_{p+2}f(x_0)\}\tilde{c}_p + O_p(a_n)) \end{aligned} \tag{5.60}$$

其中,$\tilde{c}_p = (\mu_{p+2},\cdots,\mu_{2p+2})^{\tau}$。由于如下等式成立:

$$(A + hB)^{-1} = A^{-1} - hA^{-1}BA^{-1} + O(h^2) \tag{5.61}$$

经简单运算,我们可以得到偏差项的渐近展开

$$\mathrm{Bias}(\hat{\beta} \mid X) = h^{p+1}H^{-1}\{\beta_{p+1}S^{-1}c_p + hb^{*}(x_0) + O_p(c_n)\} \tag{5.62}$$

其中,

$$b^{*}(x_0) = \frac{f'(x_0)\beta_{p+1} + \beta_{p+2}f(x_0)}{f(x_0)}S^{-1}\tilde{c}_p - \frac{f'(x_0)}{f(x_0)}\beta_{p+1}S^{-1}S^{+}S^{-1}c_p$$

需要注意的是,由偏差向量中的第$(\nu+1)$元素,以及$S^{-1}\tilde{c}_p$和$S^{-1}S^{+}S^{-1}c_p$中的第$(\nu+1)$个元素是0,可以获得定理5.4中的(5.40)式。

第六章　风险度量 VaR 的非参数估计方法

风险价值或在险价值(value at risk,简称 VaR)模型起源于交易商对金融风险度量的需要,其作为金融风险度量的工具已经深入人心。VaR 按其字面解释就是"处于风险状态的价值",简称"在险价值",表示在正常的市场环境下,某一金融资产或投资组合在持有期内,对给定的置信水平,由于市场价格变动导致的最大可能损失值。换句话说,VaR 估计就是一个金融机构在一定的目标期间(如 T 天)内,在所能承受的$(1-p)$置信水平条件下,面临的最大潜在损失值,该值可以是绝对值,也可以是相对值。

近年来,VaR 方法由于概念简单、易于理解,且为投资组合提供了一个统一的风险度量框架成为当今国际上主流的金融风险度量方法之一。它的度量是一个具有挑战性的统计问题,因此,研究者们对基于 VaR 模型度量下的投资组合优化的理论与实际问题做了许多研究。目前,估计 VaR 的方法有很多,从参数设置角度来看,可分为三类:参数法、半参数法和非参数法。这些方法的一个共同特点是先利用收益或损失的分布计算分位数,再间接获得 VaR 值。因此,从这个角度看,这些方法也可称为计算 VaR 的间接方法。

在风险管理中,首要关注的问题是损益分布的尾部特征,特别是左尾区域的数字特征。然而,位于尾部区域的数据通常非常稀少。因此,选择合适的模型适应尾部区域的数据特征价值不大。所以,非参数方法是估计 VaR 的更有效的方法。非参数方法的一个重要优势是其对模型假定的稳健性,这就避免了由于对损益分布的模型误判带来的估计偏差。Dowd(2001)提出了基于样本分位数的 VaR 的非参数经验估计 $\hat{v}_p$,Gouriéroux,Laurent 和 Scaillet 于 2000 年提出了 VaR 的非参数核光滑估计 $\hat{v}_{p,h}$。Chen & Tang(2005)对其进行了更深入的研究,证明了 VaR 的经验估计 $\hat{v}_p$ 和核光滑估计 $\hat{v}_{p,h}$ 的相合性和渐近有效性。本章中,我们对此有更进一步的研究,利用"亏量"这个概念对这两种非参数估计进行进一步比较。

本章结构如下:第一节介绍 VaR 模型及研究现状;第二节介绍 VaR 的非参数经验估计和核光滑估计,及它们在 α-混合时间序列中的渐近偏差和渐近方差;第三节介绍"亏量"的定义,利用"亏量"对 VaR 模型的两种非参数估计进行比较,并判断在 MSE 的准则下,VaR 的核光滑估计是否优于其经验估计;第四节为数值模拟与实证分析部分;第五节介绍了主要定理的证明;第六节的附录为 VaR 的两种非参数估计的期望和方差的简单推导。

6.1 VaR 的理论模型及研究现状

巴塞尔委员会在 1996 年和 2003 年颁布的《巴塞尔协议》中均强调了 VaR 在风险市场上的重要性。世界各地的金融分析家纷纷采用 VaR 方法设计银行等金融机构的风险度量标准。即使对非专业人士而言,其含义也是可以简单、直观理解的。因此,公司内部(存在很多非专业人士)的交流也能像公司与监管机构、投资者或者其他利益相关者等专业人士交流一样方便。Stambaugh(1996)总结了 VaR 模型的主要优点。

第一,VaR 模型提供了一种描述风险的普通语言;

第二,VaR 模型有助于金融机构加强内部风险管理、风险控制,以及提高风险评估能力;

第三,VaR 模型为外部监管者提供了一种评价金融机构总体风险的机制;

第四，VaR 模型为投资者提供了一种易于理解的风险评估工具。

VaR 模型通常有如下假设条件：

一是市场有效性假设；

二是市场波动是随机的，不存在自相关。

一般来说，利用数学模型定量分析社会经济现象，都必须遵循假设条件，特别是对于我国金融业来说，由于市场尚需规范，政府干预过多，不能完全满足 VaR 模型的假设条件——市场的强有效性和市场波动的随机性，在使用 VaR 模型时，只能进行近似正态处理。但随着我国金融体制改革的不断深化，金融行业的市场化程度越来越高。商业银行、投资基金、证券公司、保险公司等金融机构面临的市场风险日益增加，如何利用国际先进技术抵御市场风险已成为金融机构任务的重中之重。VaR 模型为我国金融机构及监管部门提供了一个极好的借鉴工具。

6.1.1　VaR 模型的基本思想

设$\{X_t\}_{t=0}^{n}$是 n 个时间段的$(n+1)$个端点的资产价格序列，令 $Y_t=-\log(X_t/X_{t-1})$是第 t 个时间段的负对数收益，取对数是为了将序列变为缓变(slowly varying)序列。显然$\{Y_t\}_{t=1}^{n}$并不能满足通常意义下的假设，即独立同分布的假设。由于多数金融时间序列更加符合相依的假设，因此笔者更多关注的是相依的时间序列，但这也带来技术上处理的难度。所幸的是，由于现代统计理论的发展，处理这类时间序列已经有了较好的方法。假设$\{Y_t\}_{t=1}^{n}$是相依的且平稳的时间序列(大多数情况下，这是符合实际的)，其边缘分布为 $F(y)$，给定一个正数 p，$p\in(0,1)$，则置信水平为$(1-p)$的 VaR 模型为：

$$\nu_p=\inf\{u:F(u)\geqslant 1-p\} \tag{6.1}$$

可见，VaR 模型就是对应于分布函数 $F(y)$的$(1-p)$分位数。

早期的 VaR 模型定义是基于收益率(或损失值)序列的，为了将序列变为缓变序列也常将损益值取对数，设对数收益序列为$\{Z_t\}_{t=1}^{n}$，

$Z_t=\log(X_t/X_{t-1})$，其边缘分布为 $F_Z(z)$，则置信水平为$(1-p)$的 VaR 模型为：

$$\nu_p = -\sup\{u: F_Z(u) \leqslant p\} \tag{6.2}$$

其实，由(6.1)式和(6.2)式定义的 VaR 模型是等价的，笔者所用的是(6.2)式定义的 VaR 模型.

6.1.2 VaR 模型的研究方法与研究现状

近年来，研究者们对基于 VaR 模型度量下的投资组合优化的理论与实际问题做了许多研究工作。

目前，估计 VaR 模型的计算方法有很多，从参数设置角度来看，可分为三类：参数法、半参数法和非参数法。这些方法的一个共同特点是利用收益或损失的分布计算分位数，再间接获得 VaR 值。因此，从这个角度看，这些方法也可称为计算 VaR 的间接方法。

6.1.2.1 VaR 的参数估计方法

参数估计方法是通过假设金融资产损失或收益率服从某个特定的统计分布，选取相应的参数估计方法（如最小二乘估计、极大似然估计等）对分布中的参数进行估计后，就可以对 VaR 进行估值。

1. 高斯方法(Gauss approach)

当损益值(取负)服从一个 Gauss 分布，均值为 μ，方差 σ^2 未知，在给定置信水平为$(1-p)$的条件下，VaR 的估计为：

$$\widehat{\text{VaR}}_{(p)} = \hat{\mu} + z_p \hat{\sigma}_n$$

其中，z_p 满足 $P(Z\leqslant z_p)=1-p$，且 $Z\sim N(0,1)$，即 z_p 为标准正态分布$(1-p)$的上分位数，

$$\hat{\mu} = \frac{1}{n}\sum_{i=1}^{n} Y_i, \quad \hat{\sigma}_n^2 = \frac{1}{n-1}\sum_{i=1}^{n}(Y_i-\hat{\mu})^2$$

2. 极值理论方法(extreme value theory approach)

当超额损失处于某个足够大的门限水平 u 之上时，通常认为其服从广义 Pareto 分布。广义 Pareto 分布的分布函数为：

$$G_{\xi,\beta(u)}=\begin{cases}1-\left(1+\dfrac{\xi y}{\beta(u)}\right)^{-1/\xi}, & \xi\neq 0\\ 1-\exp\left(\dfrac{-y}{\beta(u)}\right), & \xi=0\end{cases}$$

其中，$\beta(u)>0$，且当 $\xi\geqslant 0$ 时，$y\geqslant 0$；当 $\xi<0$ 时，$-\beta(u)\leqslant y\leqslant 0$。我们可以运用最大似然方法求 $G_{\xi,\beta(u)}$ 对参数 ξ 和 $\beta(u)$ 的估计。给定 $Y_i, i=1,2,\cdots,n$，可以得到 VaR 的估计为：

$$\widehat{\mathrm{VaR}}_{(p)}(Y)=u+\frac{\hat{\beta}(u)}{\hat{\xi}}\left(\left(\frac{n(1-p)}{N_u}\right)^{\hat{\xi}}-1\right)$$

其中，N_u 是观测值中高于门限水平 u 的个数。关于此方法的详细步骤可参考 McNeil(1997)。

3. 稳定的帕累托方法(stable Pareto approach)

为了用稳定的帕累托方法估计 VaR，就要对稳定分布进行参数估计，该过程可以运用最大似然方法(具体过程可参考 Mittnik, Rachev & Doganoglu, 1999)，也可以运用分位数方法(具体过程可参考文献 Fama & Roll, 1971)。得到参数的估计值后，再用蒙特卡罗模拟方法得到服从稳定分布的大量观测值，由这些观测值估计 VaR。有关估计 VaR 所用稳定分布的背景内容可参考 Rachev & Mittnik (2000)。

6.1.2.2　VaR 的非参数估计方法

在风险管理中，首要关注的问题是损益分布的尾部特征，特别是左尾区域的数字特征。然而，位于尾部区域的数据通常非常稀少。因此，选择合适的模型来适应尾部区域的数据特征价值不高。所以，非参数方法是估计 VaR 的更有效的方法。用非参数方法的一个重要优势是其对模型假定的稳健性，这就避免了由于对损益分布的模型误判导致的估计偏差。在现有的各种文献中，估计 VaR 的非参数方法主要有两种：

1. 历史模拟法或经验模拟法(historical or empirical simulation approach)

历史模拟法是基于经验分布估计 VaR 模型的值，因此也称为经验模拟法。历史模拟法作为一种常用的非参数方法，利用收益率的历史值作为其将来的可能取值，其基本思想是认为“历史在未来会重演”。

该方法的优点如下：

第一，不需要对损益分布的具体统计形式作任何假定，直观且极易于实现，它能捕捉 Gamma、Vega 和其他相关风险。

第二，对损益的分布没有任何假定，也就是说，不依赖于损益分布的形式和参数，不必考虑是否有高峰、厚尾等现象。模型中的分布或其特征均由观察样本自行决定。

第三，由于它不依赖于特定的统计分布假定和标的市场的随机结构，无需估计波动性、相关性等参数，没有参数估计的风险，也无需预先设定市场动态模型，因而不易导致模型风险。因此，非参数方法比参数方法更加稳健。

而且，如果历史模拟数据中包含较多厚尾信息，即在过去的一段时间中，极端事件出现的次数较多，历史模拟法也能处理某些简单的厚尾问题。正是基于历史模拟法的这些特性，该方法成为 1993 年《巴塞尔协议》中有关市场风险暴露度量的基础。该方法的主要假设是在整个样本取值区间和预测区间内，投资组合收益率的分布不变。其计算 VaR 值的步骤是：

第一步，将估计样本中的收益率数据按由小到大的顺序排序；

第二步，用样本数乘以相应的左尾概率并取整；

第三步，将此数所对应的收益率作为 VaR 的估计值。

对于用经验分布的标准形式，收益率或损益值(取负)是随机变量 Y，其分布函数记为 $F(y)$，它的第$(1-p)$个分位点 $F^{-1}(1-p)$可用来表示 VaR 的非参数估计形式，

$$\widehat{\mathrm{VaR}}_{(p)}(Y)=\hat{F}^{-1}(1-p)=Y_{(i)},1-p\in\left(\frac{i-1}{n},\frac{i}{n}\right)$$

其中，$Y_{(1)}\leqslant Y_{(2)}\leqslant\cdots\leqslant Y_{(n)}$是由服从分布函数 $F(y)$的观测值 Y_1，Y_2，

$\cdots,Y_n$ 生成的次序统计量。

用历史模拟法对 VaR 进行估计，也存在很多问题。首要问题在于极端事件收益率的离散性，我们知道，VaR 估计的准确性依赖于对收益率分布的描述，特别是尾部的分布，即极端事件的描述，因而这些极端事件收益率在 VaR 估计中具有特别重要的作用。而极端事件属于小概率事件，不常发生，因而在样本数据中，可能包含极端事件，也可能不包含极端事件，这样会造成对 VaR 值的高估或低估。其后则是历史数据区间长度(T)的选择问题。一方面，我们希望有足够多的历史数据反映我们关心的历史分布的尾部，置信水平越高，需要的历史数据越多。例如，在 95%的置信水平下，极端事件(如果我们把损失超出 VaR 的那些时间)平均每 20 天发生一次，而在 99%的置信水平下，极端事件平均每 100 天发生一次。在这个意义上，历史数据越多，估计的精确度越高。但是，另一方面，随着时间的推移，系统的本质特征在变化，如波动性、相关性等都随时间改变，从而很难保证收益率分布不变。为了反映系统的最新信息，我们希望更多地使用最新的数据，因为离预测那天越近的数据包含的信息越接近于预测值，结果更可信。如果历史数据太陈旧，对最新数据的反映就越不敏感，不能及时反映系统的变化，Hendricks(1996)的研究表明，在较大的估计区间(如 1250 天)下这种情况确实存在。这便破坏历史模拟法中赖以成立的基础假设(即投资组合收益率的分布不变)。所以，在选择历史数据长度的问题上，我们面临两难的选择。

2. 建立在核估计基础上的方法(kernel-based approach)

给定一个来自未知密度函数 $f(y)$ 的随机样本 $Y_1,Y_2,\cdots,Y_n$，则 $f(y)$的核估计为：

$$\hat{f}_{n,h}(y)=\frac{1}{n}\sum_{t=1}^{n}K_h(y-Y_t)=\frac{1}{nh}\sum_{t=1}^{n}K\left(\frac{y-Y_t}{h}\right) \qquad (6.3)$$

其中，h 是窗宽参数，$K(\cdot)$是核函数。因此，生存函数 $S(y)=1-F(y)$的核估计为：

$$\hat{S}_{n,h}(y)=\frac{1}{n}\sum_{t=1}^{n}G_h(y-Y_t)=\frac{1}{n}\sum_{t=1}^{n}G\left(\frac{y-Y_t}{h}\right) \tag{6.4}$$

其中,$G(y)=\int_y^{\infty}K(u)\mathrm{d}u$。在给定 p 值的条件下,可以通过求解以下方程得到 VaR 的估计量 $\widehat{\mathrm{VaR}}_{p,h}(Y)$,

$$\frac{1}{n}\sum_{t=1}^{n}G\left(\frac{\mathrm{VaR}_{p,h}(Y)-Y_t}{h}\right)=p$$

更详细的内容可参考文献 Chen & Tang(2005)。

6.1.2.3 VaR 的半参数估计方法

半参数方法是将历史模拟法与极值理论(extreme value theory)结合产生的。极值理论主要是测量极端市场情况下风险损失的一种方法,它可以准确描述分布尾部的分位数,而且具有解析函数形式,计算比较简单。传统估计市场损益分布尾部指数的方法有 Hill 估计,以及 Hall 在此基础上提出的基于 bootstrap 方法的估计(详细内容可见 Hall,1990)。Danielsson & Casper(1997)对此提出了改进方法,他们指出,在极限条件下,所有厚尾分布的尾部都可以用幂函数近似,其方法具有依概率收敛的特点。另外,针对普通模型估计的种种不足,特别是损益分布的高峰厚尾性,VaR 模型的半参数方法研究发展迅速。

VaR 模型的概念简单,然而它的度量却是一个具有挑战性的统计问题。西方学者对基于 VaR 模型度量下的投资组合优化的理论与实际问题做了许多研究,比如,Duffie & Pan(1997)、Linsmeier & Pearson(2000)分别全面介绍了 VaR 模型的概念和计算方法;Alexander & Baptista(2002)比较了两种均值-方差的有效组合,并指出:方差较大的组合却可能有较小的 VaR 值,在全局上最小化 VaR 模型的投资组合可能不存在,均值-VaR 模型有效集是均值-方差有效集的子集并且可能为空,而对于非正态分布,使用均值-VaR 模型与期望效用最大化模型得到的结果近似一致;Bouchand & Potters(1999)提出如何利用金融资产波动的非正态特性简单计算复杂的非线性组合的 VaR 值;Li(1999)提出估计 VaR 的半参数方法,该方法无需作任何分布假设,只需计算收益率序列的均值、方差、偏度和峰度,即可构造 VaR 置信区间的上限和下限;Dowd(1999)提出计算 VaR 极值的方法;Gouriéroux 等于 2000 年在非参数核估计基础上提出计算 VaR 的非参数方法;Glasserman, Heidelberger & Shahabuddin(2001)提出一种有效的计算 VaR 的 Monte Carlo 模拟方法,即利用重抽样和分层抽样等技术提高计算精度;Dowd(2001)提出了基于样本分位数的 VaR 的非参数经验估计方法;Cabedo 和 Moya 于 2003 年用 VaR 模型对石油价格进行风险度量;Kibzun 和 Kuznetsov 于 2006 年提出了动态 VaR 度量的理论框架,等等。

我国学者对 VaR 的研究多是实证分析,将 VaR 理论应用于我国金融风险度量和金融监管,该研究始于 1997 年,其发展过程大致可以分为两个阶段:第一阶段主要是了解学习阶段,这一阶段的研究着重于对 VaR 概念和模型的介绍。包括介绍 VaR 模型的产生背景、计算方法,VaR 模型的用途及引入我国的必要性。第二阶段的研究不再局限于对概念及一般计算方法的介绍,开始将 VaR 模型应用于我国的金融监管部门、期货市场和证券市场,对其进行实证研究,并对 VaR 模型提出了一些改进意见。胡海鹏和方兆本于 2003 年介绍了投资组合 VaR 的概念及计算方法,并对组合 VaR 进行了具体的分解;陈学华和杨辉耀利用时间序列 APARCH 模型在假设分布已知条件下计算上证综合指数的 VaR 风险值,并把它与应用 GARCH 模型的估计结果进行比较;姚京和李仲飞于 2004 年在均值-方差模型框架下,利用 VaR 代替方差或标准差作为风险的测量指标时的均值-VaR 模型;刘晓倩和周勇(2011)在 α-混合序列下,利用“亏量”概念对 VaR 的非参数核光滑估计与经验估计进行比较;王艺馨和周勇于 2012 年基于极值理论 POT 模型计算上证综指的日收益率 VaR 风险值;刘晓倩和周勇(2015)基于自回归模型研究了动态 VaR 风险度量,等等。关于

VaR 风险的研究文献数不胜数，此处不再一一列出。

然而，经过学者们的不断探索和实践证明，VaR 模型无论在理论上还是在应用上，都存在着一些缺点，主要表现在以下三个方面：

第一，VaR 的计算方法有许多种，如方差—协方差方法、历史模拟方法、蒙特卡罗模拟方法，等等。但各种方法计算得到的结果相差甚大。例如，Beder(1995)对同一证券组合使用八种不同的方法计算其 VaR 值，发现计算所得的结果各不相同。由此可见其结果的有用性值得怀疑。

第二，VaR 不满足一致性公理(coherent axiom)，不是一种一致性风险度量(coherent risk measurement)。一种风险度量如果满足传递不变性(translation invariance)、次可加性(subadditivity)、正齐次性(positive homogeneity)和单调性(monotonicity)，则称该风险度量为一致性风险度量。具有一致性的风险度量方法才能成为风险管理的有效工具(Artzner，1999)。

首先，以 VaR 为目标函数的规划问题一般不是凸规划，其局部最优解不一定是全局最优解，因此在求解时将遇到很大困难。其次，VaR 不满足次可加性，这使得投资组合的 VaR 值可能比组合中各成分的 VaR 值之和要大，这就意味着分散的资产组合反而会使风险增加。这样，金融机构就不能通过计算各分支机构的 VaR 值来推导整个金融机构的 VaR 值。另外，这一性质还可能导致产生金融监管上的漏洞。因为一个包含多个部门的金融机构只要将其资产划给其下各个部门，由各部门分别计算 VaR 值后求和，就可能使整个金融机构的风险下降。

最后，VaR 将注意力集中在一定置信度下的分位点上(即最大的预期损失)，而该分位点下面(即左边)的情况则被完全忽略。这就使得我们忽略小概率发生巨额损失的情形，甚至漠视金融危机事件，这恰恰是风险管理所必须关注的情形。例如，在 95%的置信水平下，VaR 会忽略 95%置信水平以上的左下方风险，这个被忽略的左下方只有在将置信水平提高到 99%时才会被观测到。但是,并不是提高 VaR 的置信水平就能避免类似错误,因为在某个分位点后仍可能有难以预料的极端损失。Yamai & Yoshiba(2002)指出,若组合收益是非正态分布的,仅依靠提高置信度得到更高置信水平的 VaR 值是无法解决其非次可加性问题的。

针对 VaR 的上述缺点,很多学者提出各种替代 VaR 的风险量度工具。比如,Artzner (1999)建议使用尾部条件期望(tail conditional expectation,简称 TCE)作为 VaR 的替代工具。TCE 是指超过损失分布的分位数的条件期望损失,它不仅反映了损失的概率,同时也反映了超过 VaR 的期望损失,但 TCE 只有在损失分布函数是连续型函数的情况下才符合一致性公理,而在更一般的分布时仍不满足次可加性。之后,他们提出最坏条件期望(the worst conditional expectation,简称 WCE),并且证明 WCE 满足次可加性,是一致风险度量,它是大于 VaR 的所有风险度量中最小的一致性风险度量。可惜的是,WCE 定义中的下确界难以估计和计算。Rockafellar & Uryasev (2000)也提出了一种替代 VaR 的风险度量工具——条件风险价值(conditional value at risk,简称 CVaR)。也就是在一定时间 T 内,置信水平为$(1-p)$的情况下,投资者对收益分布尾部 p 部分的期望值。其数学表达式为

$$\mathrm{CVaR}_p(Y)=\mathrm{E}[Y\mid Y\geqslant \mathrm{VaR}_p(Y)] \tag{6.5}$$

即超过 VaR 的期望损失值。显而易见,有较小 CVaR 的投资组合的 VaR 也较小。CVaR 满足次可加性和凸性,是一致风险度量,而且 CVaR 可以通过线性规划和非光滑的优化技术(可用来解决含有大量工具和设定情景的投资组合)进行最优化。

Acerbi, Nordio & Sirtori(2001)提出使用符合一致性公理的风险度量——预期不足(expected shortfall,简称 ES,或称 tail VaR),作为风险度量方法。该风险度量方法与 Rockafellar & Uryasev(2000)提出的 CVaR 度量在概念上是一样的。作为 VaR 的一个合适的替代工

具,他们证明了 ES 为一致性风险度量。Inui & Kijima(2005)证明了 ES 在所有的一致性风险度量中最小,且任何一致性风险度量都可以通过 ES 的凸组合构造。ES 在理论上比 VaR 优越,这是毋庸置疑的。Yamai & Yoshiba(2002)从估计误差、分解风险因子、最优化、风险度量的有效性等方面对 VaR 和 ES 进行了比较,结论是 ES 更容易分解和求解相应的最优化模型。因此,ES 具有很高的研究价值。笔者将在第七章详细介绍 ES 模型。

6.2 VaR 的非参数估计

6.2.1 VaR 模型的数学定义

如前文所述,假设$\{Y_t\}_{t=1}^n$是相依的严平稳的时间序列(大多数情况下是符合实际的),其边缘分布为 $F(y)$,给定一个正数 $p(p\in(0,1))$,则置信水平为$(1-p)$的 VaR 为:

$$\nu_p = \inf\{u : F(u) \geqslant 1-p\} \tag{6.6}$$

可见,VaR 就是对应于分布函数 $F(y)$的$(1-p)$分位数。

早期的 VaR 定义是基于收益率(或损失值)序列的,为了将序列变为缓变序列,也常将损益值取对数,设对数收益序列为$\{Z_t\}_{t=1}^n$,$Z_t = \log(X_t/X_{t-1})$,其边缘分布为 $F_Z(z)$,则置信水平为$(1-p)$的 VaR 为:

$$\nu_p = -\sup\{u : F_Z(u) \leqslant p\} \tag{6.7}$$

其实,由(6.6)式和(6.7)式定义的 VaR 是等价的。笔者所用的是(6.6)式定义的 VaR 模型。

6.2.2 VaR 的非参数估计

Dowd(2001)提出了基于样本分位数的 VaR 非参数估计,并用数值模拟方法说明这个 VaR 估计具有较好的拟合效果。笔者将其记为 $\hat{v}_p$,

$$\hat{v}_p = Y_{(n(1-p)+1)} \tag{6.8}$$

其中,$Y_{(n(1-p)+1)}$表示不大于 $n(1-p)$的最大整数。它可以称为经验估计,因为这个估计也可以用经验分布函数表示。设经验分布函数为:

$$\hat{F}_n(y) = n^{-1}\sum_{t=1}^{n} I(Y_t \leqslant y) \tag{6.9}$$

其中,$I(\cdot)$是示性函数,则生存函数的经验估计为:

$$\hat{S}_n(y) = 1 - \hat{F}_n(y) = n^{-1}\sum_{t=1}^{n} I(Y_t \geqslant y) \tag{6.10}$$

$\hat{v}_p$ 就是方程

$$\hat{S}_n(\hat{v}_p) = p \tag{6.11}$$

的解。

Gouriéroux,Laurent 和 Scaillet 于 2000 年提出 VaR 非参数核光滑估计,在此将其记为 $\hat{v}_{p,h}$。根据(6.11)式及核估计方法,很容易就可以得到 VaR 的核光滑估计 $\hat{v}_{p,h}$。

设 $K(\cdot)$是对称概率密度核函数,则$\{Y_t\}_{t=1}^{n}$的边缘密度函数 $f(y)$的核估计为:

$$\hat{f}_h(y) = \frac{1}{n}\sum_{t=1}^{n} K_h(y - Y_t) \tag{6.12}$$

其中,$K_h(y)=h^{-1}K(y/h)$,窗宽 $h>0$。则生存函数 $S(y)$的核估计为:

$$\hat{S}_h(y) = \frac{1}{n}\sum_{t=1}^{n} G_h(y - Y_t) \tag{6.13}$$

其中,$G_h(y)=G(y/h)$, $G(y) = \int_y^{\infty} K(u)\mathrm{d}u$ 。由(6.11)式可知,VaR 的核光滑估计 $\hat{v}_{p,h}$为以下方程的解,

$$\frac{1}{n}\sum_{t=1}^{n} G_h(\hat{y}_{p,h} - Y_t) = p \tag{6.14}$$

并且 $G_h(y-Y_t)$可以看作示性函数 $I(Y_t \geqslant y)$的核估计。

6.2.3 VaR 非参数估计的统计性质

为了讨论 VaR 非参数估计的统计性质,假设如下的基本条件

成立：

(1) $\{Y_t\}_{t=1}^n$是严平稳的α-混合序列，存在$\rho\in(0,1)$，对任意的$k\geqslant 1$都有常数C，使得$\alpha(k)\leqslant C\rho^k$。

(2) 假设$\{Y_t\}_{t=1}^n$的边缘密度函数为$f(y)$，边缘分布函数为$F(y)$，$F(y)$绝对连续，$f(y)$在ν_p的邻域$\mathcal{B}(\nu_p)$内具有连续的二阶导数；且对任意$k\geqslant 1$，(Y_1,Y_{k+1})的联合分布函数为$F_k(y_1,y_{k+1})$，联合密度函数为$f_k(y_1,y_{k+1})$，$F_k(y_1,y_{k+1})$的二阶偏导数存在且有界。对某个$\delta>0$，存在一个正数C，使得$\mathrm{E}(|Y_t|^{2+\delta})\leqslant C$。

(3) 核函数$K(\cdot)$是一个对称的概率密度函数，具有连续的二阶导数，且满足

$$\int_{-\infty}^{\infty} uK(u)\mathrm{d}u = 0, \quad \int_{-\infty}^{\infty} u^2K(u)\mathrm{d}u = \sigma_k^2 \in (0,\infty)$$

(4) 光滑窗宽h满足$h\to 0$，$nh^{3-\beta}\to\infty\ (\beta>0)$，$nh^4\log^2 n\to 0\ (n\to\infty)$。

条件(1)是假定所研究的时间序列是α-混合序列，很多的金融时间序列数据都符合这一假定。如ARCH模型(Carrasco & Chen, 2002)、ARMA模型、随机波动、扩散模型等。

α-混合序列的定义是由Rosenblatt于1956年提出的。其定义为：某一序列$\{Y_t\}_{t\geqslant 1}$，$\mathcal{F}_k^l$是由$\{Y_t, k\leqslant t\leqslant l\}$生成的$\sigma$-域，其中，$l>k$，记为$\mathcal{F}_k^l=\sigma(Y_t, k\leqslant t\leqslant l)$，设

$$\alpha(n) = \sup_{A\in\mathcal{F}_1^i, B\in\mathcal{F}_{i+n}^{\infty}} |P(AB) - P(A)P(B)|$$

如果$\lim\limits_{n\to\infty}\alpha(n)=0$，那么就称$\{Y_t\}_{t\geqslant 1}$是$\alpha$-混合序列。

条件(2)和(3)是标准的正则条件。条件(4)是指定窗宽在某一特定范围内，并且这一范围包括VaR核光滑估计的最优窗宽的阶$O(n^{-1/3})$。

对于VaR的非参数估计，Chen(2005)已经证明核光滑估计$\hat{v}_{p,h}$比经验估计$\hat{v}_p$有效。

经验估计$\hat{v}_p$的期望和方差分别为：

$$\mathrm{E}\{\hat{v}_p\} = \nu_p + O(n^{-3/4}\log n) \tag{6.15}$$

$$\mathrm{Var}\{\hat{v}_p\} = n^{-1} f^{-2}(\nu_p)\sigma_0^2(p,n) + o(n^{-1}) \tag{6.16}$$

其中，

$$\sigma_0^2(p,n) = p(1-p) + 2\sum_{k=1}^{n-1}\left(1-\frac{k}{n}\right)r_0(k)$$

$$r_0(k) = \mathrm{Cov}\{\mathrm{I}(Y_1 \geqslant \nu_p), \mathrm{I}(Y_{k+1} \geqslant \nu_p)\}$$

需要注意的是，在条件(1)下，由 Davydov 不等式可知，$\sigma_0^2(p,n)$对任意 n 都是有界的，且当 $n\to\infty$时，$\sigma_0^2(p,n)$收敛，详细证明可见 Bosq(1998)。

核光滑估计 $\hat{v}_{p,h}$的期望和方差分别为：

$$\mathrm{E}\{\hat{v}_{p,h}\} = \nu_p - \frac{1}{2}\sigma_k^2 f^{-1}(\nu_p)f'(\nu_p)h^2 + O(h^4) \tag{6.17}$$

其中，$\sigma_k^2 = \int_{-\infty}^{\infty} u^2 K(u)\mathrm{d}u$ ，

$$\mathrm{Var}\{\hat{v}_{p,h}\} = n^{-1} f^{-2}(\nu_p)\sigma_0^2(p,n) - 2f^{-1}(\nu_p)C_k(1)n^{-1}h + o(n^{-1}h) \tag{6.18}$$

上式中，

$$C_k(t) = \int_{-\infty}^{\infty} uK(u)\mathrm{d}u\int_{-\infty}^{tu} K(v)\mathrm{d}v$$

VaR 模型的这两种非参数估计的期望与方差计算可参见 Chen & Tang(2005)。

6.3　主要统计结论

引理 6.1

设 $C_k(t) = \int_{-\infty}^{\infty} uK(u)\mathrm{d}u\int_{-\infty}^{tu} K(v)\mathrm{d}v$，其中，$K(\cdot)$是满足条件(3)的核密度函数，则 $C_k(1)>0$ 成立。

笔者将在本章附录中给出此引理的详细证明。

由引理 6.1 可知，$\hat{v}_{p,h}$的方差比 $\hat{v}_p$ 的方差小。现对这两种估计进行比较。由 $\hat{v}_p$ 和 $\hat{v}_{p,h}$的期望和方差可知，这两种估计具有相似的一阶

性质，因此，可以用“亏量”概念对它们进行比较。

6.3.1 有关亏量的定义和原理

最早提出“亏量”概念的是 Hodges & Lemman(1970)，当待估参数或其函数的某两种估计具有相似的一阶性质时，可以利用“亏量”概念对它们进行比较。假设某种估计 A 是基于 n 个观测值的，另一种估计 B 具有与估计 A 相似的一阶性质，但其有效性低于 A 的有效性。估计 B 在某一准则下(如 MSE 准则、概率覆盖数准则、AIC 准则、BIC 准则、Hannan-Quinn 信息准则等)要达到与 A 相同的功效，所需要的样本量为 k_n，则 $k_n \geqslant n$。称比值 $c_n = k_n / n$ 为相对有效性或一阶有效性，也称 Pitman 有效性。若 c_n 存在，则称其极限值 $c = \lim\limits_{n \to \infty} \frac{k_n}{n}$ 为渐近相对有效性。若 $c = \lim\limits_{n \to \infty} \frac{k_n}{n} = 1$，表明 k_n 与 n 有相同的阶数，但这个比率以多快的速度收敛于 1 还需要利用 $(k_n - n)$ 的极限值比较两种估计的有效性。称差值 $d_n = k_n - n$ 为二阶有效性或亏量，若 d_n 存在，则称极限值 $\lim\limits_{n \to \infty} \frac{k_n - n}{n}$ 为渐近(相对)亏量。

迄今为止，也有不少研究者在比较某两种估计量时使用“亏量”概念。例如，Falk(1983)使用“亏量”概念比较了分布函数的非参数核光滑估计与其非参数经验估计，证明其相对有效性。Falk(1984)又使用渐近相对亏量比较了分位数的非参数核光滑估计与其非参数经验估计。在发展迅速的生物统计研究中，常常使用受试者操作特性(receiver operating characteristic，简称为 ROC)曲线研究两样本的比较问题。Lloyd & Zhou(1999)利用“亏量”概念比较了 ROC 曲线的核光滑估计与经验估计。马昀蓓和周勇(2010)又利用“亏量”概念比较了带有辅助信息的 ROC 曲线的核光滑经验似然估计与完全经验似然估计。

6.3.2　用亏量比较 VaR 的两种非参数估计

此处基于 MSE 定义 k_n，

$$k_n = \min\{j \in N : \mathrm{MSE}(\hat{v}_p^j) \leqslant \mathrm{MSE}(\hat{v}_{p,h}^n)\}$$

其中，j 为 VaR 的经验估计 $\hat{v}_p$ 的样本容量，n 为 VaR 的核光滑估计 $\hat{v}_{p,h}$ 的样本容量。也就是说，在 MSE 的意义下，若要经验估计达到核光滑估计的有效性，至少需要 k_n 个观测值。

定理 6.1

假设条件(1)—(3)成立，则 $\lim\limits_{n\to\infty}\frac{k_n}{n}=1$ 的充分必要条件为：当 $n\to\infty$ 时，有 $nh\to\infty$，且有 $nh^4\to 0$。此外，还可以得到亏量满足：

$$\lim_{n\to\infty}\left\{\frac{k_n-n}{nh}\right\} = 2C_k(1)\,\frac{f(\nu_p)}{\sigma_0^2} > 0 \tag{6.19}$$

其中，

$$\sigma_0^2 = \lim_{n\to\infty}\sigma_0^2(p,n)$$

关于此定理的证明可参见本章附录。

由该定理可知，VaR 的经验估计 $\hat{v}_p$ 亏量的阶为 nh，这不仅表明亏量是趋于无穷的，还表明最优窗宽的阶满足 $h=O(n^{-1/3})$（$\hat{v}_{p,h}$ 的最优窗宽为 $h_{\text{opt}}=\left\{\frac{2f(\nu_p)C_k(1)}{(\sigma_k^2)^2\left[f'(\nu_p)\right]^2}\right\}^{1/3} n^{-1/3}=O(n^{-1/3})$，具体计算过程可参见附录）可以包括在假设条件中，若要构造置信带，可以使用最优窗宽。

需要注意的是，其实可以选择不同的核函数获得不同的亏量值，也许会存在一个最优的核函数，笔者将在今后的工作中进行进一步研究。

6.4　数值模拟及实证分析

6.4.1　数值模拟

本节中，笔者将用数值模拟的方法比较 VaR 的非参数估计 $\hat{v}_p$ 和

$\hat{v}_{p,h}$的偏差、标准差(SD)、标准误(SE)和均方根误差(RMSE)验证理论结果。

AR(1)模型是α-混合序列,在这里,考虑模型

$$\text{AR}(1): Y_t = 0.5Y_{t-1} + \varepsilon_t, \varepsilon_t \overset{\text{iid}}{\sim} N(0,1)$$

通过迭代计算,且初值Y_0已知,则,

$$Y_t = 0.5^t Y_0 + \sum_{i=1}^{t} 0.5^{n-i} \varepsilon_i \tag{6.20}$$

若初值Y_0未知,则,

$$Y_t = \sum_{i=1}^{\infty} 0.5^i \varepsilon_{t-i} \tag{6.21}$$

且由$\varepsilon_t \overset{\text{iid}}{\sim} N(0,1)$,可推得$Y_t \sim N(0,4/3)$,$t=1,2,\cdots,n$,$Y_t$同分布但不独立。

取$p=0.01$,由ν_p的定义可得$\nu_{0.01}$的真值为2.686295。计算方法如下:查标准正态分布表,可知$\Phi(2.32)=0.98983$,$\Phi(2.33)=0.990097$,用线性插值的方法可得$\Phi^{-1}(0.99)=2.3264$。$\nu_{0.01}$为正态分布$N(0,4/3)$的0.99分位数。由ν_p的定义可得:

$$\nu_{0.01} = \inf\{u: F(u) \geqslant 0.99\}$$

$$\Phi\left(\frac{u}{2/\sqrt{3}}\right) \geqslant 0.99$$

$$u = 2.3264 \times \frac{2}{\sqrt{3}} = 2.686295$$

即$\nu_{0.01}=2.686295$。

ν_p的经验估计$\hat{v}_p$是$\{Y_t\}_{t=1}^{n}$的次序统计量的某个数值,模拟过程比较简单,此处不再赘述。在进行核光滑估计时,可选择高斯核函数$K(u)=\frac{1}{\sqrt{2\pi}}\exp\left\{-\frac{u^2}{2}\right\}$为VaR核估计的核密度函数。$\nu_p$是对应分布函数$F(y)$的$(1-p)$的分位数,所以,我们可以用分位数的核光滑形式表示$\hat{v}_{p,h}$,即

$$\hat{v}_{p,h} = \sum_{t=1}^{n} Y_{(t)} \left[\int_{\frac{t-1}{n}}^{\frac{t}{n}} K_h(u-(1-p))\mathrm{d}u\right] \tag{6.22}$$

有关分位数的核光滑形式最早由 Parzen(1979)提出。由于此处取标准正态密度函数 $K(u)=\frac{1}{\sqrt{2\pi}}\exp\left\{-\frac{u^2}{2}\right\}$，则(6.22)式可表示为：

$$\hat{v}_{p,h}=\sum_{t=1}^{n}Y_{(t)}\left[\Phi\left(\frac{t/n-(1-p)}{h}\right)-\Phi\left(\frac{(t-1)/n-(1-p)}{h}\right)\right] \tag{6.23}$$

其中，Φ(・)为标准正态分布函数。

取样本量 n 为 500—2500，重复次数为 5000，$p=0.01$，根据(6.23)式，选择合适的窗宽 h[因为此处分布函数 $f(\cdot)$和核函数 $K(\cdot)$均已确定，所以由(6.23)式，通过简单的代数运算可得窗宽 h]，进行数值模拟后得到如表 6.1 所示的计算结果。

表 6.1　AR(1)模型中 VaR 估计 $\hat{v}_p$ 与 $\hat{v}_{p,h}$ 的比较

n	$\hat{v}_p$				$\hat{v}_{p,h}$			
	Bias	SD	SE	RMSE	Bias	SD	SE	RMSE
500	0.0278	0.2316	0.2228	0.2332	−0.0400	0.2053	0.1921	0.2092
1000	0.0204	0.1612	0.1563	0.1625	−0.0228	0.1456	0.1358	0.1473
1500	0.0117	0.1302	0.1273	0.1307	−0.0226	0.1188	0.1109	0.1209
2000	0.0068	0.1143	0.1064	0.1145	−0.0235	0.1042	0.0961	0.1068
2500	0.0044	0.1006	0.0962	0.1007	−0.0234	0.0914	0.0859	0.0943

由表 6.1 可以得到以下结论：

$$|\text{Bias}\{\hat{v}_p\}|<|\text{Bias}\{\hat{v}_{p,h}\}|$$

$$\text{SD}\{\hat{v}_p\}>\text{SD}\{\hat{v}_{p,h}\}$$

$$\text{RMSE}\{\hat{v}_p\}>\text{RMSE}\{\hat{v}_{p,h}\}$$

而且，由抽样样本算得的标准差与由理论方差算得的标准误相差不大，所以，数值模拟的结果与笔者的理论推导结果一致。$\hat{v}_p$ 和 $\hat{v}_{p,h}$ 的偏差、标准差、标准误和均方根误差均随着样本容量 n 的增大而减小，这说明 VaR 的估计 $\hat{v}_p$ 和 $\hat{v}_{p,h}$ 均一致。

笔者还注意到，Bias$\{\hat{v}_p\}$均为正，Bias$\{\hat{v}_{p,h}\}$均为负，这除了因为数值模拟结果存在偶然性外，与偏差项

$$\text{Bias}\{\hat{v}_{p,h}\} = -\frac{1}{2}\sigma_k^2 f^{-1}(\nu_p) f'(\nu_p) h^2 + O(h^4)$$

为负，也有很大关系。

6.4.2 实证分析

此处笔者选取国内沪深两市的六只封闭式证券投资基金作为研究对象，实证研究区间则取 2005 年 1 月 7 日—2009 年 12 月 31 日，数据来自于《中国证券报》基金资产净值公告及 Wind 资讯，并通过各基金公司网站查询校对。样本数据为周末基金累计净值，设为 $X_{i,t}$，$i=1,2,3,4,5,6$。这样选取样本的原因是：(1) 所选取的样本基金的运营时间都在六年以上，且已形成各自较为成熟的投资风格；(2) 避免外生变量的干扰，提高各基金之间的可比性；(3) 所选基金的规模都较大。

收益率计算公式用基金市场的周收益率，以相邻周末的基金累计净值的对数一阶差分表示，即

$$Y_{i,t} = \log X_{i,t} - \log X_{i,t-1}$$

其中，$X_{i,t}$为第 i 只基金在第 t 周周末的累计净值，$i=1,2,3,4,5,6$。可得到每只基金的 260 周对数收益率数据，其时序图可参见图6.1—图 6.6，计算每只基金周收益率(%)的基本描述性统计量，结果如表 6.2 所示。

表 6.2 样本基金周收益率(%)统计特征

基金名称	统计量							
	最大值	最小值	均值	标准差	峰度	偏度	JB 统计量	p-值
丰和	3.588	−2.555	0.218	0.887	4.986	0.453	955.060	<0.001
银丰	4.014	−3.542	0.201	0.946	5.724	0.240	82.862	<0.001
天元	6.408	−5.471	0.189	1.129	12.246	0.819	955.060	<0.001
景福	3.844	−3.439	0.176	1.023	4.196	0.052	15.608	0.0045
金鑫	3.323	−2.963	0.150	0.931	5.095	0.077	47.778	<0.001
金泰	3.905	−5.372	0.146	0.985	8.599	−0.299	343.454	<0.001

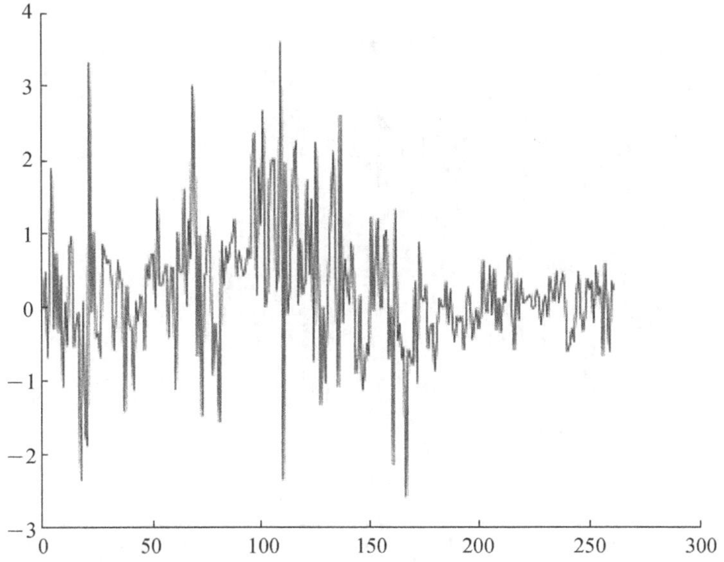

图 6.1　基金丰和周收益率(%)时序图(2005 年 1 月 7 日—2009 年 12 月 31 日)

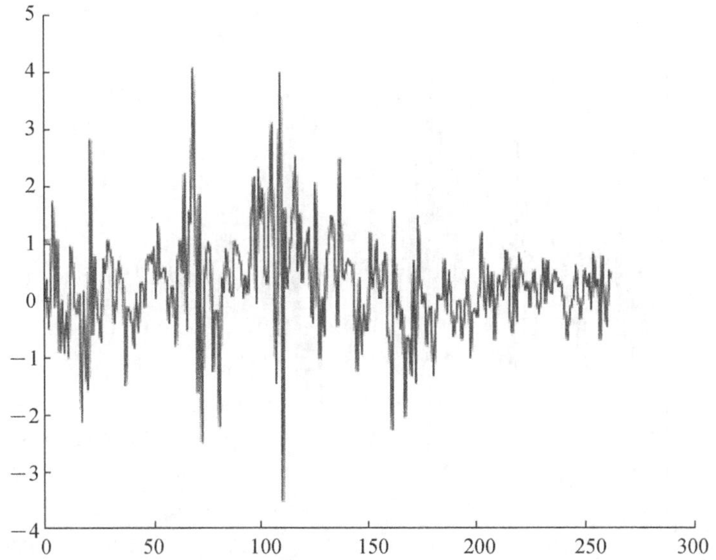

图 6.2　基金银丰周收益率(%)时序图(2005 年 1 月 7 日—2009 年 12 月 31 日)

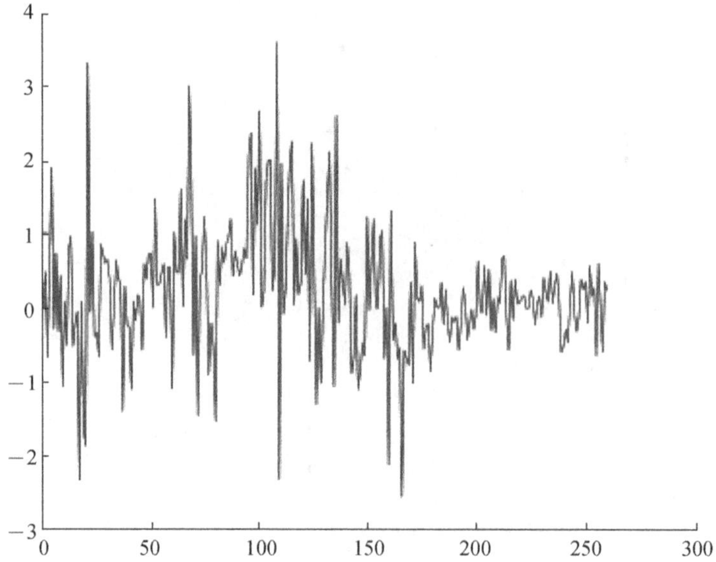

图 6.3 基金天元周收益率(%)时序图(2005 年 1 月 7 日—2009 年 12 月 31 日)

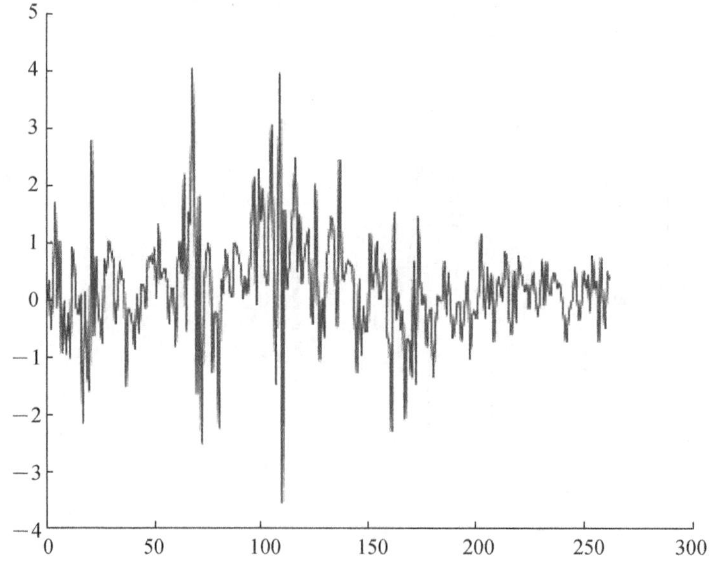

图 6.4 基金景福周收益率(%)时序图(2005 年 1 月 7 日—2009 年 12 月 31 日)

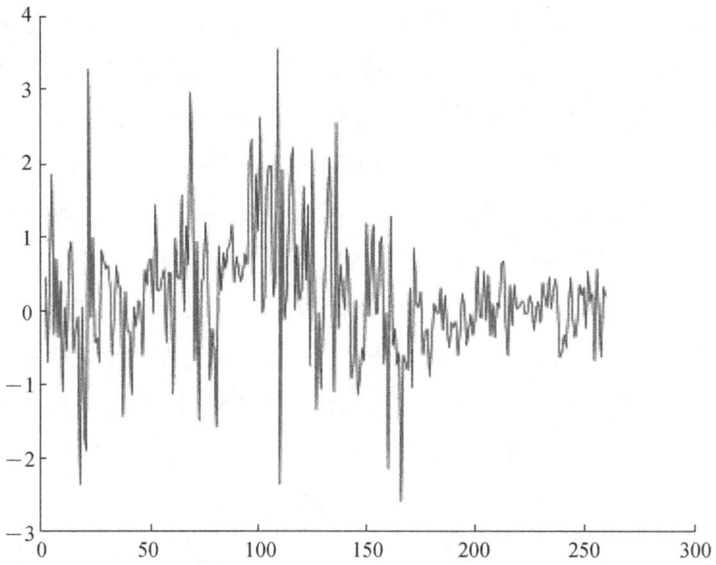

图 6.5　基金金鑫周收益率(%)时序图(2005 年 1 月 7 日—2009 年 12 月 31 日)

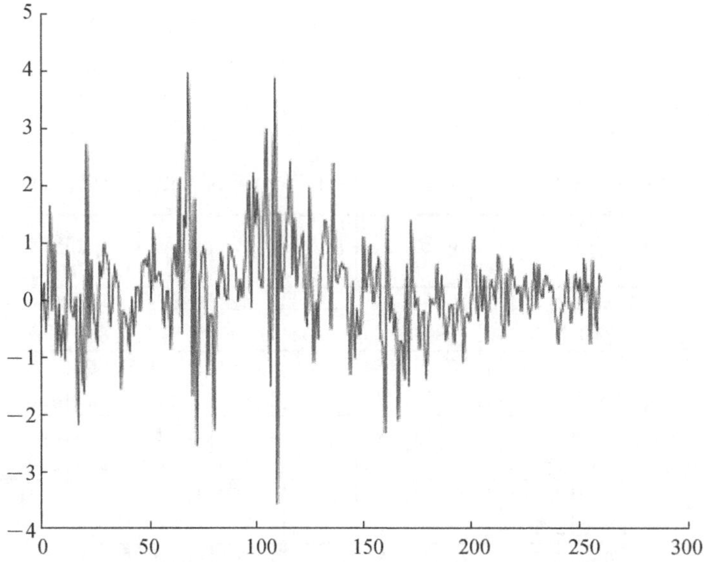

图 6.6　基金金泰周收益率(%)时序图(2005 年 1 月 7 日—2009 年 12 月 31 日)

由表 6.2 可以得到以下结论：从偏度来看，基金金泰的周收益率的左边有较长的尾巴，其他五只基金的周收益率均是右边有较长的尾巴，由基金周收益率的时序图也可得到相同的结论。从峰度来看，六只样本基金的峰度值均比正态分布的峰度值要大(正态分布的峰度值为 3)，即六只样本基金的周收益率序列存在一个比正态分布更加陡峭的高峰，普遍存在高峰厚尾的现象，金融时间序列的收益率往往会出现这种情形。这意味着市场异常波动时有发生，隐含着基金具有较大的风险。

此外，应用 Jarque-Bera 统计量(简称 JB 统计量)检验样本基金的周收益率是否服从正态分布，JB 统计量是用样本的偏度和峰度检验样本是否来自正态总体的一种方法。六只样本基金的周收益率时间序列的 JB 统计量均较大，其相应的伴随概率 p 值都小于 0.05(此处进行的是置信水平为 95%的假设检验)，所以拒绝周收益率序列为正态分布的原假设，说明样本基金的周收益率的时间序列为非正态分布。因此，笔者用非参数估计方法进行模拟，取标准正态核函数，合适的窗宽 h，p 取 0.01—0.10，即置信水平为 0.90—0.99，应用 VaR 非参数估计方法，计算得到每只样本基金相应水平的 VaR 经验估计 $\hat{v}_p$ 和核光滑估计 $\hat{v}_{p,h}$，结果如表 6.3 所示。

表 6.3　样本基金在不同置信水平(1－p)下的 VaR 估计值(%)

基金名称	p	0.01	0.02	0.03	0.04	0.05	0.06	0.07	0.08	0.09	0.10
丰和	$\hat{v}_p$	2.325	1.671	1.461	1.134	1.106	1.023	0.893	0.856	0.697	0.674
	$\hat{v}_{p,h}$	2.313	1.716	1.448	1.246	1.104	1.009	0.914	0.815	0.733	0.685
银丰	$\hat{v}_p$	2.306	2.078	1.604	1.479	1.358	1.283	1.028	0.959	0.836	0.788
	$\hat{v}_{p,h}$	2.304	2.095	1.611	1.471	1.328	1.192	1.058	0.951	0.865	0.796
天元	$\hat{v}_p$	3.411	1.970	1.751	1.417	1.414	1.096	1.004	0.960	0.792	0.785
	$\hat{v}_{p,h}$	3.333	1.994	1.778	1.543	1.327	1.456	1.013	0.909	0.821	0.762
景福	$\hat{v}_p$	2.290	2.181	1.950	1.690	1.540	1.348	1.251	1.209	1.168	1.101
	$\hat{v}_{p,h}$	2.289	2.190	1.979	1.743	1.533	1.379	1.281	1.215	1.154	1.079
金鑫	$\hat{v}_p$	2.660	2.241	2.100	1.381	1.261	1.161	0.909	0.857	0.804	0.790
	$\hat{v}_{p,h}$	2.653	2.279	1.902	1.512	1.269	1.115	0.976	0.872	0.816	0.783
金泰	$\hat{v}_p$	2.912	2.107	1.888	1.300	1.276	1.138	1.014	0.989	0.905	0.722
	$\hat{v}_{p,h}$	2.912	2.170	1.768	1.454	1.266	1.153	1.057	0.974	0.873	0.756

特别需要注意的一点是，根据笔者对 VaR 的定义，在计算 VaR 值时所用的数据应为负对数收益，所以在计算 VaR 值之前，需要先对 $Y_{i,t}$ 取负数。

在表 6.3 中，我们列出了六只基金在不同置信水平时的 VaR 估计值。事实上，置信水平的不同可以理解为投资者对风险厌恶程度的不同，选择的置信水平越高，即 p 值越小，则对风险的厌恶程度越高，要求预测结果的把握性越大。从结果可以发现，随着置信水平的降低，对应的 VaR 值不断变小，并且 VaR 的经验估计值 $\hat{v}_p$ 和核光滑估计值 $\hat{v}_{p,h}$ 相差不大。

风险调整收益 RAROC（risk adjusted return on capital），即风险调整后的资本收益率，是商业银行用于经营管理的核心技术手段之一，它于 20 世纪 70 年代末由美国信托银行首创，并在 20 世纪 90 年代后期经过不断完善后被各跨国银行广泛采用，成为全面风险管理的核心方法。RAROC 可认为是一种 Sharpe 比率，表明损失一个单位资本所带来的回报的大小，有效度量获取收益的风险效率，其宗旨在于基金投资应在风险与收益之间寻找一个恰当的平衡点。一般情况下，RAROC 值越大越好。由于新的测量风险技术的发展，人们也开始用不同的风险对收益进行调整。针对风险价值 VaR，风险调整的资本收益 RAROC 就是收益或潜在亏损与 VaR 值的比值，具体公式为：

$$\text{RAROC} = \text{该期平均资本收益率} / \text{该期 VaR 值} \tag{6.24}$$

对于基金，在进行投资时，风险越大，其预期的收益或亏损也越高，投资如果产生亏损，将会使基金资本受到侵蚀。问题的关键在于，基金投资应在风险与收益之间寻找一个恰当的平衡点，这也是 RAROC 的宗旨所在。决定 RAROC 的关键是潜在亏损，即风险值的大小，该风险值或潜在亏损越大，投资报酬贴现就越多。

RAROC 可用于业绩评估，如果交易员从事高风险的投资项目，即使利润再高，由于风险值较高，RAROC 的值也不会很高，其业绩评价也不会很高。比如，巴林银行倒闭、大和银行亏损和百富勤倒闭等事件都是由于对某一个人的业绩评价不够合理导致的，即只考虑某人的盈利水平，而没有考虑他在获得盈利的同时所承担的风险，便对其进一步重用的后果。RAROC 方法用于业绩评估，可以较真实地反映交易人员的经营业绩，并对其过度投机行为进行限制，有助于避免大额亏损现象的发生。这同样适用于基金业绩的评价，为基金监管部门和投资者提供了正确且及时的基金信息。

根据(6.24)式，在置信水平为 0.95 时，用样本基金选取 VaR 的核光滑估计 $\hat{v}_{p,h}$ 作为分母计算 RAROC，所得结果如表 6.4 所示。

表 6.4 样本基金基于收益率和 VaR 的业绩总体比较(置信水平 0.95)

基金名称	周平均收益率(%)	收益率排名	VaR 的核光滑估计 $\hat{v}_{p,h}$(%)	$\hat{v}_{p,h}$ 排名	风险调整收益 RAROC	RAROC 排名
丰和	0.218	1	1.104	1	0.1972	1
银丰	0.201	2	1.328	5	0.1514	2
天元	0.189	3	1.327	4	0.1422	3
景福	0.176	4	1.533	6	0.1145	6
金鑫	0.150	5	1.269	3	0.1185	4
金泰	0.146	6	1.266	2	0.1154	5

从表 6.4 可以看出，若仅仅比较收益率，六只基金中收益率最高的是丰和基金，然后依次是银丰基金、天元基金、景福基金、金鑫基金，最低的是金泰基金。同时，按照风险价值 VaR 排列，风险最大的是景福基金，然后依次是银丰基金、天元基金、金鑫基金、金泰基金，最低的是丰和基金。丰和基金的收益最高，且风险价值 VaR 最低，所以其单位风险的收益值最高，即风险和收益的综合评价价值最高。金泰基金的收益最低，但风险价值 VaR 较低，所以其单位风险的收益值不是最低。由于笔者选取的基金数目较少，比较结果并不是特别明显，有关此方面的研究笔者将在今后的工作中详细介绍。

总的来说，评价基金的业绩是从收益和风险两个方面进行比较的，而市场上基金的收益和风险受到各种因素的影响，其报酬率及排名变动非常快。

6.5 本章的定理证明

引理 6.1 的证明。

根据 $C_k(t)$ 的定义，有

$$C_k(1)=\int_{-\infty}^{\infty}uK(u)\mathrm{d}u\int_{-\infty}^{u}K(v)\mathrm{d}v=\int_{-\infty}^{\infty}-uK(u)G(u)\mathrm{d}u$$

$$=\int_{-\infty}^{0}-uK(u)G(u)\mathrm{d}u+\int_{0}^{\infty}-uK(u)G(u)\mathrm{d}u$$

其中，$G(u)=\int_{u}^{\infty}K(v)\mathrm{d}v$ 。

因为 $K(\cdot)$ 是对称概率密度核函数，所以

$$K(-u)=K(u)$$

$$G(-u)=\int_{-u}^{\infty}K(v)\mathrm{d}v=\int_{u}^{-\infty}K(-t)d(-t)$$

$$=\int_{-\infty}^{u}K(t)\mathrm{d}t=1-\int_{u}^{\infty}K(t)\mathrm{d}t$$

$$=1-G(u)$$

所以，可得

$$\int_{-\infty}^{0}-uK(u)G(u)\mathrm{d}u=\int_{\infty}^{0}uK(-u)G(-u)d(-u)$$

$$=\int_{0}^{\infty}uK(u)G(-u)\mathrm{d}u$$

$$=\int_{0}^{\infty}uK(u)[1-G(u)]\mathrm{d}u$$

由此，可得

$$C_k(1)=\int_{0}^{\infty}uK(u)[1-2G(u)]\mathrm{d}u$$

因为 $K(\cdot)$ 是关于零点对称的概率密度核函数，则当 $u>0$ 时，有

$$G(u)=\int_u^{\infty}K(v)\mathrm{d}v<\frac{1}{2}$$

即当 $u>0$ 时，有

$$1-2G(u)>0$$

所以，积分限和被积函数均大于 0，则

$$C_k(1)=\int_0^{\infty}uK(u)[1-2G(u)]\mathrm{d}u>0$$

至此完成引理 6.1 的证明。

定理 6.1 的证明。

由(6.15)和(6.16)两式可得 $\hat{v}_p$ 的均方误差为：

$$\begin{aligned}\mathrm{MSE}\{\hat{v}_p\}&=[\mathrm{Bias}\{\hat{v}_p\}]^2+\mathrm{Var}\{\hat{v}_p\}\\&=n^{-1}f^{-2}(\nu_p)\sigma_o^2(p,n)+o(n^{-1})\end{aligned}\tag{6.25}$$

同样，由(6.17)和(6.18)两式，可得 $\hat{v}_{p,h}$ 的均方误差为：

$$\begin{aligned}\mathrm{MSE}\{\hat{v}_{p,h}\}&=[\mathrm{Bias}\{\hat{v}_{p,h}\}]^2+\mathrm{Var}\{\hat{v}_{p,h}\}\\&=n^{-1}f^{-2}(\nu_p)\sigma_o^2(p,n)-2f^{-1}(\nu_p)C_k(1)n^{-1}h\\&\quad+\frac{1}{4}(\sigma_k^2)^2\,[f'(\nu_p)]^2f^{-2}(\nu_p)h^4+o(n^{-1}h+h^4)\end{aligned}\tag{6.26}$$

极小化 $\mathrm{MSE}\{\hat{v}_{p,h}\}$，通过计算等式

$$\begin{aligned}\frac{\partial\mathrm{MSE}\{\hat{v}_{p,h}\}}{\partial h}&=-2f^{-1}(\nu_p)C_k(1)n^{-1}+(\sigma_k^2)^2\,[f'(\nu_p)]^2f^{-2}(\nu_p)h^3\\&=0\end{aligned}$$

可得最优窗宽为：

$$h_{\mathrm{opt}}=\left\{\frac{2f(\nu_p)C_k(1)}{(\sigma_k^2)^2\,[f'(\nu_p)]^2}\right\}^{1/3}n^{-1/3}=O(n^{-1/3})\tag{6.27}$$

下面可以用“亏量”概念对 $\hat{v}_p$ 和 $\hat{v}_{p,h}$ 进行比较。因为

$$|\mathrm{Bias}\{\hat{v}_{p,h}\}|>|\mathrm{Bias}\{\hat{v}_p\}|\text{ 与 }\mathrm{Var}\{\hat{v}_{p,h}\}<\mathrm{Var}\{\hat{v}_p\}$$

同时成立。所以，我们基于 MSE 定义 k_n：

$$k_n=\min\{j\in N:\mathrm{MSE}(\hat{v}_p^j)\leqslant\mathrm{MSE}(\hat{v}_{p,h}^n)\}\tag{6.28}$$

在条件(1)下，由 Davydov 不等式可知，$\sigma_0^2(p,n)$对任意 n 都是有界的，并且当 $n\to\infty$时，$\sigma_0^2(p,n)$收敛，详细证明过程可见 Bosq(1998)。因此，设

$$\lim_{n\to\infty}\sigma_0^2(p,n)=\sigma_0^2>0 \tag{6.29}$$

通过计算

$$\begin{aligned}\mathrm{MSE}\{\hat{v}_{p,h}^n\}&=n^{-1}f^{-2}(\nu_p)\sigma_o^2(p,n)-2f^{-1}(\nu_p)C_k(1)n^{-1}h\\&\quad+\frac{1}{4}(\sigma_k^2)^2[f'(\nu_p)]^2f^{-2}(\nu_p)h^4+o(n^{-1}h+h^4)\\&\geqslant\mathrm{MSE}\{\hat{v}_p^{k_n}\}=k_n^{-1}f^{-2}(\nu_p)\sigma_o^2(p,n)+o(n^{-1})\end{aligned} \tag{6.30}$$

可得

$$\begin{aligned}\frac{k_n}{n}&\geqslant\left(1-\frac{2f(\nu_p)C_k(1)h}{\sigma_o^2(p,n)}+\frac{(\sigma_k^2)^2[f'(\nu_p)]^2}{4\sigma_o^2(p,n)}nh^4\right)^{-1}\\&=1+\frac{2f(\nu_p)C_k(1)h}{\sigma_o^2(p,n)}-\frac{(\sigma_k^2)^2[f'(\nu_p)]^2}{4\sigma_o^2(p,n)}nh^4+O(h^2+nh^5+n^2h^8)\end{aligned} \tag{6.31}$$

于是，对$\dfrac{k_n}{n}$取极限，有

$$\liminf_{n\to\infty}\frac{k_n}{n}\geqslant 1$$

同理，可证明

$$\limsup_{n\to\infty}\frac{k_n}{n}\leqslant 1$$

故

$$\lim_{n\to\infty}\frac{k_n}{n}=1$$

这时，我们需要计算渐近相对亏量，

$$\liminf_{n\to\infty}\left\{\frac{k_n-n}{nh}\right\}\geqslant\liminf_{n\to\infty}\frac{2f(\nu_p)C_k(1)}{\sigma_o^2(p,n)}=\frac{2f(\nu_p)C_k(1)}{\sigma_o^2}$$

同样地，可证

$$\limsup_{n\to\infty}\left\{\frac{k_n - n}{nh}\right\} \leqslant \limsup_{n\to\infty} \frac{2f(\nu_p)C_k(1)}{\sigma_o^2(p,n)} = \frac{2f(\nu_p)C_k(1)}{\sigma_o^2} \quad (6.32)$$

故

$$\lim_{n\to\infty}\left\{\frac{k_n - n}{nh}\right\} = \frac{2f(\nu_p)C_k(1)}{\sigma_o^2} \quad (6.33)$$

由引理 6.1 可知，$C_k(1)>0$，又因为 $\sigma_0^2>0$，$f(\nu_p)>0$，所以有

$$\lim_{n\to\infty}\left\{\frac{k_n - n}{nh}\right\} = \frac{2f(\nu_p)C_k(1)}{\sigma_o^2} > 0 \quad (6.34)$$

因此，可知 VaR 的经验估计 $\hat{v}_p$ 的亏量的阶为 nh，这不仅表明亏量是趋于无穷的，随着样本容量的增大，该亏量也无限增大。还表明最优窗宽的阶满足 $h=O(n^{-1/3})$ 可以包括在假设条件中，若要构造置信带，可以应用最优窗宽。

6.6 附录：VaR 的非参数估计 $\hat{v}_p$ 与 $\hat{v}_{p,h}$ 的期望和方差的计算

在证明定理 6.1 时需要用到 VaR 的非参数估计 $\hat{v}_p$ 与 $\hat{v}_{p,h}$ 的期望和方差，因此，需要推导 $\hat{v}_p$ 与 $\hat{v}_{p,h}$ 的期望和方差。

6.6.1 计算 $\hat{v}_p$ 的期望和方差

因为 $\nu_p=\inf\{u: F(u)\geqslant 1-p\}$ 是 $\{Y_t\}_{t=1}^n$ 的边缘分布函数 $F(y)$ 的 $(1-p)$ 分位数，ν_p 的经验估计 $\hat{v}_p$ 可以看作一个样本分位数。根据 Yoshihara(1995)给出的 α-混合序列中样本分位数的 Bahadur 表达，可以得到 $\hat{v}_p$ 的 Bahadur 表达式为：

$$\hat{v}_p - \nu_p = \frac{\phi_2(\nu_p) - p}{f(\nu_p)} + O(n^{-3/4}\log n) \quad (6.35)$$

由(6.35)式，可以很容易计算 $\mathrm{E}\{\hat{v}_p\}$ 和 $\mathrm{Var}\{\hat{v}_p\}$ 的值。$\hat{v}_p$ 的期望为：

$$\mathrm{E}\{\hat{v}_p\} = \mathrm{E}\left\{\nu_p + \frac{\phi_2(\nu_p) - p}{f(\nu_p)} + O(n^{-3/4}\log n)\right\}$$

$$
\begin{aligned}
&= \nu_p + f^{-1}(\nu_p)[\mathrm{E}\{\phi_2(\nu_p)\} - p] + O(n^{-3/4}\log n) \\
&= \nu_p + O(n^{-3/4}\log n)
\end{aligned}
\tag{6.36}
$$

于是，得到 $\hat{v}_p$ 的偏差为：

$$
\mathrm{bias}\{\hat{v}_p\} = O(n^{-3/4}\log n) \tag{6.37}
$$

$\hat{v}_p$ 的方差为：

$$
\begin{aligned}
\mathrm{Var}\{\hat{v}_p\} &= \mathrm{Var}\left\{\nu_p + \frac{\phi_2(\nu_p) - p}{f(\nu_p)} + O(n^{-3/4}\log n)\right\} \\
&= f^{-2}(\nu_p)\mathrm{Var}\{\phi_2(\nu_p)\} + O(n^{-3/4}\log n) \\
&= n^{-1}f^{-2}(\nu_p)\sigma_o^2(p,n) + o(n^{-1})
\end{aligned}
\tag{6.38}
$$

6.6.2　计算 $\hat{v}_{p,h}$ 的期望和方差

下面计算 $\hat{v}_{p,h}$ 的期望和方差。由 Chen(2005)可知，

$$
\hat{v}_{p,h} - \nu_p = \frac{\hat{S}_h(\nu_p) - p}{f(\nu_p)} + O(n^{-1}h^{-1/2} + n^{-1/2}h^2). \tag{6.39}
$$

所以，$\hat{v}_{p,h}$ 的期望为：

$$
\begin{aligned}
\mathrm{E}\{\hat{v}_{p,h}\} &= \mathrm{E}\left\{\nu_p + \frac{\hat{S}_h(\nu_p) - p}{f(\nu_p)} + O(n^{-1}h^{-1/2} + n^{-1/2}h^2)\right\} \\
&= \nu_p + f^{-1}(\nu_p)[\mathrm{E}\{\hat{S}_h(\nu_p)\} - p] + O(n^{-1}h^{-1/2} + n^{-1/2}h^2)
\end{aligned}
\tag{6.40}
$$

我们只需计算 $\mathrm{E}\{\hat{S}_h(\nu_p)\}$ 的值。由(6.13)式可知，

$$
\hat{S}_h(\nu_p) = \frac{1}{n}\sum_{t=1}^{n} G_h(\nu_p - Y_t) \tag{6.41}
$$

则由(6.41)式和(7.32)式(见第七章)很容易就可以得到 $\mathrm{E}\{\hat{S}_h(\nu_p)\}$ 的值为：

$$
\begin{aligned}
\mathrm{E}\{\hat{S}_h(\nu_p)\} &= \mathrm{E}\left\{\frac{1}{n}\sum_{t=1}^{n} G_h(\nu_p - Y_t)\right\} \\
&= \mathrm{E}\{G_h(\nu_p - Y_1)\} = \mathrm{E}\left\{G\left(\frac{\nu_p - Y_1}{h}\right)\right\} \\
&= p - \frac{1}{2}f'(\nu_p)\sigma_k^2 h^2 + o(h^2)
\end{aligned}
\tag{6.42}
$$

于是，将(6.42)式代入(6.40)式，就可以得到 $\hat{v}_{p,h}$ 的期望为：

$$E\{\hat{v}_{p,h}\}=\nu_p-\frac{1}{2}f^{-1}(\nu_p)f'(\nu_p)\sigma_k^2h^2+o(h^2) \tag{6.43}$$

则 $\hat{v}_{p,h}$ 的偏差为：

$$\text{Bias}\{\hat{v}_{p,h}\}=-\frac{1}{2}f^{-1}(\nu_p)f'(\nu_p)\sigma_k^2h^2+o(h^2) \tag{6.44}$$

下面计算 $\hat{v}_{p,h}$ 的方差。因为

$$\begin{aligned}\text{Var}\{\hat{v}_{p,h}\}&=\text{Var}\{\nu_p+f^{-1}(\nu_p)[\hat{S}_h(\nu_p)-p]+O(n^{-1}h^{-1/2}+n^{-1/2}h^2)\}\\&=f^{-2}(\nu_p)\text{Var}\{\hat{S}_h(\nu_p)\}+O(n^{-1}h^{-1/2}+n^{-1/2}h^2)\end{aligned}$$

故只需计算 $\text{Var}\{\hat{S}_h(\nu_p)\}$ 的值。

$$\begin{aligned}\text{Var}\{\hat{S}_h(\nu_p)\}&=\text{Var}\left\{\frac{1}{n}\sum_{t=1}^{n}G_h(\nu_p-Y_t)\right\}\\&=n^{-1}\Big[\text{Var}\{G_h(\nu_p-Y_1)\}\\&\quad+2\sum_{k=1}^{n-1}\left(1-\frac{k}{n}\right)\text{Cov}\{G_h(\nu_p-Y_1),G_h(\nu_p-Y_{k+1})\}\Big]\end{aligned}$$

由引理 7.5(见第七章)可得，

$$\begin{aligned}&2\sum_{k=1}^{n-1}\left(1-\frac{k}{n}\right)\text{Cov}\{G_h(\nu_p-Y_1),G_h(\nu_p-Y_{k+1})\}\\&\quad=2\sum_{k=1}^{n-1}\left(1-\frac{k}{n}\right)\text{Cov}\{I(Y_1\geqslant\nu_p),I(Y_{k+1}\geqslant\nu_p)\}+o(h)\end{aligned} \tag{6.45}$$

故只需计算 $\text{Var}\{G_h(\nu_p-Y_1)\}$ 的值。

$$\text{Var}\{G_h(\nu_p-Y_1)\}=E\{G_h(\nu_p-Y_1)\}^2+[E\{G_h(\nu_p-Y_1)\}]^2$$

由(7.32)式(见第七章)可知，

$$E\{G_h(\nu_p-Y_1)\}=p-\frac{1}{2}f'(\nu_p)\sigma_k^2h^2+o(h^2)$$

计算 $E\{G_h(\nu_p-Y_1)\}^2$ 时，所用的方法与证明引理 7.6 中第 8 个结论时(见第七章)计算 $E\{Y_1G_b(\nu_p-Y_1)G_h(\nu_p-Y_1)\}$ 所用的方法相同，可得

$$E\{G_h(\nu_p-Y_1)\}^2=p-2f(\nu_p)C_k(1)h+O(h^2) \tag{6.46}$$

于是,可得 $\mathrm{Var}\{G_h(\nu_p - Y_1)\}$的值为:

$$\begin{aligned}\mathrm{Var}&\{G_h(\nu_p - Y_1)\}\\ &= p - 2f(\nu_p)C_k(1)h + O(h^2) - \left[p - \frac{1}{2}f'(\nu_p)\sigma_k^2 h^2 + o(h^2)\right]^2\\ &= p(1-p) - 2f(\nu_p)C_k(1)h + O(h^2)\end{aligned} \tag{6.47}$$

所以,综合(6.45)式和(6.47)式并通过简单计算,可得 $\hat{v}_{p,h}$的方差为:

$$\mathrm{Var}\{\hat{v}_{p,h}\} = n^{-1}f^{-2}(\nu_p)\sigma_o^2(p,n) - 2f^{-1}(\nu_p)C_k(1)n^{-1}h + o(n^{-1}h) \tag{6.48}$$

第七章　风险度量 ES 的非参数估计方法

自从经济社会出现存贷款等金融活动以来，金融风险和风险管理就成为经济和金融体系必要的组成部分。从总体上来说，金融风险管理是指人们通过实施一系列政策和措施控制金融风险以消除或减少不利影响的行为。金融风险管理包括风险识别、风险度量、风险管理决策与实施、风险控制四个阶段。其中，风险度量既是基础又是关键。根据风险度量的侧重点不同，可以将常用的风险度量分为两大类：基于矩的风险度量和基于分位点的风险度量。由于风险管理者最关心的是发生在收益率分布左尾部的风险，所以在风险管理中常用的风险度量方法以基于分位点的尾部风险度量为主，其中以风险价值和期望损失为主要代表。

VaR 模型由于概念简单、易于理解且为投资组合提供了一个统一的风险度量框架，因此成为当今国际上主流的金融风险度量方法之一。然而，经过很多学者的不断探索和实践证明，VaR 模型无论在理论上还是在应用上，都存在一些缺点，主要表现在以下几个方面：第一，VaR 的计算方法有许多种，但各种方法计算所得的结果相差甚大。第二，VaR 不满足一致性公理，不是一致性风险度量(Artzner，1999)。第三，VaR 将注意力集中在一定置信度下的分位点上(即最大的预期损失)，而该分位点下面(即左边)的情况被完全忽略。这就使得我们忽略了小概率发生巨额损失的情形，甚至漠视金融危机事件，而这恰恰是风险管理必须关注的情形。

风险管理首要关注的是损益分布的尾部特征，但尾部区域数据稀少，因此选择合适的模型适应尾部区域的数据特征价值不高，而非参数方法更有效。用非参数方法的一个重要优势是其对模型假定的稳健性，避免了由于对损益分布的模型误判导致的估计偏差。基于 VaR 的经验估计 $\hat{v}_p$ 和核光滑估计 $\hat{v}_{p,h}$，Scaillet(2004)提出了两步 ES 非参数估计，在此记为完全经验估计 $\hat{\mu}_p$ 和一步核光滑估计 $\hat{\mu}_{p,h}$，Chen(2007)则进行了更进一步的研究，证明了它们的相合性和渐近有效性。笔者在 α-混合时间序列下，将两步核估计运用于由 Scaillet 提出的两步 ES 非参数估计步骤，得到 ES 模型的两步核光滑估计 $\hat{\mu}_{p,b,h}$，并计算其期望和方差，重点在于比较几种不同的风险度量方法并进行相关的实证研究。

本章结构如下：第一节介绍 ES 模型及研究现状；第二节介绍 ES 的非参数估计；第三节在 α-混合时间序列下，给出两步核光滑 ES 估计 $\hat{\mu}_{p,b,h}$ 的期望和方差，并对 ES 的完全经验估计 $\hat{\mu}_p$、一步核光滑估计 $\hat{\mu}_{p,h}$ 和两步核光滑估计 $\hat{\mu}_{p,b,h}$ 进行比较；第四节为数值模拟与实证分析部分；第五节给出本章主要定理和引理的证明；第六节为附录，其中给出了 ES 的完全经验估计和一步核光滑估计的期望和方差的简单推导。

7.1　ES 的理论模型及研究现状

预期不足(expected shortfall，简称 ES)是近十几年发展起来的用于测量和控制金融风险的量化工具，其为一致性风险度量，具有非常重要的研究意义和价值。

7.1.1　ES 模型的基本思想

置信水平为$(1-p)$的 ES 定义为：

$$\mu_p = \mathrm{E}[Y_t \mid Y_t > \nu_p] \tag{7.1}$$

若负对数收益序列 $\{Y_t\}_{t=1}^n$ 的边缘分布函数 $F(y)$ 是连续型分布，

则 ES 可记为：

$$\mu_p = \mathrm{E}[Y_t \mid Y_t > \nu_p] = \frac{1}{p}\int_{\nu_p}^{\infty} y f(y)\mathrm{d}y \tag{7.2}$$

ES 的所有估计是否都一定满足一致性公理？答案是否定的。下面给出 ES 的两个非一致性估计：

$$\mathrm{ES}_p(Y) = \frac{Y_{(k)} - Y_{(1)}}{k}$$

$$\mathrm{ES}_p(Y) = \frac{Y_{(1)} + Y_{(k)}}{2}$$

其中，$Y_{(\cdot)}$ 仍表示次序统计量。第一个估计不是相合估计，因此在实际应用中很少采用；第二个估计属于 L 估计，相对来说，L 估计更稳健，但 Fabozzi & Tunaru(2006)发现它们都不满足次可加性，从而不是一致性度量。

7.1.2 ES 模型的研究方法与研究现状

目前，关于 ES 估计的研究工作得到广泛关注。许多学者研究了 ES 的参数估计方法，主要是对资产组合的损益分布函数进行合理假设，通过对分布函数的参数进行估计得到 ES 估计。这些分布能描述资产损益高峰厚尾特征的分布，如 Laplace 分布、椭球等高分布、广义帕累托分布、稳态分布等。例如，Frey & McNeil(2002)利用贝努利混合模型(Binomial mixture model)描述损益的尾部特征估计 VaR 和 ES。Inui & Kijima(2005)采用外推法对 ES 进行估计，这是建立在 ARCH 模型和极值理论上的局部多项式估计方法。当超额损失处于某个足够大的门限水平之上时，通常认为其服从广义帕累托分布。Harmantzis，Miao & Chien(2005)利用广义帕累托分布和稳态分布分别对 VaR 和 ES 的估计进行了实证研究，等等。由参数估计方法得到的 ES 估计显然会因分布假设的不同有所差异，而且由于参数估计方法将风险估计问题转化为分布参数的估计问题，因此模型风险显然也是存在的。也即参数估计方法得到的风险估计是否满足一致性条件，或者满足次可加性也是值得怀疑的。

7.2　ES的非参数估计

7.2.1　ES模型的数学定义

与之前相同,假设$\{Y_t\}_{t=1}^n$是相依的严平稳的时间序列(大多数情况下,这是符合实际的),其边缘分布为$F(y)$,给定一个正数p,$p\in(0,1)$,则置信水平为$(1-p)$的VaR定义为:

$$\nu_p = \inf\{u : F(u) \geqslant 1-p\} \tag{7.3}$$

可见,VaR就是对应分布函数$F(y)$的$(1-p)$分位数。

已知,置信水平为$(1-p)$的ES定义为:

$$\mu_p = \mathrm{E}[Y_t \mid Y_t > \nu_p] \tag{7.4}$$

即表示损失大于ν_p条件下的平均损失。由于ES可以明确指出VaR估计失败时,损失的条件期望值,所以它更有助于对尾部风险的深入认识,也更接近于投资者的心理感受。

若负对数收益序列$\{Y_t\}_{t=1}^n$的边缘分布函数$F(y)$是连续型分布,则ES可记为:

$$\mu_p = \mathrm{E}[Y_t \mid Y_t > \nu_p] = \frac{1}{p}\int_{\nu_p}^{\infty} y f(y)\mathrm{d}y \tag{7.5}$$

7.2.2　ES的非参数估计

为了得到ES的非参数估计,需要分两步:第一步,得到ν_p的非参数估计;第二步,在ν_p的非参数估计的基础上得到μ_p的非参数估计。

如果第一步所用的ν_p的非参数估计是Dowd(2001)提出的基于样本分位数的VaR的经验估计:

$$\hat{v}_p = Y_{(n(1-p)+1)} \tag{7.6}$$

其中，$n(1-p)$表示不大于$n(1-p)$的最大整数，$Y(\cdot)$表示次序统计量。第二步对μ_p进行估计时依然采用经验估计方法，得到的则是ES的完全经验估计，在此记为$\hat{\mu}_p$，

$$\hat{\mu}_p = \frac{\sum_{t=1}^{n} Y_t I(Y_t \geqslant \hat{v}_p)}{\sum_{t=1}^{n} I(Y_t \geqslant \hat{v}_p)} \tag{7.7}$$

其中，$I(\cdot)$是示性函数。

如果第一步采用Gouriéroux，Laurent和Scaillet于2000年提出的VaR的非参数核光滑估计$\hat{v}_{p,h}$代替(7.7)式中的$\hat{v}_p$，用$G_h(\hat{v}_{p,h}-Y_t)$代替(7.7)式中的$I(Y_t \geqslant \hat{v}_p)$得到的就是ES的一步核光滑估计，在此记为$\hat{\mu}_{p,h}$，

$$\hat{\mu}_{p,h} = \frac{\sum_{t=1}^{n} Y_t G_h(\hat{v}_{p,h} - Y_t)}{np} \tag{7.8}$$

其中，$\hat{v}_{p,h}$为方程$\frac{1}{n}\sum_{t=1}^{n} G_h(\hat{v}_{p,h} - Y_t) = p$的解，$G_h(y) = G(y/h)$，$G(y) = \int_y^{\infty} K(u)\mathrm{d}u$，$K(\cdot)$是对称的概率密度核函数。

为了得到ES的两步核光滑估计，先根据$\frac{1}{n}\sum_{t=1}^{n} G_h(\hat{v}_{p,h} - Y_t) = p$得到VaR的核光滑估计$\hat{v}_{p,h}$，此处的窗宽为$h$；然后分别用VaR的核光滑估计$\hat{v}_{p,h}$，$f(y)$的核估计$\hat{f}_b(y) = \frac{1}{n}\sum_{t=1}^{n} K_b(y - Y_t)$，生存函数$S(\hat{v}_{p,h})$的核估计$\hat{S}_b(\hat{v}_{p,h}) = \frac{1}{n}\sum_{t=1}^{n} G_b(\hat{v}_{p,h} - Y_t)$替换(7.5)式中的$\nu_p$、$f(y)$、$p$，则可得到$\mu_p$的两步核光滑估计，在此记为$\hat{\mu}_{p,b,h}$，

$$\hat{\mu}_{p,b,h} = \frac{\sum_{t=1}^{n} \int_{\hat{v}_{p,h}}^{\infty} y K_b(y - Y_t)\mathrm{d}y}{\sum_{t=1}^{n} \int_{\hat{v}_{p,h}}^{\infty} K_b(y - Y_t)\mathrm{d}y} \tag{7.9}$$

对其进行简单变换，即可得到下式：

$$\hat{\mu}_{p,b,h}=\frac{\sum_{t=1}^{n}\{Y_t G_b(\hat{v}_{p,h}-Y_t)+bG_{1b}(\hat{v}_{p,h}-Y_t)\}}{\sum_{t=1}^{n}\{G_b(\hat{v}_{p,h}-Y_t)\}} \tag{7.10}$$

其中，$G_{1b}(t)=\int_{t/b}^{\infty}uK(u)\mathrm{d}u$ 。

需要注意的是，在 ES 的两步核光滑估计中，两步核估计所用的窗宽 h 和 b 不相等。若 $h=b$，且忽略(7.10)式中的分子中的第二部分，得到的即为 ES 的一步核光滑估计 $\hat{\mu}_{p,h}$。

7.3　ES 非参数估计的比较

大多数的金融时间序列之间存在相依关系。例如，今天的股票价格会影响明天的股票价格，也会影响下周的股票价格、下个月的股票价格，甚至明年的股票价格，但是这种影响作用随着时间的推移会逐渐减弱，最后趋向于零。因此，我们假定所研究的时间序列是 α-混合序列，因为很多金融时间序列数据都符合这一假定。如 ARCH 模型(Carrasco & Chen，2002)，ARMA 模型，随机波动、扩散模型等。α-混合序列的定义是由 Rosenblatt 于 1956 年提出的。其定义为：某一序列$\{Y_t\}_{t\geqslant 1}$，$\mathcal{F}_k^l$ 是由$\{Y_t,k\leqslant t\leqslant l\}$生成的 σ-域，记为$\mathcal{F}_k^l=\sigma(Y_t,k\leqslant t\leqslant l)$，其中，$l>k$，设

$$\alpha(n)=\sup_{A\in\mathcal{F}_1^i,B\in\mathcal{F}_{i+n}^{\infty}}|P(AB)-P(A)P(B)|$$

如果$\lim\limits_{n\to\infty}\alpha(n)=0$，我们就称$\{Y_t\}_{t\geqslant 1}$是 α-混合序列。

在比较待估参数或其函数的某几种估计时，我们通常通过计算它们的期望和方差进行比较研究。为了讨论 ES 的非参数估计的期望和方差，需要假设一些基本条件，假设如下的基本条件成立：

(1) $\{Y_t\}_{t=1}^{n}$是严平稳的 α-混合序列，存在 $\rho\in(0,1)$，对任意 $k\geqslant 1$，有常数 C 使得 $\alpha(k)\leqslant C\rho^k$。

(2) 假设$\{Y_t\}_{t=1}^{n}$的边缘密度函数为 $f(y)$，边缘分布函数为 $F(y)$，$F(y)$绝对连续，$f(y)$在 ν_p 的邻域$\mathcal{B}(\nu_p)$内具有连续的二阶导数；且对任意 $k\geqslant 1$，(Y_1,Y_{k+1})的联合分布函数为 $F_k(y_1,y_{k+1})$，联合密度函数为 $f_k(y_1,y_{k+1})$，$F_k(y_1,y_{k+1})$的二阶偏导数存在且有界。对某个 $\delta>0$，存在一个正数 C，使得 $\mathrm{E}(|Y_t|^{2+\delta})\leqslant C$。

(3) 核函数 $K(\cdot)$是一个对称的概率密度函数，具有连续的二阶导数，且满足

$$\int_{-\infty}^{\infty} uK(u)\mathrm{d}u = 0,\quad \int_{-\infty}^{\infty} u^2K(u)\mathrm{d}u = \sigma_k^2 \in (0,\infty)$$

(4) 光滑窗宽 h 和 b 分别满足 $h\to 0, nh^{3-\beta}\to\infty(\beta>0), nh^4\log^2 n\to 0(n\to\infty)$；$b\to 0, nb^{3-\beta}\to\infty(\beta>0)$，$nb^4\log^2 n\to 0(n\to\infty)$。

条件(1)假定所研究的时间序列是 α-混合序列，条件(2)和(3)是标准的正则条件，条件(4)指定窗宽 h 和 b 在某一特定范围内，并且这一范围包括 ES 的核光滑估计的最优窗宽的阶 $O(n^{-1/3})$。

对于 ES 的非参数估计，Chen(2007)已经计算在满足条件(1)和(2)时，ES 的完全经验估计 $\hat{\mu}_p$ 的期望和方差分别为：

$$\mathrm{E}\{\hat{\mu}_p\} = \mu_p + O(n^{-3/4}) \tag{7.11}$$

$$\mathrm{Var}\{\hat{\mu}_p\} = p^{-2}n^{-1}\sigma_1^2(p,n) + o(n^{-1}) \tag{7.12}$$

其中，

$$\sigma_1^2(p,n) = \mathrm{Var}\{(Y_1-\nu_p)I(Y_1\geqslant\nu_p)\} + 2\sum_{k=1}^{n-1}\left(1-\frac{k}{n}\right)r_1(k)$$

$$r_1(k) = \mathrm{Cov}\{(Y_1-\nu_p)I(Y_1\geqslant\nu_p),(Y_{k+1}-\nu_p)I(Y_{k+1}\geqslant\nu_p)\}$$

在满足条件(1)—(4)时，ES 的一步核光滑估计 $\hat{\mu}_{p,h}$ 的期望和方差分别为：

$$\mathrm{E}\{\hat{\mu}_{p,h}\} = \mu_p - \frac{1}{2}p^{-1}\sigma_k^2 f(\nu_p)h^2 + O(n^{-1}) + o(h^2) \tag{7.13}$$

其中，$\sigma_k^2 = \int_{-\infty}^{\infty} u^2 K(u) \mathrm{d}u$ 。

$$\mathrm{Var}\{\hat{\mu}_{p,h}\} = p^{-2} n^{-1} \sigma_1^2(p,n) + o(n^{-1}h) \tag{7.14}$$

需要注意的是，在条件(1)下，由 Davydov 不等式可知，$\sigma_1^2(p,n)$对任意 n 都是有界的，并且当 $n \to \infty$ 时，$\sigma_1^2(p,n)$收敛，详细证明过程可见 Bosq(1998)。

由此可得，ES 的一步核光滑估计 $\hat{\mu}_{p,h}$ 和完全经验估计 $\hat{\mu}_p$ 都收敛于 μ_p，但是一步核光滑估计 $\hat{\mu}_{p,h}$ 的方差与完全经验估计 $\hat{\mu}_p$ 的方差相比并未缩小，这与 VaR 模型的光滑化可以缩小估计的方差不同(Chen，2005)；同时，光滑化增大了估计的偏差，所以，$\hat{\mu}_{p,h}$ 的均方误差大于 $\hat{\mu}_p$ 的均方误差。在此基础上，计算 ES 的两步核光滑估计 $\hat{\mu}_{p,b,h}$ 的期望和方差。

定理 7.1

在满足条件(1)—(4)时，两步核光滑估计 $\hat{\mu}_{p,b,h}$ 的期望和方差分别为：

$$\begin{aligned} \mathrm{E}\{\hat{\mu}_{p,b,h}\} = {} & \mu_p + \frac{1}{2} p^{-1} \sigma_k^2 \{ f(\nu_p) - f'(\nu_p)(\nu_p - 2\mu_p) \} b^2 \\ & + \frac{1}{2} p^{-1} \sigma_k^2 f'(\nu_p)(\nu_p - 2\mu_p) h^2 + O(n^{-1}) + o(h^2 + b^2) \end{aligned} \tag{7.15}$$

其中，$\sigma_k^2 = \int_{-\infty}^{\infty} u^2 K(u) \mathrm{d}u$ ，

$$\begin{aligned} \mathrm{Var}\{\hat{\mu}_{p,b,h}\} = {} & p^{-2} n^{-1} \sigma_1^2(p,n) \\ & + 2p^{-2} f(\nu_p)(\nu_p - \mu_p) 2\left[C_k\left(\frac{b}{h}\right) - C_k(1) \right] n^{-1} b \\ & + 2p^{-2} f(\nu_p)(\nu_p - \mu_p) 2\left[C_k\left(\frac{h}{b}\right) - C_k(1) \right] n^{-1} h \\ & + o(n^{-1}h + n^{-1}b) \end{aligned} \tag{7.16}$$

$C_k(t) = \int_{-\infty}^{\infty} u K(u) \mathrm{d}u \int_{-\infty}^{tu} K(v) \mathrm{d}v$ 。

笔者将在本章附录给出该定理的证明。

为了判断两步核光滑 ES 估计的方差(7.16)式比(7.12)式和(7.14)式多出部分的正负,我们需要以下引理。

引理 7.1

设 $C_k(t)=\int_{-\infty}^{\infty}uK(u)\mathrm{d}u\int_{-\infty}^{tu}K(v)\mathrm{d}v$,其中,$K(\cdot)$ 是满足条件(3)的核密度函数,则对任意 $t>0$,都有

$$t[C_k(t)-C_k(1)]+[C_k(t^{-1})-C_k(1)]\geqslant 0$$

成立。

笔者将在本章附录给出此引理的详细证明。

由引理 7.1,可知

$$\left[C_k\left(\frac{b}{h}\right)-C_k(1)\right]b+\left[C_k\left(\frac{h}{b}\right)-C_k(1)\right]h\geqslant 0$$

所以,ES 的两步核光滑估计 $\hat{\mu}_{p,b,h}$ 的方差比一步核光滑估计 $\hat{\mu}_{p,h}$ 和完全经验估计 $\hat{\mu}_p$ 的方差都大。但是,$\hat{\mu}_{p,b,h}$ 的期望中多出的偏差项却无法用理论判断正负,笔者将通过数值模拟的方法对其进行判断。

7.4 数值模拟及实证分析

从前面的理论结果中,可以看出三种 ES 估计的偏差和方差都是不同的,除了两步核光滑估计的方差公式在引理的说明下比一步光滑估计和经验的 ES 估计大之外,其 MSE 大小的比较相当困难。现对此三种估计进行数值模拟计算,比较这三种估计的好坏,并用基金数据进行实证分析。

7.4.1 数值模拟

我们用数值模拟的方法比较 ES 的非参数估计 $\hat{\mu}_p$,$\hat{\mu}_{p,h}$ 和 $\hat{\mu}_{p,b,h}$ 的

偏差、标准差、标准误和均方根误差，验证我们的理论结果。

考虑一个AR(1)模型，这是大多数金融时间序列服从的模型。AR(1)模型是α-混合序列，这里的具体模型为：

$$\text{AR}(1):Y_t = 0.5Y_{t-1} + \varepsilon_t, \varepsilon_t \overset{\text{iid}}{\sim} N(0,1)$$

通过迭代计算，且初值Y_0已知，则

$$Y_t = 0.5^t Y_0 + \sum_{i=1}^{t} 0.5^{n-i} \varepsilon_i \tag{7.17}$$

若初值Y_0未知，则

$$Y_t = \sum_{i=1}^{\infty} 0.5^i \varepsilon_{t-i} \tag{7.18}$$

并且，由$\varepsilon_t \overset{\text{iid}}{\sim} N(0,1)$，可推得$Y_t \sim N(0,4/3)$，$t=1,2,\cdots,n$，$Y_t$同分布但不独立。取$p=0.01$，由$\mu_p$的定义，可得此模型$\mu_{0.01}$的真值为3.077153。计算方法如下：

查标准正态分布表可知，$\Phi(2.32)=0.98983$，$\Phi(2.33)=0.990097$，用线性插值方法可得：$\Phi^{-1}(0.99)=2.3264$。$\nu_{0.01}$为正态分布$N(0,4/3)$的0.99分位数。由ν_p的定义可得，

$$\nu_{0.01} = \inf\{u: F(u) \geqslant 0.99\}$$

$$\Phi\left(\frac{u}{2/\sqrt{3}}\right) \geqslant 0.99$$

$$u = 2.3264 \times \frac{2}{\sqrt{3}} = 2.686295$$

即$\nu_{0.01}=2.686295$。由μ_p的定义可得，

$$\begin{aligned}\mu_{0.01} &= \frac{1}{p}\int_{\nu_{0.01}}^{\infty} y \frac{1}{\sqrt{2\pi}2/\sqrt{3}} \exp\left\{-\frac{y^2}{2\times 4/3}\right\} \mathrm{d}y \\ &= \frac{200}{\sqrt{6\pi}} \exp\left\{-\frac{3}{8}\nu_{0.01}^2\right\} = 3.077153\end{aligned}$$

μ_p的完全经验估计$\hat{\mu}_p$是在$\hat{v}_p$的基础上计算得到的，模拟过程比较简单，此处不再赘述。下面给出两种核光滑ES估计的模拟方法。

在进行核光滑估计时，我们均选高斯核函数 $K(u)=\frac{1}{\sqrt{2\pi}}\exp\left\{-\frac{u^2}{2}\right\}$ 为 VaR 和 ES 的核估计的核密度函数。

ν_p 是对应于分布函数 $F(y)$ 的 $(1-p)$ 的分位数，所以，我们可以用分位数的核光滑形式表示 $\hat{v}_{p,h}$，即

$$\hat{v}_{p,h}=\sum_{t=1}^{n}Y_{(t)}\left[\int_{\frac{t-1}{n}}^{\frac{t}{n}}K_h(u-(1-p))\mathrm{d}u\right] \tag{7.19}$$

有关分位数的核光滑形式最早出现于 Parzen(1979)。ES 的一步核光滑估计 $\hat{\mu}_{p,h}$ 可以表示为：

$$\hat{\mu}_{p,h}=\frac{1}{np}\sum_{t=1}^{n}Y_t\left(1-\Phi\left(\frac{\hat{v}_{p,h}-Y_t}{h}\right)\right) \tag{7.20}$$

其中，$\Phi(\cdot)$ 为标准正态分布的分布函数。但是，在进行数值模拟时，发现用 (7.20)式得到的模拟结果极不稳定，因此可将其改进为：

$$\hat{\mu}_{p,h}=\frac{\sum_{t=1}^{n}Y_t\left(1-\Phi\left(\frac{\hat{v}_{p,h}-Y_t}{h}\right)\right)}{\sum_{t=1}^{n}\left(1-\Phi\left(\frac{\hat{v}_{p,h}-Y_t}{h}\right)\right)} \tag{7.21}$$

需要注意的是，(7.20)式和(7.21)式两种形式的 $\hat{\mu}_{p,h}$ 的理论值是相同的。

ES 的两步核光滑估计 $\hat{\mu}_{p,b,h}$ 可以表示为：

$$\hat{\mu}_{p,b,h}=\frac{\sum_{t=1}^{n}Y_t\left[1-\Phi\left(\frac{\hat{v}_{p,h}-Y_t}{b}\right)\right]+\frac{b}{\sqrt{2\pi}}\exp\left\{-\frac{1}{2}\left(\frac{\hat{v}_{p,h}-Y_t}{b}\right)^2\right\}}{\sum_{t=1}^{n}\left(1-\Phi\left(\frac{\hat{v}_{p,h}-Y_t}{b}\right)\right)} \tag{7.22}$$

取样本量 n 为 500—2500，重复次数为 5000，$p=0.01$，选择合适的窗宽 h 和 b，进行数值模拟，得到的结果如表 7.1 所示。

表 7.1　AR(1)模型中 ES 的估计 $\hat{\mu}_p$，$\hat{\mu}_{p,h}$ 和 $\hat{\mu}_{p,b,h}$ 的比较

n	$\hat{\mu}_p$				$\hat{\mu}_{p,h}$				$\hat{\mu}_{p,b,h}$			
	Bias	SD	SE	RMSE	Bias	SD	SE	RMSE	Bias	SD	SE	RMSE
500	−0.0605	0.2644	0.2782	0.2712	−0.0891	0.2791	0.2782	0.2929	−0.0885	0.2798	0.2788	0.2934
1000	−0.0325	0.1893	0.1967	0.1920	−0.0683	0.1988	0.1967	0.2102	−0.0678	0.1991	0.1971	0.2104
1500	−0.0180	0.1583	0.1606	0.1593	−0.0572	0.1656	0.1606	0.1752	−0.0569	0.1658	0.1609	0.1753
2000	−0.0130	0.1346	0.1391	0.1352	−0.0543	0.1407	0.1391	0.1508	−0.0541	0.1410	0.1394	0.1510
2500	−0.0127	0.1212	0.1244	0.1219	−0.0537	0.1278	0.1244	0.1386	−0.0535	0.1279	0.1247	0.1387

由表 7.1 可以得到以下结论：

$$\text{Bias}\{\hat{\mu}_p\} < \text{Bias}\{\hat{\mu}_{p,b,h}\} < \text{Bias}\{\hat{\mu}_{p,h}\}$$

因此，我们进行 ES 的第二步估计时，如果窗宽 b 选取得当，可以缩小 $\hat{\mu}_{p,b,h}$ 的偏差。并且

$$\text{SD}\{\hat{\mu}_p\} < \text{SD}\{\hat{\mu}_{p,h}\} < \text{SD}\{\hat{\mu}_{p,b,h}\}$$

这与我们的理论推导结果是一致的。而且，由抽样样本算得的标准差与由理论方差算得的标准误相差不大，所以，数值模拟的结果与我们的理论推导结果一致。另外，笔者发现 $\hat{\mu}_p$，$\hat{\mu}_{p,h}$ 和 $\hat{\mu}_{p,b,h}$ 的偏差、标准差、标准误和均方根误差均随着样本容量 n 的增大而减小，这说明 ES 的估计 $\hat{\mu}_p$，$\hat{\mu}_{p,h}$ 和 $\hat{\mu}_{p,b,h}$ 均是一致估计。

7.4.2 实证分析

目前，我国证券投资基金市场上共有封闭式基金 26 只，开放式基金 600 多只。基金发行，尤其是开放式基金发行在近几年呈现井喷式增长。然而，一般基金业绩的评价至少需要 3—5 年的数据，因为 3—5 年才能反映证券市场一个周期的运行规律。因此，笔者选取运行时间较长的 26 只封闭式基金作为研究对象，研究区间为 2005 年 1 月 7 日—2009 年 12 月 31 日，数据来源为《中国证券报》基金资产净值公告及 Wind 资讯，并通过各基金公司网站查询校对。样本数据为周末基金累计净值，设为 $X_{i,t}$。所选取的样本基金均是运行时间在 6 年以上的封闭式基金，它们的规模较大，并且已从成长期进入成熟期，状态较稳定，已形成各自较为成熟的投资风格，这样选取的目的是尽量避免外生变量的干扰，提高各基金之间的可比性。

收益率计算公式采用基金市场的周收益率，以相邻周末的基金累计净值的对数一阶差分表示，即

$$Y_{i,t} = \log(X_{i,t}) - \log(X_{i,t-1})$$

其中，$X_{i,t}$ 为第 i 只基金在第 t 周周末的累计净值，$i=1,2,\cdots,26$。可

得到每只基金的 260 个周对数收益率数据，计算每只基金的周收益率的描述性统计量，结果如表 7.2 所示。

表 7.2 样本基金周收益率的统计特征(2005 年 1 月 7 日—2009 年 12 月 31 日)

基金名称	统计量							
	最大值	最小值	均值	标准差	峰度	偏度	JB 统计量	p-值
丰和	3.5879	−2.5550	0.2177	0.8872	4.9863	0.4532	51.6395	<0.001
银丰	4.0137	−3.5420	0.2011	0.9460	5.7235	0.2404	82.8621	<0.001
金泰	3.9052	−5.3720	0.1461	0.9851	8.5988	−0.2985	343.4535	<0.001
金鑫	3.3228	−2.9627	0.1504	0.9314	5.0945	0.0767	47.7780	<0.001
景福	3.8440	−3.4394	0.1755	1.0227	4.1958	0.0520	15.6080	0.0045
天元	6.4079	−5.4713	0.1888	1.1294	12.2461	0.8168	955.0597	<0.001
久嘉	4.3597	−4.0578	0.2179	1.1391	5.1045	0.3350	52.8434	<0.001
科瑞	12.1366	−13.5715	0.2002	1.5302	40.7703	−0.9154	84.5780	<0.001
安信	2.6934	−2.3902	0.1375	0.6972	5.6113	0.3163	78.2068	<0.001
裕阳	70.2190	−69.8795	0.1457	6.1964	126.6089	0.0117	245.6535	<0.001
兴华	3.1372	−2.1392	0.1532	0.6918	6.0734	0.5522	115.5449	<0.001
开元	13.2606	−11.8837	0.1513	1.6169	38.7896	1.2984	76.1590	<0.001
裕泽	6.1170	−3.6237	0.1842	1.0467	8.9673	0.7802	412.1353	<0.001
普丰	3.3313	−2.7151	0.1740	0.9110	4.5299	0.0767	25.6114	<0.001
同益	13.1663	−13.0299	0.1551	1.4595	52.3991	0.2279	144.3466	<0.001
通乾	5.2786	−4.2814	0.2017	1.1350	5.6709	0.2147	79.2767	<0.001
普惠	3.3621	−2.9526	0.1541	0.8866	4.9106	−0.0364	39.6027	<0.001
泰和	3.4174	−2.7914	0.1892	0.7846	5.5958	0.3609	78.6423	<0.001
安顺	3.1265	−2.5070	0.1904	0.7667	5.6382	0.4414	83.8445	<0.001
同盛	7.9953	−4.2870	0.1721	1.1849	13.8266	1.2261	26.8142	<0.001
汉盛	6.3505	−5.7087	0.1811	1.0256	11.7822	0.1158	836.1153	<0.001
鸿阳	4.1979	−3.0194	0.1579	1.0610	4.9235	0.1501	41.0590	<0.001
兴和	2.9198	−2.5213	0.1617	0.8378	4.5228	0.1748	26.4454	<0.001
汉兴	3.4969	−3.2034	0.1628	0.9867	4.9030	−0.0276	39.2646	<0.001
景宏	3.5366	−3.2333	0.1845	0.9914	4.8473	0.3237	41.5087	<0.001
裕隆	7.3461	−4.3243	0.1982	1.0066	14.0802	1.2668	28.1117	<0.001

由表 7.2 可以得到以下结论：从偏度来看，金泰、科瑞、普惠、汉兴的周收益率的左边有较长的尾巴，其他基金的周收益率均是右边有较长的尾巴。从峰度来看，26 只样本基金的峰度值均比正态分布的峰度要大(正态分布的峰度值为 3)，即 26 只样本基金的周收益率序列存在

一个比正态分布更加陡峭的高峰，普遍存在高峰厚尾的现象，金融时间序列的收益率往往会出现这种情形。这意味着市场异常波动时有发生，隐含着基金具有较大的风险的意思。

此外，应用JB统计量检验样本基金的周收益率是否服从正态分布，该统计量是用样本的偏度和峰度检验样本是否来自正态分布的一种方法。26只样本基金的周收益率时间序列的JB统计量均较大，其相应的伴随概率 p 值都小于0.05(此处进行的是置信水平为95%的假设检验)，所以拒绝周收益率序列为正态分布的原假设，说明样本基金的周收益率的时间序列为非正态分布。因此，下面用非参数估计方法进行模拟。取标准正态核函数，合适的窗宽 h 和 b，p 取0.01—0.10，即置信水平为0.90—0.99，应用ES的非参数估计方法，得到每只样本基金相应水平的ES的完全经验估计 $\hat{\mu}_p$、一步核光滑估计 $\hat{\mu}_{p,h}$ 和两步核光滑估计 $\hat{\mu}_{p,b,h}$，部分结果如表7.3所示。

表7.3 部分样本基金在不同置信水平(1－p)下的ES估计值(%)

基金名称	p	0.01	0.02	0.03	0.04	0.05	0.06	0.07	0.08	0.09	0.10
裕泽	$\hat{\mu}_p$	3.3429	2.7676	2.5096	2.2537	2.1317	1.9888	1.8763	1.8108	1.7212	1.6591
	$\hat{\mu}_{p,h}$	3.3429	2.9139	2.5722	2.4170	2.1718	2.0002	1.9110	1.7821	1.7540	1.6316
	$\hat{\mu}_{p,b,h}$	3.3429	2.9139	2.5681	2.3700	2.1505	2.0089	1.9031	1.7961	1.7488	1.6557
同益	$\hat{\mu}_p$	6.4236	4.2632	3.5994	2.9903	2.7201	2.4090	2.1724	2.0441	1.8819	1.7906
	$\hat{\mu}_{p,h}$	6.4236	4.5543	3.9041	3.3129	2.7201	2.4090	2.3132	2.0546	1.9635	1.7688
	$\hat{\mu}_{p,b,h}$	6.4871	4.7000	3.9041	3.1978	2.7375	2.4508	2.2638	2.0674	1.9215	1.7948
通乾	$\hat{\mu}_p$	3.3493	2.9431	2.7228	2.4830	2.3711	2.2271	2.1026	2.0337	1.9214	1.8509
	$\hat{\mu}_{p,h}$	3.3493	2.9856	2.8227	2.6318	2.3249	2.2755	2.1020	2.0337	1.9608	1.8535
	$\hat{\mu}_{p,b,h}$	3.3926	3.0255	2.8068	2.5914	2.3494	2.2698	2.1234	2.0311	1.9618	1.8719
普惠	$\hat{\mu}_p$	2.8524	2.4250	2.2597	2.0435	1.9388	1.7935	1.6737	1.6049	1.5193	1.4717
	$\hat{\mu}_{p,h}$	2.8524	2.5337	2.2597	2.0659	1.9388	1.8404	1.7262	1.6407	1.5315	1.4567
	$\hat{\mu}_{p,b,h}$	2.8525	2.5040	2.2597	2.1134	1.9382	1.8387	1.7188	1.6163	1.5401	1.4753
泰和	$\hat{\mu}_p$	2.4783	1.9905	1.7875	1.5817	1.4786	1.3645	1.2764	1.2280	1.1612	1.1192
	$\hat{\mu}_{p,h}$	2.4783	2.1186	1.8119	1.6453	1.5215	1.3724	1.3026	1.2230	1.1691	1.1297
	$\hat{\mu}_{p,b,h}$	2.4832	2.1186	1.8211	1.6558	1.5064	1.3836	1.3004	1.2326	1.1761	1.1184
安顺	$\hat{\mu}_p$	2.0256	1.7661	1.6734	1.5661	1.5023	1.4084	1.3343	1.2934	1.2304	1.1913
	$\hat{\mu}_{p,h}$	2.0256	1.8254	1.6938	1.5916	1.5059	1.4336	1.3502	1.2934	1.2519	1.2067
	$\hat{\mu}_{p,b,h}$	2.0347	1.8109	1.6858	1.5862	1.5146	1.4374	1.3535	1.2960	1.2485	1.1956

（续表）

基金名称	p	0.01	0.02	0.03	0.04	0.05	0.06	0.07	0.08	0.09	0.10
同盛	$\hat{\mu}_p$	4.0742	3.4343	3.0587	2.6898	2.5205	2.3109	2.1299	2.0275	1.8935	1.8150
	$\hat{\mu}_{p,h}$	4.0742	3.6117	3.2250	2.8762	2.4984	2.3112	2.2049	2.0649	1.8984	1.8016
	$\hat{\mu}_{p,b,h}$	4.0742	3.6117	3.2051	2.8452	2.4969	2.3396	2.2002	2.0533	1.9275	1.8194
开元	$\hat{\mu}_p$	7.7106	4.8371	4.0284	3.3144	2.9930	2.6408	2.3827	2.2386	2.0515	1.9467
	$\hat{\mu}_{p,h}$	7.7106	5.4553	4.0297	3.4740	2.9901	2.7047	2.3825	2.3102	2.1279	1.9621
	$\hat{\mu}_{p,b,h}$	7.7106	5.4548	4.0575	3.4901	3.0306	2.7113	2.4040	2.2869	2.1156	1.9531
鸿阳	$\hat{\mu}_p$	2.8819	2.7134	2.5956	2.4450	2.3604	2.2175	2.0803	2.0041	1.8926	1.8218
	$\hat{\mu}_{p,h}$	2.8819	2.7814	2.6499	2.4695	2.3270	2.3054	2.1705	1.9801	1.9308	1.8630
	$\hat{\mu}_{p,b,h}$	2.8931	2.7814	2.6397	2.4654	2.3392	2.2762	2.1436	1.9951	1.9356	1.8432
兴和	$\hat{\mu}_p$	2.4440	2.0791	1.9358	1.7782	1.6951	1.5901	1.4995	1.4428	1.3708	1.3274
	$\hat{\mu}_{p,h}$	2.4440	2.1563	1.9358	1.8196	1.7028	1.5894	1.5299	1.4784	1.3836	1.3440
	$\hat{\mu}_{p,b,h}$	2.4443	2.1819	1.9358	1.8166	1.7063	1.5997	1.5316	1.4596	1.3872	1.3268
汉兴	$\hat{\mu}_p$	3.0328	2.7232	2.5570	2.3415	2.2000	2.0446	1.9281	1.8534	1.7564	1.6926
	$\hat{\mu}_{p,h}$	3.0328	2.8050	2.5570	2.4123	2.3400	2.0230	1.9527	1.8786	1.7900	1.7412
	$\hat{\mu}_{p,b,h}$	3.0330	2.8047	2.5570	2.4038	2.3026	2.0631	1.9515	1.8620	1.7847	1.7052
景宏	$\hat{\mu}_p$	2.8327	2.4957	2.3058	2.1220	2.0216	1.8704	1.7554	1.6897	1.5949	1.5382
	$\hat{\mu}_{p,h}$	2.8667	2.5953	2.3956	2.0780	2.0740	1.9639	1.7697	1.6903	1.6206	1.5708
	$\hat{\mu}_{p,b,h}$	2.9055	2.5939	2.3955	2.1058	2.0561	1.9339	1.7767	1.6988	1.6261	1.5435
裕隆	$\hat{\mu}_p$	3.1098	2.4848	2.2836	2.0411	1.9222	1.7736	1.6579	1.5890	1.4998	1.4440
	$\hat{\mu}_{p,h}$	3.1098	2.6341	2.2836	2.1119	1.9724	1.7807	1.6892	1.6155	1.5018	1.4754
	$\hat{\mu}_{p,b,h}$	3.1137	2.6317	2.2836	2.1150	1.9523	1.8016	1.6884	1.6017	1.5195	1.4504

表 7.3 只列出了 13 只基金在不同的置信水平时的 ES 估计值。事实上，置信水平的不同可以理解为投资者对风险厌恶程度的不同，选择的置信水平越高，即 p 值越小，则对风险的厌恶程度越高，且要求预测结果的把握性越大。我们可以发现，随着置信水平的降低，对应的 ES 值不断变小，并且 ES 的完全经验估计值 $\hat{\mu}_p$、一步核光滑估计值 $\hat{\mu}_{p,h}$ 和两步核光滑估计值 $\hat{\mu}_{p,b,h}$ 相差不大。

笔者还比较了样本基金的 VaR 估计值和 ES 估计值，部分结果如表 7.4 所示。

表 7.4 部分样本基金的 VaR 非参数估计和 ES 非参数估计(%)(p=0.01,0.05)

基金名称	置信水平 $1-p=0.99$					置信水平 $1-p=0.95$				
	$\hat{v}_p$	$\hat{v}_{p,h}$	$\hat{\mu}_p$	$\hat{\mu}_{p,h}$	$\hat{\mu}_{p,b,h}$	$\hat{v}_p$	$\hat{v}_{p,h}$	$\hat{\mu}_p$	$\hat{\mu}_{p,h}$	$\hat{\mu}_{p,b,h}$
丰和	2.3251	2.3131	2.4058	2.4058	2.4100	1.1056	1.1037	1.6883	1.7318	1.7335
银丰	2.3059	2.3044	2.7886	2.7986	2.8728	1.3584	1.3280	1.9473	1.9473	1.9456
金泰	2.9122	2.9124	3.7431	3.9383	3.7795	1.2763	1.2657	2.2590	2.2347	2.3041
金鑫	2.6599	2.6533	2.8150	2.8150	2.8306	1.2607	1.2691	2.0787	2.1322	2.1216
景福	2.2897	2.2887	2.7094	2.7324	2.7868	1.5397	1.5327	2.1203	2.1313	2.1419
天元	3.4111	3.3328	4.1934	4.1934	4.1934	1.4135	1.3272	2.3142	2.3109	2.2966
久嘉	2.7304	2.7259	3.2641	3.2641	3.3310	1.6908	1.6458	2.3552	2.3112	2.3355
科瑞	2.7894	2.7957	6.6305	8.5510	7.8755	1.4549	1.4511	3.0708	3.1157	3.1321
安信	1.6557	1.6575	2.0861	2.2886	2.1886	1.0202	0.9973	1.4217	1.4200	1.4262
裕阳	2.3776	2.3360	24.9373	24.9373	24.9374	1.0111	1.0046	6.7388	6.6165	6.7063
兴华	2.0273	2.0043	2.0897	2.0897	2.0900	0.8085	0.7783	1.3270	1.3270	1.3388
汉盛	2.4468	2.4405	3.7266	3.7266	3.8512	1.3000	1.3087	2.1993	2.2589	2.2355
普丰	2.4415	2.4397	2.5852	2.5869	2.6106	1.4422	1.3778	1.9419	1.9348	1.9289

表 7.4 中,笔者列出了当置信水平为 0.99 和 0.95 时,13 只样本基金的 VaR 估计值和 ES 估计值。从中可以发现,无论在哪个置信水平下,基于 ES 度量的风险值都会比相应的 VaR 的度量值大,这与 ES 的定义是一致的。由此可知,若不利情况发生,损失会是多少。以裕阳基金为例,当 $p=0.01$ 时,VaR 的核光滑估计值为 2.3360,ES 的两步核光滑估计值为 24.9374。此处的周收益率以 7 天作为一个观察期,那么就能相信在 0.99 置信水平的下一观察期内,裕阳基金的损失不会超过 2.3360%。一旦损失超过 2.3360%,则 ES 高达 24.9374%。这是由于 VaR 只集中在一定置信度下的分位点上,完全忽略了该分位点左边的情况。由表 7.2 中可知,基金裕阳的标准差比较大,最大值和最小值之间相差也很大,因此 VaR 值左边可能有很多极端值,这就导致 ES 值非常大。再如,汉盛基金和普丰基金在置信水平为 99%的 VaR 的核光滑估计值分别为 2.4405 和 2.4397,二者相差只有 0.0008,但它们置信水平为 99%的 ES 的两步核光滑估计值分别为 3.8512 和 2.6106,相差甚大,这说明 VaR 值相同时,潜在损失可能会不同,而 ES 估计是比 VaR 估计更好的度量工具。

风险调整收益(risk adjusted return on capital,简称为 RAROC),即风险调整后的资本收益率,是商业银行用于经营管理的核心技术手段之一,它由美国信托银行于 20 世纪 70 年代末首创,并在 20 世纪 90 年代后半期经过不断完善后被各跨国银行广泛采用,成为全面风险管理的核心方法。RAROC 被认为是一种 Sharpe 比率,表明损失一个单位资本所带来的回报的大小,有效地度量获取收益的风险效率,其宗旨在于基金投资应在风险与收益之间寻找一个恰当的平衡点。一般情况下,RAROC 值越大越好。由于新的测量风险技术的发展,人们也开始用不同的风险对收益进行调整。针对 VaR,RAROC 就是收益或潜在亏损与 VaR 值的比值,具体公式为:RAROC=该期的平均资本收益率/该期的 VaR 值。针对 ES,RAROC 就是收益或潜在亏损与 ES 值的比值,具体公式为:$RAROC_{ES}$=该期的平均资本收益率/该期的 ES 值。

对于基金,在进行投资时,风险越大,其预期的收益或亏损也越大,投资如果产生亏损,将会使基金资本受到侵蚀。问题的关键在于,基金投资应在风险与收益之间寻找一个恰当的平衡点,这也是 RAROC 的宗旨所在。决定 RAROC 的关键是潜在亏损即风险值的大小,该风险值越大,投资报酬贴现就越多。

RAROC 可用于业绩评估,如果交易员从事高风险的投资项目,那么即使利润再高,由于风险值较高,RAROC 值也不会很高,其业绩评价也就不会很高。RAROC 方法可以较真实地反映交易人员的经营业绩,并对其过度投机行为进行限制,有助于避免大额亏损现象的发生。这同样也适用于基金业绩的评价,为基金监管部门和投资者提供正确且及时的基金信息。

根据以上 RAROC 的计算公式,分别用样本基金在置信水平为 0.99 时的 VaR 的核光滑估计 $\hat{v}_{p,h}$ 和 ES 的两步核光滑估计 $\hat{\mu}_{p,b,h}$ 作为分母计算 RAROC,结果如表 7.5 所示。

表 7.5 样本基金基于收益率和 VaR 的业绩总体比较(置信水平为 0.99)

基金名称	周平均收益率(%)	收益率排名	99% $\hat{v}_{p,h}$(%)	$\hat{v}_{p,h}$ 排名	$RAROC_{VaR}$	$RAROC_{VaR}$ 排名	99% $\hat{\mu}_{p,b,h}$(%)	$\hat{\mu}_{p,b,h}$ 排名	$RAROC_{ES}$	$RAROC_{ES}$ 排名
丰和	0.2177	2	2.3131	7	0.0941	3	2.4100	4	0.0903	2
银丰	0.2011	4	2.3044	6	0.0873	4	2.8728	11	0.0700	5
金泰	0.1461	24	2.9124	22	0.0502	24	3.7795	19	0.0387	22
金鑫	0.1504	23	2.6533	14	0.0567	19	2.8306	9	0.0531	18
景福	0.1755	13	2.2887	5	0.0767	8	2.7868	8	0.0630	11
天元	0.1888	9	3.3328	24	0.0566	20	4.1934	22	0.0450	20
久嘉	0.2179	1	2.7259	16	0.0799	7	3.3310	16	0.0654	8
科瑞	0.2002	5	2.7957	18	0.0716	13	7.8755	25	0.0254	23
安信	0.1375	26	1.6575	1	0.0830	6	2.1886	3	0.0628	12
裕阳	0.1457	25	2.3360	8	0.0624	16	24.9374	26	0.0058	26
兴华	0.1532	21	2.0043	4	0.0764	9	2.0900	2	0.0733	4
开元	0.1513	22	3.5555	25	0.0426	26	7.7106	24	0.0196	25
裕泽	0.1842	11	3.1103	23	0.0592	17	3.3429	17	0.0551	14
普丰	0.1740	14	2.4397	11	0.0713	14	2.6106	7	0.0667	6
同益	0.1551	19	2.8297	20	0.0548	23	6.4871	23	0.0239	24
通乾	0.2017	3	2.7504	17	0.0733	12	3.3926	18	0.0595	13
普惠	0.1541	20	2.6820	15	0.0575	18	2.8525	10	0.0540	16
泰和	0.1892	8	1.9978	3	0.0947	2	2.4832	6	0.0762	3
安顺	0.1904	7	1.7524	2	0.1087	1	2.0347	1	0.0936	1
同盛	0.1721	15	3.6753	26	0.0468	25	4.0742	21	0.0422	21
汉盛	0.1811	12	2.4405	12	0.0742	11	3.8512	20	0.0470	19
鸿阳	0.1579	18	2.7984	19	0.0564	21	2.8931	12	0.0546	15
兴和	0.1617	17	2.3741	10	0.0681	15	2.4443	5	0.0662	7
汉兴	0.1628	16	2.8965	21	0.0562	22	3.0330	14	0.0537	17
景宏	0.1845	10	2.4511	13	0.0753	10	2.9055	13	0.0635	10
裕隆	0.1982	6	2.3677	9	0.0837	5	3.1137	15	0.0637	9

从表 7.5 可以看出,若仅仅比较收益率,科瑞基金排名较靠前(第 5),但它的 ES 排名非常靠后(第 25),所以其基于 ES 的单位风险的收益值较低,排名较靠后(第 23)。相反地,基金安信的收益率排名最后,但它的 ES 排名非常靠前(第 3),所以其基于 ES 的单位风险的收益值较高,排名较靠前(第 12)。裕阳基金的收益率排名和 ES 排名均处于末尾,所以其单位风险调整收益排名也是最后。

可以看到，表 7.5 中基于收益率和 VaR 的 $RAROC_{VaR}$ 排名和基于收益率和 ES 的 $RAROC_{ES}$ 排名有一定出入，那么究竟哪一种 RAROC 的排名更合理？计算置信水平为 0.95 时，基于收益率和 VaR 的核光滑估计 $\hat{v}_{p,h}$ 的 RAROC，与基于收益率和 ES 的两步核光滑估计 $\hat{\mu}_{p,b,h}$ 的 RAROC，结果如表 7.6 所示。

表 7.6　样本基金基于收益率和 VaR 的业绩总体比较(置信水平为 0.95)

基金名称	周平均收益率(%)	收益率排名	95% $\hat{v}_{p,h}$(%)	$\hat{v}_{p,h}$ 排名	$RAROC_{VaR}$	$RAROC_{VaR}$ 排名	95% $\hat{\mu}_{p,b,h}$(%)	$\hat{\mu}_{p,b,h}$ 排名	$RAROC_{ES}$	$RAROC_{ES}$ 排名
丰和	0.2177	2	1.1037	6	0.1972	2	1.7335	6	0.1256	3
银丰	0.2011	4	1.3280	16	0.1514	6	1.9456	9	0.1034	5
金泰	0.1461	24	1.2657	11	0.1154	22	2.3041	18	0.0634	23
金鑫	0.1504	23	1.2691	12	0.1185	21	2.1216	12	0.0709	18
景福	0.1755	13	1.5327	23	0.1145	24	2.1419	13	0.0819	15
天元	0.1888	9	1.3273	15	0.1422	8	2.2966	16	0.0822	14
久嘉	0.2179	1	1.6458	24	0.1324	15	2.3355	19	0.0933	9
科瑞	0.2002	5	1.4511	20	0.1380	10	3.1321	25	0.0639	22
安信	0.1375	26	0.9973	3	0.1379	11	1.4262	2	0.0964	7
裕阳	0.1457	25	1.0046	4	0.1450	7	6.7063	26	0.0217	26
兴华	0.1532	21	0.7783	1	0.1968	3	1.3388	1	0.1144	4
开元	0.1513	22	1.2008	8	0.1260	18	3.0306	24	0.0499	25
裕泽	0.1842	11	1.4301	19	0.1288	16	2.1505	14	0.0857	13
普丰	0.1740	14	1.3778	18	0.1263	17	1.9289	7	0.0902	10
同益	0.1551	19	1.1614	7	0.1335	14	2.7375	23	0.0567	24
通乾	0.2017	3	1.6870	25	0.1196	20	2.3494	21	0.0859	12
普惠	0.1541	20	1.2816	13	0.1202	19	1.9382	8	0.0795	17
泰和	0.1892	8	0.9106	2	0.2078	1	1.5064	3	0.1256	2
安顺	0.1904	7	1.0955	5	0.1738	4	1.5146	4	0.1257	1
同盛	0.1721	15	1.4999	22	0.1147	23	2.4969	22	0.0689	20
汉盛	0.1811	12	1.3087	14	0.1384	9	2.2355	15	0.0810	16
鸿阳	0.1579	18	1.7567	26	0.0899	26	2.3392	20	0.0675	21
兴和	0.1617	17	1.2016	9	0.1346	12	1.7063	5	0.0948	8
汉兴	0.1628	16	1.4658	21	0.1111	25	2.3026	17	0.0707	19
景宏	0.1845	10	1.3724	17	0.1344	13	2.0561	11	0.0897	11
裕隆	0.1982	6	1.2205	10	0.1624	5	1.9523	10	0.1015	6

将表 7.5 中第 7 列与表 7.6 中第 7 列，表 7.5 中第 11 列与表7.6 中第 11 列进行比较后发现，在不同的置信水平下，基于收益率和 ES

的 $RAROC_{ES}$ 排名比较稳定，差别不大，但基于收益率和 VaR 的 $RAROC_{VaR}$ 排名变化较大，如景福基金在表 7.5 中的 $RAROC_{VaR}$ 排名为第 8，但在表 7.6 中变为第 24。因此，$RAROC_{ES}$ 排名比 $RAROC_{VaR}$ 排名要稳定得多，说明 VaR 的估计不够稳定，这也是 VaR 估计的缺陷之一。

总的来说，基金的业绩是从收益和风险两个方面进行评价的，而市场上基金的收益和风险受到各种因素的影响，其报酬率及排名变动很快。

7.5 本章定理证明

引理 7.1 的证明如下。

根据 $C_k(t)$ 的定义，有

$$
\begin{aligned}
& t[C_k(t)-C_k(1)]+[C_k(t^{-1})-C_k(1)] \\
&= t\left[\int_{-\infty}^{\infty} uK(u)\mathrm{d}u\int_{-\infty}^{tu}K(v)\mathrm{d}v-\int_{-\infty}^{\infty} uK(u)\mathrm{d}u\int_{-\infty}^{u}K(v)\mathrm{d}v\right] \\
&\quad +\left[\int_{-\infty}^{\infty} uK(u)\mathrm{d}u\int_{-\infty}^{u/t}K(v)\mathrm{d}v-\int_{-\infty}^{\infty} uK(u)\mathrm{d}u\int_{-\infty}^{u}K(v)\mathrm{d}v\right] \\
&= t\int_{-\infty}^{\infty} uK(u)\mathrm{d}u\int_{u}^{tu}K(v)\mathrm{d}v+\int_{-\infty}^{\infty} uK(u)\mathrm{d}u\int_{u}^{u/t}K(v)\mathrm{d}v
\end{aligned}
$$

当 $0<t<1$ 时，有

$$
\begin{aligned}
& t\int_{-\infty}^{\infty} uK(u)\mathrm{d}u\int_{u}^{tu}K(v)\mathrm{d}v+\int_{-\infty}^{\infty} uK(u)\mathrm{d}u\int_{u}^{u/t}K(v)\mathrm{d}v \\
&= t\int_{-\infty}^{0} uK(u)\mathrm{d}u\int_{u}^{tu}K(v)\mathrm{d}v-t\int_{0}^{\infty} uK(u)\mathrm{d}u\int_{tu}^{u}K(v)\mathrm{d}v \\
&\quad -\int_{-\infty}^{0} uK(u)\mathrm{d}u\int_{u/t}^{u}K(v)\mathrm{d}v+\int_{0}^{\infty} uK(u)\mathrm{d}u\int_{u}^{u/t}K(v)\mathrm{d}v \\
&= -2t\int_{0}^{\infty} uK(u)\mathrm{d}u\int_{tu}^{u}K(v)\mathrm{d}v+2\int_{0}^{\infty} uK(u)\mathrm{d}u\int_{u}^{u/t}K(v)\mathrm{d}v
\end{aligned}
$$

其中，

$$t\int_0^{\infty} uK(u)\mathrm{d}u\int_{tu}^{u} K(v)\mathrm{d}v=\int_0^{\infty} K(u)\mathrm{d}u\int_{tu}^{u} tuK(v)\mathrm{d}v$$

对 $\int_0^{\infty} uK(u)\mathrm{d}u\int_u^{u/t} K(v)\mathrm{d}v$ 进行交换积分顺序运算，则

$$\int_0^{\infty} uK(u)\mathrm{d}u\int_u^{u/t} K(v)\mathrm{d}v=\int_0^{\infty} K(u)\mathrm{d}u\int_{tu}^{u} vK(v)\mathrm{d}v$$

由以上可得

$$t[C_k(t)-C_k(1)]+[C_k(t^{-1})-C_k(1)]=2\int_0^{\infty} K(u)\mathrm{d}u\int_{tu}^{u}(v-tu)K(v)\mathrm{d}v$$

因为积分限和被积函数均非负，所以有

$$t[C_k(t)-C_k(1)]+[C_k(t^{-1})-C_k(1)]\geqslant 0$$

当 $t>1$ 时，有

$$\begin{aligned}
&t\int_{-\infty}^{\infty} uK(u)\mathrm{d}u\int_u^{tu} K(v)\mathrm{d}v+\int_{-\infty}^{\infty} uK(u)\mathrm{d}u\int_u^{u/t} K(v)\mathrm{d}v\\
&=-t\int_{-\infty}^{0} uK(u)\mathrm{d}u\int_{tu}^{u} K(v)\mathrm{d}v+t\int_0^{\infty} uK(u)\mathrm{d}u\int_u^{tu} K(v)\mathrm{d}v\\
&\quad+\int_{-\infty}^{0} uK(u)\mathrm{d}u\int_u^{u/t} K(v)\mathrm{d}v-\int_0^{\infty} uK(u)\mathrm{d}u\int_{u/t}^{u} K(v)\mathrm{d}v\\
&=2t\int_0^{\infty} uK(u)\mathrm{d}u\int_u^{tu} K(v)\mathrm{d}v-2\int_0^{\infty} uK(u)\mathrm{d}u\int_{u/t}^{u} K(v)\mathrm{d}v
\end{aligned}$$

其中，

$$t\int_0^{\infty} uK(u)\mathrm{d}u\int_u^{tu} K(v)\mathrm{d}v=\int_0^{\infty} K(u)\mathrm{d}u\int_u^{tu} tuK(v)\mathrm{d}v,$$

对 $\int_0^{\infty} uK(u)\mathrm{d}u\int_{u/t}^{u} K(v)\mathrm{d}v$ 进行积分变换，有

$$\begin{aligned}
\int_0^{\infty} uK(u)\mathrm{d}u\int_{u/t}^{u} K(v)\mathrm{d}v&=\int_0^{\infty} K(v)\mathrm{d}v\int_v^{tv} uK(u)\mathrm{d}u\\
&=\int_0^{\infty} K(u)\mathrm{d}u\int_u^{tu} vK(v)\mathrm{d}v
\end{aligned}$$

由此可得

$$\begin{aligned}
&t[C_k(t)-C_k(1)]+[C_k(t^{-1})-C_k(1)]\\
&=2t\int_0^{\infty} uK(u)\mathrm{d}u\int_u^{tu} K(v)\mathrm{d}v-2\int_0^{\infty} uK(u)\mathrm{d}u\int_{u/t}^{u} K(v)\mathrm{d}v
\end{aligned}$$

$$= 2\int_0^{\infty} K(u)\mathrm{d}u \int_{tu}^{u} (tu - v)K(v)\mathrm{d}v$$

因为积分限和被积函数均非负，则

$$t[C_k(t) - C_k(1)] + [C_k(t^{-1}) - C_k(1)] \geqslant 0$$

又因为，当 $t=1$ 时，有

$$t[C_k(t) - C_k(1)] + [C_k(t^{-1}) - C_k(1)] = 0$$

综上，对任意 $t>0$，均有

$$t[C_k(t) - C_k(1)] + [C_k(t^{-1}) - C_k(1)] \geqslant 0$$

至此，完成引理 7.1 的证明。

在证明定理 7.1 和相关引理前，为了计算过程的简便，笔者先定义一些符号。

令

$$\phi_1(y) = n^{-1}\sum_{t=1}^{n} Y_t I(Y_t \geqslant y), \quad \phi_2(y) = n^{-1}\sum_{t=1}^{n} I(Y_t \geqslant y)$$

则

$$\phi_1(\nu_p) = n^{-1}\sum_{t=1}^{n} Y_t I(Y_t \geqslant \nu_p) \tag{7.23}$$

$$\phi_2(\nu_p) = n^{-1}\sum_{t=1}^{n} I(Y_t \geqslant \nu_p) \tag{7.24}$$

易得 $\phi_1(\nu_p)$ 和 $\phi_2(\nu_p)$ 的期望和方差分别为：

$$\begin{aligned}\mathrm{E}\{\phi_1(\nu_p)\} &= \mathrm{E}\left\{\frac{1}{n}\sum_{t=1}^{n} Y_t I(Y_t \geqslant \nu_p)\right\} = \frac{1}{n}\sum_{t=1}^{n}\mathrm{E}\{Y_t I(Y_t \geqslant \nu_p)\} \\ &= \mathrm{E}\{Y_1 I(Y_1 \geqslant \nu_p)\} = \int_{\nu_p}^{\infty} y f(y)\mathrm{d}y = p\mu_p \end{aligned} \tag{7.25}$$

$$\begin{aligned}\mathrm{E}\{\phi_2(\nu_p)\} &= \mathrm{E}\left\{\frac{1}{n}\sum_{t=1}^{n} I(Y_t \geqslant \nu_p)\right\} = \frac{1}{n}\sum_{t=1}^{n}\mathrm{E}\{I(Y_t \geqslant \nu_p)\} \\ &= \mathrm{E}\{I(Y_1 \geqslant \nu_p)\} = P(Y_1 \geqslant \nu_p) = p \end{aligned} \tag{7.26}$$

$$\begin{aligned}\mathrm{Var}\{\phi_1(\nu_p)\} &= \mathrm{Var}\left\{n^{-1}\sum_{t=1}^{n} Y_t I(Y_t \geqslant \nu_p)\right\} \\ &= n^{-2}\mathrm{Var}\left\{\sum_{t=1}^{n} Y_t I(Y_t \geqslant \nu_p)\right\} = n^{-1}\mathrm{Var}\{Y_1 I(Y_1 \geqslant \nu_p)\}\end{aligned}$$

$$+n^{-1}2\sum_{k=1}^{n-1}\left(1-\frac{k}{n}\right)\mathrm{Cov}\{Y_1 I(Y_1 \geqslant \nu_p), Y_{k+1} I(Y_{k+1} \geqslant \nu_p)\} \tag{7.27}$$

$$\begin{aligned}\mathrm{Var}\{\phi_2(\nu_p)\} &= \mathrm{Var}\left\{n^{-1}\sum_{t=1}^{n} I(Y_t \geqslant \nu_p)\right\}\\ &= n^{-2}\mathrm{Var}\left\{\sum_{t=1}^{n} I(Y_t \geqslant \nu_p)\right\} = n^{-1}\mathrm{Var}\{I(Y_1 \geqslant \nu_p)\}\\ &\quad + n^{-1}2\sum_{k=1}^{n-1}\left(1-\frac{k}{n}\right)\mathrm{Cov}\{I(Y_1 \geqslant \nu_p), I(Y_{k+1} \geqslant \nu_p)\}\\ &= n^{-1}\left\{p(1-p)+2\sum_{k=1}^{n-1}\left(1-\frac{k}{n}\right)\mathrm{Cov}\{I(Y_1 \geqslant \nu_p), I(Y_{k+1} \geqslant \nu_p)\}\right\}\\ &= n^{-1}\sigma_0^2(p,n)\end{aligned} \tag{7.28}$$

其中，

$$\sigma_0^2(p,n) = p(1-p)+2\sum_{k=1}^{n-1}\left(1-\frac{k}{n}\right)r_0(k),$$

$$r_0(k) = \mathrm{Cov}\{I(Y_1 \geqslant \nu_p), I(Y_{k+1} \geqslant \nu_p)\}$$

下面给出证明定理 7.1 所需要的几个引理，这些引理中有一部分是前人的工作，有一部分是对前人工作的推广。

引理 7.2

设$\{Y_t\}_{t\geqslant 1}$是α-混合序列，$\mathcal{F}_1^k=\sigma(Y_j, 1\leqslant j\leqslant k)$，$\mathcal{F}_{k+n}^{\infty}=\sigma(Y_j, j\geqslant k+n)$。$X\in\mathcal{F}_1^k, Y\in\mathcal{F}_{k+n}^{\infty}$，如果$\mathrm{E}|X|^q<\infty$，$\mathrm{E}|Y|^r<\infty$，且$p^{-1}+q^{-1}+r^{-1}=1$，则

$$|\mathrm{Cov}\{X,Y\}| \leqslant 12\,[\alpha(n)]^{1/p}\,[\mathrm{E}\,|\,X\,|^q]^{1/q}\,[\mathrm{E}\,|\,Y\,|^r]^{1/r}$$

引理 7.3

设$\{Y_t\}_{t\geqslant 1}$是α-混合序列，且$\mathrm{E}(Y_1)=0$。如果存在某个$\delta>0$，使得$\mathrm{E}\,|\,Y_1\,|^{2+\delta}<\infty$，并且满足$\sum_{i=0}^{\infty}\alpha^{\delta/2+\delta}(i)<\infty$。则存在正数$C$，使得

$$\mathrm{E}\left(\sum_{t=1}^{n} Y_t\right)^2 \leqslant C\sum_{t=1}^{n}\|\,Y_t\,\|_{2+\delta}^2$$

其中，

$$\| Y_t \|_{2+\delta}^{2} = \left[\int \left| y \right|^{2+\delta} f(y) \mathrm{d}y\right]^{\frac{2}{2+\delta}} = [E \mid Y_t \mid^{2+\delta}]^{\frac{2}{2+\delta}}$$

引理 7.4

当满足条件(1)和(2)时，对任意的 $\kappa>0$，有

$$n^{-1}\sum_{t=1}^{n}(Y_t - \nu_p)\{I(Y_t \geqslant \hat{v}_p) - I(Y_t \geqslant \nu_p)\} = o(n^{-3/4+\kappa})$$

引理 7.5

当满足条件(1)—(4)时，对 $l_1, l_2=0,1$，有

$$\begin{aligned}&\sum_{k=1}^{n-1}\left(1-\frac{k}{n}\right)[\mathrm{Cov}\{Y_1^{l_1} G_h(\nu_p - Y_1), Y_{k+1}^{l_2} G_b(\nu_p - Y_{k+1})\}]\\&\quad - \sum_{k=1}^{n-1}\left(1-\frac{k}{n}\right)[\mathrm{Cov}\{Y_1^{l_1} I(Y_1 \geqslant \nu_p), Y_{k+1}^{l_2} I(Y_{k+1} \geqslant \nu_p)\}]\\&= o(h+b)\end{aligned}$$

引理 7.5 的证明如下。

当 $h=b$ 时，相关证明可参考 Chen(2005，2007)，此处只给出当 $l_1=l_2=0$，且 $h\neq b$ 时的证明过程，即证明

$$\begin{aligned}&\sum_{k=1}^{n-1}\left(1-\frac{k}{n}\right)[\mathrm{Cov}\{G_h(\nu_p - Y_1), G_b(\nu_p - Y_{k+1})\}]\\&\quad - \sum_{k=1}^{n-1}\left(1-\frac{k}{n}\right)[\mathrm{Cov}\{I(Y_1 \geqslant \nu_p), I(Y_{k+1} \geqslant \nu_p)\}]\\&= o(h+b)\end{aligned}$$

成立。当 l_1, l_2 为其他值时，证明过程类似。

先计算 $\mathrm{Cov}\{G_h(\nu_p - Y_1), G_b(\nu_p - Y_{k+1})\}$ 的值。

$$\begin{aligned}&\mathrm{Cov}\{G_h(\nu_p - Y_1), G_b(\nu_p - Y_{k+1})\}\\&= \mathrm{E}\{G_h(\nu_p - Y_1)G_b(\nu_p - Y_{k+1})\}\\&\quad - \mathrm{E}\{G_h(\nu_p - Y_1)\}\mathrm{E}\{G_b(\nu_p - Y_{k+1})\}\end{aligned}$$

其中，

$$\begin{aligned}&\mathrm{E}\{G_h(\nu_p - Y_1)G_b(\nu_p - Y_{k+1})\}\\&= \int_{-\infty}^{\infty}\mathrm{d}y_1\int_{-\infty}^{\infty} f_k(y_1, y_{k+1})\mathrm{d}y_{k+1}\int_{\frac{\nu_p - y_1}{h}}^{\infty} K(u)\mathrm{d}u\int_{\frac{\nu_p - y_{k+1}}{b}}^{\infty} K(v)\mathrm{d}v\end{aligned}$$

$$= \int_{-\infty}^{\infty} K(u)\mathrm{d}u \int_{-\infty}^{\infty} K(v)\mathrm{d}v \int_{\nu_p - hu}^{\infty} \mathrm{d}y_1 \int_{\nu_p - bv}^{\infty} f_k(y_1, y_{k+1})\mathrm{d}y_{k+1} \tag{7.29}$$

然后对 $\int_{\nu_p - hu}^{\infty} \mathrm{d}y_1 \int_{\nu_p - bv}^{\infty} f_k(y_1, y_{k+1})\mathrm{d}y_{k+1}$ 进行化简计算,可得

$$\begin{aligned}
&\int_{\nu_p - hu}^{\infty} \mathrm{d}y_1 \int_{\nu_p - bv}^{\infty} f_k(y_1, y_{k+1})\mathrm{d}y_{k+1} \\
&\quad = F_k(\infty, \infty) - F_k(\infty, \nu_p - bv) - F_k(\nu_p - hu, \infty) \\
&\qquad + F_k(\nu_p - hu, \nu_p - bv) = 1 - F(\nu_p - bv) \\
&\qquad - F(\nu_p - hu) + F_k(\nu_p - hu, \nu_p - bv)
\end{aligned} \tag{7.30}$$

由条件(2)可知,$F_k(y_1, y_{k+1})$在(ν_p, ν_p)的邻域内二阶可导,$f(y)$在 ν_p 的邻域$\mathcal{B}(\nu_p)$内具有连续的二阶导数,所以可将 $F_k(\nu_p - hu, \nu_p - bv)$在点$(\nu_p, \nu_p)$处进行泰勒展开,可得

$$F_k(\nu_p - hu, \nu_p - bv) = F_k(\nu_p, \nu_p) + O(hu + bv),$$

将 $F(\nu_p - hu)$在 ν_p 处进行泰勒展开,可得

$$\begin{aligned}
F(\nu_p - hu) &= F(\nu_p) - f(\nu_p)hu + O(h^2u^2)) \\
&= 1 - p - f(\nu_p)hu + O(h^2u^2)
\end{aligned}$$

将 $F(\nu_p - bv)$在 ν_p 处进行泰勒展开,可得

$$\begin{aligned}
F(\nu_p - bv) &= F(\nu_p) - f(\nu_p)bv + O(b^2b^2)) \\
&= 1 - p - f(\nu_p)bv + O(b^2v^2)
\end{aligned}$$

将以上三式结果代入(7.30)式,可得

$$\begin{aligned}
&1 - F(\nu_p - bv) - F(\nu_p - hu) + F_k(\nu_p - hu, \nu_p - bv) \\
&\quad = 1 - [1 - p - f(\nu_p)hu + O(h^2u^2)] \\
&\qquad - [1 - p - f(\nu_p)bv + O(b^2v^2)] \\
&\qquad + [F_k(\nu_p, \nu_p) + O(hu + bv)] \\
&\quad = 2p - 1 + F_k(\nu_p, \nu_p) + O(hu + bv)
\end{aligned}$$

于是,将上式结果代入(7.29)式,可得

$$\int_{-\infty}^{\infty} K(u)\mathrm{d}u \int_{-\infty}^{\infty} K(v)\mathrm{d}v \int_{\nu_p - hu}^{\infty} \mathrm{d}y_1 \int_{\nu_p - bv}^{\infty} f_k(y_1, y_{k+1})\mathrm{d}y_{k+1}$$
$$= 2p - 1 + F_k(\nu_p, \nu_p) + o(h+b)$$
$$= P(Y_1 \geqslant \nu_p, Y_{k+1} \geqslant \nu_p) + o(h+b)$$

即

$$\mathrm{E}\{G_h(\nu_p - Y_1)G_b(\nu_p - Y_{k+1})\} = P(Y_1 \geqslant \nu_p, Y_{k+1} \geqslant \nu_p) + o(h+b)$$

Y_1 与 Y_{k+1} 不独立，但同分布，密度函数为 $f(y)$。故只计算 $\mathrm{E}\{G_h(\nu_p - Y_1)\}$的值即可。

$$\mathrm{E}\{G_h(\nu_p - Y_1)\}$$
$$= \int_{-\infty}^{\infty} f(y)\mathrm{d}y \int_{\frac{\nu_p - y}{h}}^{\infty} K(u)\mathrm{d}u$$
$$= \int_{-\infty}^{\infty} K(u)\mathrm{d}u \int_{\nu_p - hu}^{\infty} f(y)\mathrm{d}y$$
$$= \int_{-\infty}^{\infty} K(u)\mathrm{d}u \int_{\nu_p}^{\infty} f(y)\mathrm{d}y + \int_{-\infty}^{\infty} K(u)\mathrm{d}u \int_{\nu_p - hu}^{\nu_p} f(y)\mathrm{d}y$$
$$= p + \int_{-\infty}^{\infty} K(u)\mathrm{d}u \int_{\nu_p - hu}^{\nu_p} f(y)\mathrm{d}y. \tag{7.31}$$

计算 $\int_{\nu_p - hu}^{\nu_p} f(y)\mathrm{d}y$ 时，将 $f(y)$ 在 ν_p 处进行泰勒展开，可得

$$f(y) = f(\nu_p) + f'(\nu_p)(y - \nu_p) + \frac{1}{2}f''(\nu_p)(y - \nu_p)^2 + O((y - \nu_p)^3)$$

$$\int_{-\infty}^{\infty} K(u)\mathrm{d}u \int_{\nu_p - hu}^{\nu_p} f(y)\mathrm{d}y$$
$$= f(\nu_p)\int_{-\infty}^{\infty} uK(u)\mathrm{d}u - \frac{1}{2}f'(\nu_p)h^2 \int_{-\infty}^{\infty} u^2 K(u)\mathrm{d}u + o(h^2)$$
$$= -\frac{1}{2}f'(\nu_p)\sigma_k^2 h^2 + o(h^2)$$

将上式结果代入(7.31)式，可得

$$\mathrm{E}\{G_h(\nu_p - Y_1)\} = p - \frac{1}{2}f'(\nu_p)\sigma_k^2 h^2 + o(h^2) \tag{7.32}$$

同理可得

$$\mathrm{E}\{G_b(\nu_p - Y_{k+1})\} = p - \frac{1}{2}f'(\nu_p)\sigma_k^2 b^2 + o(b^2) \tag{7.33}$$

这样便可得到 $\mathrm{Cov}\{G_h(\nu_p - Y_1), G_b(\nu_p - Y_{k+1})\}$ 的值为：

$$\begin{aligned}
&\mathrm{Cov}\{G_h(\nu_p - Y_1), G_b(\nu_p - Y_{k+1})\} \\
&\quad = \mathrm{E}\{G_h(\nu_p - Y_1)G_b(\nu_p - Y_{k+1})\} \\
&\qquad - \mathrm{E}\{G_h(\nu_p - Y_1)\}\mathrm{E}\{G_b(\nu_p - Y_{k+1})\} \\
&\quad = P(Y_1 \geqslant \nu_p, Y_{k+1} \geqslant \nu_p) - p^2 + o(h+b)
\end{aligned} \tag{7.34}$$

另计算 $\mathrm{Cov}\{I(Y_1 \geqslant \nu_p), I(Y_{k+1} \geqslant \nu_p)\}$，可得

$$\begin{aligned}
&\mathrm{Cov}\{I(Y_1 \geqslant \nu_p), I(Y_{k+1} \geqslant \nu_p)\} \\
&\quad = \mathrm{E}\{I(Y_1 \geqslant \nu_p)I(Y_{k+1} \geqslant \nu_p)\} \\
&\qquad - \mathrm{E}\{I(Y_1 \geqslant \nu_p)\}\mathrm{E}\{I(Y_{k+1} \geqslant \nu_p)\} \\
&\quad = P(Y_1 \geqslant \nu_p, Y_{k+1} \geqslant \nu_p) - P(Y_1 \geqslant \nu_p)P(Y_{k+1} \geqslant \nu_p) \\
&\quad = P(Y_1 \geqslant \nu_p, Y_{k+1} \geqslant \nu_p) - p^2
\end{aligned} \tag{7.35}$$

将(7.34)式和(7.35)式进行比较，可得

$$\begin{aligned}
&\mathrm{Cov}\{G_h(\nu_p - Y_1), G_b(\nu_p - Y_{k+1})\} \\
&\quad = \mathrm{Cov}\{I(Y_1 \geqslant \nu_p), I(Y_{k+1} \geqslant \nu_p)\} + o(h+b),
\end{aligned}$$

更进一步地，可得

$$\begin{aligned}
&\sum_{k=1}^{n-1}\left(1 - \frac{k}{n}\right)[\mathrm{Cov}\{G_h(\nu_p - Y_1), G_b(\nu_p - Y_{k+1})\}] \\
&\qquad - \sum_{k=1}^{n-1}\left(1 - \frac{k}{n}\right)[\mathrm{Cov}\{I(Y_1 \geqslant \nu_p), I(Y_{k+1} \geqslant \nu_p)\}] \\
&\quad = o(h+b)
\end{aligned}$$

成立。

至此，完成引理 7.5 的证明。

引理 7.6

设

$$\hat{\eta} = (n)^{-1}\sum_{t=1}^{n} Y_t K_h(\nu_p - Y_t), \mathrm{E}(\hat{\eta}) = \eta$$

$$\hat{\tilde{\omega}} = (n)^{-1}\sum_{t=1}^{n} Y_t G_h(\nu_p - Y_t), \mathrm{E}(\hat{\tilde{\omega}}) = \tilde{\omega}$$

$$\hat{\beta} = (n)^{-1}\sum_{t=1}^{n} Y_t G_b(\nu_p - Y_t), \mathrm{E}(\hat{\beta}) = \beta$$

$$\hat{\zeta} = (n)^{-1}\sum_{t=1}^{n} K_b(\nu_p - Y_t), \mathrm{E}(\hat{\zeta}) = \zeta$$

$$\hat{\omega} = (n)^{-1}\sum_{t=1}^{n} G_h(\nu_p - Y_t), \mathrm{E}(\hat{\omega}) = \omega$$

$$\hat{\vartheta} = (n)^{-1}\sum_{t=1}^{n} G_b(\nu_p - Y_t), \mathrm{E}(\hat{\vartheta}) = \vartheta$$

$$\hat{\varrho} = (n)^{-1}\sum_{t=1}^{n} G_{1b}(\nu_p - Y_t), \mathrm{E}(\hat{\varrho}) = \varrho$$

如果满足条件(1)—(4),则有以下结论:

(1) $\mathrm{Cov}\{\hat{\beta}-\beta, (\hat{\zeta}-\zeta)(\hat{\vartheta}-\vartheta)\} = o(n^{-1}b)$

(2) $\mathrm{Cov}\{\hat{\vartheta}-\vartheta, (\hat{\eta}-\eta)(\hat{\vartheta}-\vartheta)\} = o(n^{-1}h+n^{-1}b)$

(3) $\mathrm{Cov}\{\hat{\tilde{\omega}}-\tilde{\omega}, (\hat{\eta}-\eta)(\hat{\vartheta}-\vartheta)\} = o(n^{-1}h+n^{-1}b)$

(4) $\mathrm{Cov}\{\hat{\vartheta}-\hat{\omega}, (\hat{\zeta}-\zeta)(\hat{\omega}-\omega)\} = o(n^{-1}h+n^{-1}b)$

(5) $\mathrm{Cov}\{\hat{\omega}-\omega, (\hat{\zeta}-\zeta)(\hat{\omega}-\omega)\} = o(n^{-1}h+n^{-1}b)$

(6) $\mathrm{Cov}\{\hat{\eta}-\eta, \hat{v}_{p,h}-\nu_p\} = O(n^{-1})$

(7) $\mathrm{Cov}\{\hat{\zeta}-\zeta, \hat{v}_{p,h}-\nu_p\} = O(n^{-1})$

(8) $\mathrm{Cov}\{\hat{\beta}-\beta, \hat{\vartheta}-\hat{\omega}\} = O(n^{-1}h+n^{-1}b)$

(9) $\mathrm{Cov}\{\hat{\varrho}-\varrho, \hat{\vartheta}-\hat{\omega}\} = O(n^{-1}h+n^{-1}b)$

(10) $\mathrm{Cov}\{\hat{\omega}, \hat{\vartheta}-\hat{\omega}\} = O(n^{-1}h+n^{-1}b)$

(11) $\mathrm{Cov}\{\hat{\vartheta}, \hat{\vartheta}-\hat{\omega}\} = O(n^{-1}h+n^{-1}b)$

引理 7.6 的证明如下。

先分别计算 η、$\tilde{\omega}$、β、ζ、ω、ϑ 和ϱ的值。

$$\eta = \mathrm{E}\{\hat{\eta}\} = \nu_p f(\nu_p) + O(h^2) \tag{7.36}$$

$$\tilde{\omega} = \mathrm{E}\{\hat{\tilde{\omega}}\} = p\mu_p - \frac{1}{2}\sigma_k^2 h^2(\nu_p f'(\nu_p) + f(\nu_p)) + O(h^4) \tag{7.37}$$

$$\beta = \mathrm{E}\{\hat{\beta}\} = p\mu_p - \frac{1}{2}\sigma_k^2 b^2(\nu_p f'(\nu_p) + f(\nu_p)) + O(b^4) \tag{7.38}$$

$$\zeta = \mathrm{E}\{\hat{\zeta}\} = f(\nu_p) + \frac{1}{2}f''(\nu_p)\sigma_k^2 b^2 + O(b^4) \tag{7.39}$$

$$\omega = \mathrm{E}\{\hat{\omega}\} = p - \frac{1}{2}f'(\nu_p)\sigma_k^2 h^2 + o(h^2) \tag{7.40}$$

$$\vartheta = \mathrm{E}\{\hat{\vartheta}\} = p - \frac{1}{2}f'(\nu_p)\sigma_k^2 b^2 + o(b^2) \tag{7.41}$$

$$\varrho = \mathrm{E}\{\hat{\varrho}\} = f(\nu_p)\sigma_k^2 b + O(b^3) \tag{7.42}$$

引理 7.6 结论(1)的证明如下。

记

$$\hat{\beta} - \beta = n^{-1}\sum_{t=1}^{n}\psi_1(Y_t)$$

$$\hat{\zeta} - \zeta = n^{-1}\sum_{t=1}^{n}\psi_2(Y_t)$$

$$\hat{\vartheta} - \vartheta = n^{-1}\sum_{t=1}^{n}\psi_3(Y_t)$$

其中,

$$\psi_1(Y_t) = Y_t G_b(\nu_p - Y_t) - \mathrm{E}\{Y_t G_b(\nu_p - Y_t)\}$$

$$\psi_2(Y_t) = K_b(\nu_p - Y_t) - \mathrm{E}\{K_b(\nu_p - Y_t)\}$$

$$\psi_3(Y_t) = G_b(\nu_p - Y_t) - \mathrm{E}\{G_b(\nu_p - Y_t)\}$$

并且,有 $\mathrm{E}\{\psi_i(Y_t)\}=0, i=1,2,3$。

需要注意的是,以下各式中的 C 只表示大于 0 的常数。

由 $K(\cdot)$有界和 $\mathrm{E}|Y_1|^{2+\delta}<\infty$可知,

$$\mathrm{E}\mid\psi_1(Y_t)\mid^{2+\delta} \leqslant C,\ \mathrm{E}\mid\psi_2(Y_t)\mid^{2+\delta} \leqslant Cb^{-(1+\delta)}$$

利用引理 7.3,又因为 α-混合序列的性质,则

$$|\mathrm{E}\psi_1(Y_1)\psi_2(Y_i)| \leqslant C\,\|\psi_1(Y_1)\|_{2+\delta}\,\|\psi_2(Y_i)\|_{2+\delta}\,\alpha^{\frac{\delta}{2+\delta}}(i) \leqslant Cb^{-\frac{1+\delta}{2+\delta}}\rho^{\frac{i\delta}{2+\delta}}$$

所以,利用 Billingsley 的方法,可得

$$\begin{aligned}
&\mathrm{Cov}\{\hat{\beta}-\beta, (\hat{\zeta}-\zeta)(\hat{\vartheta}-\vartheta)\} \\
&\quad \leqslant \mathrm{E}\{(\hat{\beta}-\beta)(\hat{\zeta}-\zeta)(\hat{\vartheta}-\vartheta)\} \\
&\quad = \mathrm{E}\Big\{\Big[n^{-1}\sum_{t=1}^{n}\psi_1(Y_t)\Big]\Big[n^{-1}\sum_{t=1}^{n}\psi_2(Y_t)\Big]\Big[n^{-1}\sum_{t=1}^{n}\psi_3(Y_t)\Big]\Big\}
\end{aligned}$$

$$= n^{-3}\mathrm{E}\Big\{\sum_{t=1}^{n}\psi_1(Y_t)\sum_{t=1}^{n}\psi_2(Y_t)\sum_{t=1}^{n}\psi_3(Y_t)\Big\}$$

$$\leqslant n^{-2}6\sum_{i\geqslant 1,j\geqslant 1,i+j\leqslant n}\left|\mathrm{E}\{\psi_1(Y_1)\psi_2(Y_i)\psi_3(Y_{i+j})\}\right| \tag{7.43}$$

$$+O(n^{-1}b^4+n^{-2}b^2)$$

对某个 $\delta>0$，取 $p=2+\delta, q=2+\delta, r^{-1}=1-p^{-1}-q^{-1}$，则由 Davydov 不等式可得

$$\left|\mathrm{E}\{\psi_1(Y_1)\psi_2(Y_i)\psi_3(Y_{i+j})\}\right|$$

$$\leqslant 12\,\|\psi_1(Y_1)\|_p\,\|\psi_2(Y_i)\psi_3(Y_{i+j})\|_q\alpha^{1/r}(i)$$

由于 $|\psi_3(Y_{i+j})|\leqslant 2, \mathrm{E}|\psi_2(Y_i)|\leqslant Cb^{-(1+\delta)}$，所以

$$\|\psi_2(Y_i)\psi_3(Y_{i+j})\|_q\leqslant C\,\|\psi_2(Y_i)\|_q\,\|\psi_3(Y_{i+j})\|_q\leqslant Cb^{-\frac{1+\delta}{2+\delta}}$$

又因为

$$\|\psi_1(Y_1)\|_p=[\mathrm{E}\,|\,\psi_1(Y_1)\,|^p]^{1/p}\leqslant C$$

所以，可得

$$\left|\mathrm{E}\{\psi_1(Y_1)\psi_2(Y_i)\psi_3(Y_{i+j})\}\right|\leqslant 12Cb^{-\frac{1+\delta}{2+\delta}}\alpha^{\frac{\delta}{2+\delta}}(i)$$

同理可得

$$\left|\mathrm{E}\{\psi_1(Y_1)\psi_2(Y_i)\psi_3(Y_{i+j})\}\right|\leqslant 12Cb^{-\frac{1+\delta}{2+\delta}}\alpha^{\frac{\delta}{2+\delta}}(j)$$

综合以上两式，可得

$$\left|\mathrm{E}\{\psi_1(Y_1)\psi_2(Y_i)\psi_3(Y_{i+j})\}\right|\leqslant 12Cb^{-\frac{1+\delta}{2+\delta}}\min\{\alpha^{\frac{\delta}{2+\delta}}(i),\alpha^{\frac{\delta}{2+\delta}}(j)\} \tag{7.44}$$

由于 $\alpha(k)$ 是单调非增的，并且由条件(1)，可得 $\sum_j\alpha^{\frac{\delta}{2+\delta}}(j)<\infty\left(\sum_i\alpha^{\frac{\delta}{2+\delta}}(i)<\infty\right)$，则由(7.43)和(7.44)两式可得

$$\mathrm{Cov}\{\hat{\beta}-\beta,(\hat{\zeta}-\zeta)(\hat{\vartheta}-\vartheta)\}$$

$$\leqslant Cn^{-2}b^{-\frac{1+\delta}{2+\delta}}\sum_{j=1}^{n-1}(2j-1)\alpha^{\frac{\delta}{2+\delta}}(j)+O(n^{-1}b^4+n^{-2}b^2)$$

$$=O(n^{-2}b^{-\frac{1+\delta}{2+\delta}})+o(n^{-1}b)$$

$$=o(n^{-1}b)$$

成立。

因为引理7.6结论(2)—(5)的证明方法与结论(1)类似，此处不再赘述。

引理7.6结论(6)的证明如下。

因为

$$\hat{v}_{p,h}-\nu_p=\frac{\hat{S}_h(\nu_p)-p}{f(\nu_p)}+O(n^{-1}h^{-1/2}+n^{-1/2}h^2)$$

可得

$$\begin{aligned}
&\mathrm{Cov}\{\hat{\eta}-\eta,\hat{v}_{p,h}-\nu_p\}\\
&=\mathrm{Cov}\left\{\hat{\eta}-\eta,\frac{\hat{S}_h(\nu_p)-p}{f(\nu_p)}+O(n^{-1}h^{-1/2}+n^{-1/2}h^2)\right\}\\
&=\mathrm{Cov}\left\{\hat{\eta}-\eta,\frac{\hat{S}_h(\nu_p)-p}{f(\nu_p)}\right\}\\
&\quad+\mathrm{Cov}\{\hat{\eta}-\eta,O(n^{-1}h^{-1/2}+n^{-1/2}h^2)\}\\
&=f^{-1}(\nu_p)\mathrm{Cov}\{\hat{\eta}-\eta,\hat{S}_h(\nu_p)-p\}\\
&\quad+\mathrm{Cov}\{\hat{\eta}-\eta,O(n^{-1}h^{-1/2}+n^{-1/2}h^2)\}
\end{aligned}$$

首先，处理第一项 $f^{-1}(\nu_p)\mathrm{Cov}\{\hat{\eta}-\eta,\hat{S}_h(\nu_p)-p\}$。记

$$\hat{\eta}-\eta=n^{-1}\sum_{t=1}^{n}\psi_4(Y_t)$$

$$\hat{S}_h(\nu_p)-p=\hat{\omega}-\omega=n^{-1}\sum_{t=1}^{n}\psi_5(Y_t)$$

其中，

$$\psi_4(Y_t)=Y_tK_h(\nu_p-Y_t)-\mathrm{E}\{Y_tK_h(\nu_p-Y_t)\}$$

$$\psi_5(Y_t)=G_h(\nu_p-Y_t)-\mathrm{E}\{G_h(\nu_p-Y_t)\}$$

并且，有 $\mathrm{E}\{\psi_i(Y_t)\}=0,i=4,5$。

需要说明的是，以下各式中的 C 只表示大于0的常数。所以，有

$$\begin{aligned}
&f^{-1}(\nu_p)\mathrm{Cov}\{\hat{\eta}-\eta,\hat{S}_h(\nu_p)-p\}\\
&\leqslant f^{-1}(\nu_p)\left|\mathrm{E}(\hat{\eta}-\eta)(\hat{S}_h(\nu_p)-p)\right|\\
&\leqslant 2Cn^{-1}\sum_{1\leqslant i\leqslant n}\left|\mathrm{E}\psi_4(Y_1)\psi_5(Y_i)\right|
\end{aligned}$$

由于$|\psi_5(Y_t)|\leqslant 2$，利用引理 7.3，又因为 α-混合序列的性质，则有

$$|\mathrm{E}\psi_4(Y_1)\psi_5(Y_i)| \leqslant C\|\psi_4(Y_1)\|_{2+\delta}\alpha^{\frac{1+\delta}{2+\delta}}(i) \leqslant C\rho^{i\frac{1+\delta}{2+\delta}}$$

由此可得

$$f^{-1}(\nu_p)\mathrm{Cov}\{\hat{\eta}-\eta,\hat{S}_h(\nu_p)-p\} \leqslant Cn^{-1}\sum_{1\leqslant i\leqslant n}\rho^{i\frac{1+\delta}{2+\delta}} = O(n^{-1}) \tag{7.45}$$

下面处理第二项 $\mathrm{Cov}\{\hat{\eta}-\eta,O(n^{-1}h^{-1/2}+n^{-1/2}h^2)\}$。

$$\begin{aligned}
&\mathrm{Cov}\{\hat{\eta}-\eta,O(n^{-1}h^{-1/2}+n^{-1/2}h^2)\} \\
&\quad\leqslant \sqrt{\mathrm{Var}(\hat{\eta}-\eta)}\sqrt{O(n^{-1}h^{-1/2}+n^{-1/2}h^2)} \\
&\quad= \sqrt{\mathrm{E}(\hat{\eta}-\eta)^2}\sqrt{O(n^{-1}h^{-1/2}+n^{-1/2}h^2)} \\
&\quad= \sqrt{\mathrm{E}\left[n^{-1}\sum_{t=1}^{n}\psi_4(Y_t)\right]^2} O(n^{-1/2}h^{-1/4}+n^{-1/4}h)
\end{aligned}$$

利用引理 7.3，有

$$\mathrm{E}\left[n^{-1}\sum_{t=1}^{n}\psi_4(Y_t)\right]^2 \leqslant n^{-2}C\sum_{t=1}^{n}\|\psi_4(Y_t)\|_{2+\delta}^2 \leqslant Cn^{-1}$$

可得

$$\begin{aligned}
&\mathrm{Cov}\{\hat{\eta}-\eta,O(n^{-1}h^{-1/2}+n^{-1/2}h^2)\} \\
&\quad\leqslant Cn^{-1}O(n^{-1/2}h^{-1/4}+n^{-1/4}h) \\
&\quad\leqslant O(n^{-1})
\end{aligned} \tag{7.46}$$

综合(7.45)和(7.46)两式，可得

$$\mathrm{Cov}\{\hat{\eta}-\eta,\hat{v}_{p,h}-\nu_p\} = O(n^{-1})$$

成立。

引理 7.6 结论(7)的证明方法与结论(6)类似，此外不再赘述。

引理 7.6 结论(8)的证明如下。

由于

$$\mathrm{Cov}\{\hat{\beta}-\beta,\hat{\vartheta}-\hat{\omega}\} = \mathrm{Cov}\{\hat{\beta},\hat{\vartheta}-\hat{\omega}\} = \mathrm{Cov}\{\hat{\beta},\hat{\vartheta}\} - \mathrm{Cov}\{\hat{\beta},\hat{\omega}\}$$

故只需计算 $\mathrm{Cov}\{\hat{\beta},\hat{\omega}\}$ 即可，因为 $\mathrm{Cov}\{\hat{\beta},\hat{\vartheta}\}$ 是 $\mathrm{Cov}\{\hat{\beta},\hat{\omega}\}$ 在 $h=b$ 时的特殊情况。

$$\begin{aligned}\operatorname{Cov}\{\hat{\beta},\hat{\omega}\} &= \operatorname{Cov}\left\{n^{-1}\sum_{t=1}^{n}Y_tG_b(\nu_p-Y_t),n^{-1}\sum_{t=1}^{n}G_h(\nu_p-Y_t)\right\}\\ &= n^{-1}\operatorname{Cov}\{Y_1G_b(\nu_p-Y_1),G_h(\nu_p-Y_1)\}\\ &\quad +n^{-1}\sum_{k=1}^{n-1}\left(1-\frac{k}{n}\right)\operatorname{Cov}\{Y_1G_b(\nu_p-Y_1),G_h(\nu_p-Y_{k+1})\}\end{aligned}$$

其中，

$$\begin{aligned}&\operatorname{Cov}\{Y_1G_b(\nu_p-Y_1),G_h(\nu_p-Y_1)\}\\ &\quad = \mathrm{E}\{Y_1G_b(\nu_p-Y_1)G_h(\nu_p-Y_1)\}\\ &\qquad -\mathrm{E}\{Y_1G_b(\nu_p-Y_1)\}\mathrm{E}\{G_h(\nu_p-Y_1)\}\end{aligned}$$

下面计算 $\mathrm{E}\{Y_1G_b(\nu_p-Y_1)G_h(\nu_p-Y_1)\}$ 的值。

$$\begin{aligned}&\mathrm{E}\{Y_1G_b(\nu_p-Y_1)G_h(\nu_p-Y_1)\}\\ &\quad=\int_{-\infty}^{\infty}yf(y)\mathrm{d}y\int_{\frac{\nu_p-y}{b}}^{\infty}K(u)\mathrm{d}u\int_{\frac{\nu_p-y}{h}}^{\infty}K(v)\mathrm{d}v\\ &\quad=\int_{-\infty}^{\infty}K(u)\mathrm{d}u\int_{-\infty}^{\infty}K(v)\mathrm{d}v\int_{y\geqslant\max\{\nu_p-hu,\nu_p-bv\}}yf(y)\mathrm{d}y\\ &\quad=\int_{-\infty}^{\infty}K(u)\mathrm{d}u\left[\int_{-\infty}^{\frac{hu}{b}}K(v)\mathrm{d}v\int_{\nu_p-bv}^{\infty}yf(y)\mathrm{d}y\right.\\ &\qquad\left.+\int_{\frac{hu}{b}}^{\infty}K(v)\mathrm{d}v\int_{\nu_p-hu}^{\infty}yf(y)\mathrm{d}y\right]\end{aligned}$$

先处理

$$\int_{-\infty}^{\infty}K(u)\mathrm{d}u\int_{-\infty}^{\frac{hu}{b}}K(v)\mathrm{d}v\int_{\nu_p-bv}^{\infty}yf(y)\mathrm{d}y,$$

$$\begin{aligned}&\int_{-\infty}^{\infty}K(u)\mathrm{d}u\int_{-\infty}^{\frac{hu}{b}}K(v)\mathrm{d}v\int_{\nu_p-bv}^{\infty}yf(y)\mathrm{d}y\\ &\quad=\int_{-\infty}^{\infty}K(u)\mathrm{d}u\int_{-\infty}^{\frac{hu}{b}}K(v)\mathrm{d}v\left[\int_{\nu_p-bv}^{\nu_p}yf(y)\mathrm{d}y+\int_{\nu_p}^{\infty}yf(y)\mathrm{d}y\right]\\ &\quad=\int_{-\infty}^{\infty}K(u)\mathrm{d}u\int_{-\infty}^{\frac{hu}{b}}K(v)\mathrm{d}v\int_{\nu_p-bv}^{\nu_p}yf(y)\mathrm{d}y\\ &\qquad+\int_{-\infty}^{\infty}K(u)\mathrm{d}u\int_{-\infty}^{\frac{hu}{b}}K(v)\mathrm{d}v\int_{\nu_p}^{\infty}yf(y)\mathrm{d}y\end{aligned}$$

$$= \nu_p f(\nu_p) b \int_{-\infty}^{\infty} K(u) \mathrm{d}u \int_{-\infty}^{\frac{hu}{b}} vK(v) \mathrm{d}v$$

$$+ \int_{-\infty}^{\infty} K(u) \mathrm{d}u \int_{-\infty}^{\frac{hu}{b}} K(v) \mathrm{d}v \int_{\nu_p}^{\infty} yf(y) \mathrm{d}y + O(b^2)$$

同理，再处理

$$\int_{-\infty}^{\infty} K(u) \mathrm{d}u \int_{\frac{hu}{b}}^{\infty} K(v) \mathrm{d}v \int_{\nu_p - hu}^{\infty} yf(y) \mathrm{d}y,$$

可得

$$\int_{-\infty}^{\infty} K(u) \mathrm{d}u \int_{\frac{hu}{b}}^{\infty} K(v) \mathrm{d}v \int_{\nu_p - hu}^{\infty} yf(y) \mathrm{d}y$$

$$= \nu_p f(\nu_p) h \int_{-\infty}^{\infty} uK(u) \mathrm{d}u \int_{\frac{hu}{b}}^{\infty} K(v) \mathrm{d}v$$

$$+ \int_{-\infty}^{\infty} K(u) \mathrm{d}u \int_{\frac{hu}{b}}^{\infty} K(v) \mathrm{d}v \int_{\nu_p}^{\infty} yf(y) \mathrm{d}y + O(h^2)$$

综合以上两式，可得

$$\mathrm{E}\{Y_1 G_b(\nu_p - Y_1) G_h(\nu_p - Y_1)\}$$

$$= \int_{-\infty}^{\infty} yf(y) \mathrm{d}y \int_{\frac{\nu_p - y}{b}}^{\infty} K(u) \mathrm{d}u \int_{\frac{\nu_p - y}{h}}^{\infty} K(v) \mathrm{d}v$$

$$= \int_{-\infty}^{\infty} K(u) \mathrm{d}u \int_{-\infty}^{\infty} K(v) \mathrm{d}v \int_{y \geqslant \max\{\nu_p - hu, \nu_p - bv\}} yf(y) \mathrm{d}y$$

$$= \int_{-\infty}^{\infty} K(u) \mathrm{d}u \Big[\int_{-\infty}^{\frac{hu}{b}} K(v) \mathrm{d}v \int_{\nu_p - bv}^{\infty} yf(y) \mathrm{d}y$$

$$+ \int_{\frac{hu}{b}}^{\infty} K(v) \mathrm{d}v \int_{\nu_p - hu}^{\infty} yf(y) \mathrm{d}y \Big]$$

$$= \int_{-\infty}^{\infty} K(u) \mathrm{d}u \int_{-\infty}^{\frac{hu}{b}} K(v) \mathrm{d}v \Big[\int_{\nu_p - bv}^{\nu_p} yf(y) \mathrm{d}y + \int_{\nu_p}^{\infty} yf(y) \mathrm{d}y \Big]$$

$$+ \int_{-\infty}^{\infty} K(u) \mathrm{d}u \int_{\frac{hu}{b}}^{\infty} K(v) \mathrm{d}v \Big[\int_{\nu_p - hu}^{\nu_p} yf(y) \mathrm{d}y + \int_{\nu_p}^{\infty} yf(y) \mathrm{d}y \Big]$$

$$= p\mu_p + \int_{-\infty}^{\infty} K(u) \mathrm{d}u \int_{-\infty}^{\frac{hu}{b}} K(v) \mathrm{d}v \int_{\nu_p - bv}^{\nu_p} yf(y) \mathrm{d}y$$

$$+ \int_{-\infty}^{\infty} K(u) \mathrm{d}u \int_{\frac{hu}{b}}^{\infty} K(v) \mathrm{d}v \int_{\nu_p - hu}^{\nu_p} yf(y) \mathrm{d}y$$

$$= p\mu_p + \nu_p f(\nu_p) b \int_{-\infty}^{\infty} K(u)\mathrm{d}u \int_{-\infty}^{\frac{hu}{b}} vK(v)\mathrm{d}v$$

$$+ \nu_p f(\nu_p) h \int_{-\infty}^{\infty} uK(u)\mathrm{d}u \int_{\frac{hu}{b}}^{\infty} K(v)\mathrm{d}v + O(h^2 + b^2)$$

$$= p\mu_p - \nu_p f(\nu_p)\left\{bC_k\left(\frac{b}{h}\right) + hC_k\left(\frac{h}{b}\right)\right\} + O(h^2 + b^2) \qquad (7.47)$$

下面计算 $\mathrm{E}\{Y_1 G_b(\nu_p - Y_1)\}$ 的值。

$$\mathrm{E}\{Y_1 G_b(\nu_p - Y_1)\}$$

$$= \int_{-\infty}^{\infty} yf(y)\mathrm{d}y \int_{\frac{\nu_p - y}{b}}^{\infty} K(u)\mathrm{d}u$$

$$= \int_{-\infty}^{\infty} K(u)\mathrm{d}u \int_{\nu_p - bu}^{\infty} yf(y)\mathrm{d}y$$

$$= \int_{-\infty}^{\infty} K(u)\mathrm{d}u \int_{\nu_p - bu}^{\nu_p} yf(y)\mathrm{d}y + p^{-1}\int_{-\infty}^{\infty} K(u)\mathrm{d}u \int_{\nu_p}^{\infty} yf(y)\mathrm{d}y$$

$$= p\mu_p + \int_{-\infty}^{\infty} K(u)\mathrm{d}u \int_{\nu_p - bu}^{\nu_p} yf(y)\mathrm{d}y$$

为计算 $\int_{-\infty}^{\infty} K(u)\mathrm{d}u \int_{\nu_p - bu}^{\nu_p} yf(y)\mathrm{d}y$，将 $yf(y)$ 在 ν_p 处进行泰勒展开，可得

$$yf(y) = \nu_p f(\nu_p) + (\nu_p f'(\nu_p) + f(\nu_p))(y - \nu_p) + O((y - \nu_p)^2)$$

则

$$\int_{\nu_p - bu}^{\nu_p} yf(y)\mathrm{d}y = \nu_p f(\nu_p) bu - \frac{1}{2}(\nu_p f'(\nu_p) + f(\nu_p)) b^2 u^2 + O(b^3 u^3)$$

所以，得到 $Y_1 G_b(\nu_p - Y_1)$ 的期望为：

$$\mathrm{E}\{Y_1 G_b(\nu_p - Y_1)\}$$

$$= p\mu_p + \nu_p f(\nu_p) b \int_{-\infty}^{\infty} uK(u)\mathrm{d}u$$

$$- \frac{1}{2} p(\nu_p f'(\nu_p) + f(\nu_p)) b^2 \int_{-\infty}^{\infty} u^2 K(u)\mathrm{d}u + O(b^4)$$

$$= p\mu_p - \frac{1}{2}\sigma_k^2 b^2 (\nu_p f'(\nu_p) + f(\nu_p)) + O(b^4) \qquad (7.48)$$

其中，

$$\sigma_k^2 = \int_{-\infty}^{\infty} u^2 K(u)\mathrm{d}u.$$

由(7.33)式,可得 $G_h(\nu_p - Y_1)$ 的期望为:

$$\mathrm{E}\{G_h(\nu_p - Y_1)\} = p - \frac{1}{2}f'(\nu_p)\sigma_k^2 h^2 + o(h^2) \tag{7.49}$$

于是,由(7.47)(7.48)(7.49)三式,可得

$$\mathrm{Cov}\{Y_1 G_b(\nu_p - Y_1), G_h(\nu_p - Y_1)\}$$

的值为:

$$\begin{aligned}
&\mathrm{Cov}\{Y_1 G_b(\nu_p - Y_1), G_h(\nu_p - Y_1)\} \\
&\quad = \mathrm{E}\{Y_1 G_b(\nu_p - Y_1) G_h(\nu_p - Y_1)\} \\
&\qquad - \mathrm{E}\{Y_1 G_b(\nu_p - Y_1)\}\mathrm{E}\{G_h(\nu_p - Y_1)\} \\
&\quad = p\mu_p - \nu_p f(\nu_p)\left\{bC_k\left(\frac{b}{h}\right) + hC_k\left(\frac{h}{b}\right)\right\} + O(h^2 + b^2) \\
&\qquad - \left[p\mu_p - \frac{1}{2}\sigma_k^2 b^2(\nu_p f'(\nu_p) + f(\nu_p)) + O(b^4)\right] \\
&\qquad \cdot \left[p - \frac{1}{2}f'(\nu_p)\sigma_k^2 h^2 + o(h^2)\right] \\
&\quad = p(1-p)\mu_p - \nu_p f(\nu_p)\left[bC_k\left(\frac{b}{h}\right) + hC_k\left(\frac{h}{b}\right)\right] \\
&\qquad + O(h^2 + b^2)
\end{aligned} \tag{7.50}$$

由引理 7.5,可得

$$\begin{aligned}
&\sum_{k=1}^{n-1}\left(1 - \frac{k}{n}\right)\mathrm{Cov}\{Y_1 G_b(\nu_p - Y_1), G_h(\nu_p - Y_{k+1})\} \\
&\quad = \sum_{k=1}^{n-1}\left(1 - \frac{k}{n}\right)\mathrm{Cov}\{Y_1 I(Y_1 \geqslant \nu_p), I(Y_{k+1} \geqslant \nu_p)\} + o(h+b)
\end{aligned} \tag{7.51}$$

又因为

$$\begin{aligned}
&\mathrm{Cov}\{\phi_1(\nu_p), \phi_2(\nu_p)\} \\
&\quad = \mathrm{Cov}\left\{\frac{1}{n}\sum_{t=1}^{n} Y_t I(Y_t \geqslant \nu_p), \frac{1}{n}\sum_{t=1}^{n} I(Y_t \geqslant \nu_p)\right\}
\end{aligned}$$

$$
\begin{aligned}
&= n^{-1}\mathrm{Cov}\{Y_1 I(Y_1 \geqslant \nu_p), I(Y_1 \geqslant \nu_p)\} \\
&\quad + n^{-1}2\sum_{k=1}^{n-1}\left(1-\frac{k}{n}\right)\mathrm{Cov}\{Y_1 I(Y_1 \geqslant \nu_p), I(Y_{k+1} \geqslant \nu_p)\} \\
&= n^{-1}p(1-p)\mu_p + n^{-1}2\sum_{k=1}^{n-1}\left(1-\frac{k}{n}\right) \\
&\quad \cdot \mathrm{Cov}\{Y_1 I(Y_1 \geqslant \nu_p), I(Y_{k+1} \geqslant \nu_p)\}
\end{aligned} \tag{7.52}
$$

其中，

$$
\begin{aligned}
&\mathrm{Cov}\{Y_1 I(Y_1 \geqslant \nu_p), I(Y_1 \geqslant \nu_p)\} \\
&\quad = \mathrm{E}\{Y_1 I^2(Y_1 \geqslant \nu_p)\} - \mathrm{E}\{Y_1 I(Y_1 \geqslant \nu_p)\}\mathrm{E}\{I(Y_1 \geqslant \nu_p)\} \\
&\quad = \int_{\nu_p}^{\infty} y f(y)\mathrm{d}y - \int_{\nu_p}^{\infty} y f(y)\mathrm{d}y \int_{\nu_p}^{\infty} f(y)\mathrm{d}y \\
&\quad = p(1-p)\mu_p
\end{aligned}
$$

综合(7.50)(7.51)(7.52)三式可得 $\mathrm{Cov}\{\hat{\beta},\hat{\omega}\}$ 的值为：

$$
\begin{aligned}
\mathrm{Cov}\{\hat{\beta},\hat{\omega}\} &= \mathrm{Cov}\left\{n^{-1}\sum_{t=1}^{n} Y_t G_b(\nu_p - Y_t), n^{-1}\sum_{t=1}^{n} G_h(\nu_p - Y_t)\right\} \\
&= n^{-1}\mathrm{Cov}\{Y_1 G_b(\nu_p - Y_1), G_h(\nu_p - Y_1)\} \\
&\quad + n^{-1}\sum_{k=1}^{n-1}\left(1-\frac{k}{n}\right)\mathrm{Cov}\{Y_1 G_b(\nu_p - Y_1), G_h(\nu_p - Y_{k+1})\} \\
&= \mathrm{Cov}\{\phi_1(\nu_p), \phi_2(\nu_p)\} - \nu_p f(\nu_p)\left[C_k\left(\frac{b}{h}\right)n^{-1}b\right. \\
&\quad \left. + C_k\left(\frac{h}{b}\right)n^{-1}h\right] + o(n^{-1}h + n^{-1}b)
\end{aligned} \tag{7.53}
$$

上式中，当 $h=b$ 时，可得 $\mathrm{Cov}\{\hat{\beta},\hat{\vartheta}\}$ 的值为：

$$
\begin{aligned}
\mathrm{Cov}\{\hat{\beta},\hat{\vartheta}\} &= \mathrm{Cov}\left\{n^{-1}\sum_{t=1}^{n} Y_t G_b(\nu_p - Y_t), n^{-1}\sum_{t=1}^{n} G_b(\nu_p - Y_t)\right\} \\
&= n^{-1}\mathrm{Cov}\{Y_1 G_b(\nu_p - Y_1), G_b(\nu_p - Y_1)\} \\
&\quad + n^{-1}\sum_{k=1}^{n-1}\left(1-\frac{k}{n}\right)\mathrm{Cov}\{Y_1 G_b(\nu_p - Y_1), G_b(\nu_p - Y_{k+1})\}
\end{aligned}
$$

$$= \mathrm{Cov}\{\phi_1(\nu_p),\phi_2(\nu_p)\} - 2\nu_p f(\nu_p) C_k(1) n^{-1} b + o(n^{-1}b) \tag{7.54}$$

所以,综合(7.53)和(7.54)式,可得

$$\begin{aligned}
\mathrm{Cov}\{\hat{\beta}-\beta,\hat{\vartheta}-\hat{\omega}\} &= \mathrm{Cov}\{\hat{\beta},\hat{\vartheta}\} - \mathrm{Cov}\{\hat{\beta},\hat{\omega}\} \\
&= \mathrm{Cov}\{\phi_1(\nu_p),\phi_2(\nu_p)\} - \nu_p f(\nu_p)\left[C_k\left(\frac{b}{h}\right)n^{-1}b + C_k\left(\frac{h}{b}\right)n^{-1}h\right] \\
&\quad + o(n^{-1}h + n^{-1}b) - \mathrm{Cov}\{\phi_1(\nu_p),\phi_2(\nu_p)\} \\
&\quad + 2\nu_p f(\nu_p) C_k(1) n^{-1} b + o(n^{-1}b) \\
&= O(n^{-1}h + n^{-1}b)
\end{aligned} \tag{7.55}$$

成立。

引理 7.6 结论(9)的证明方法与结论(8)类似,此处不再赘述。

引理 7.6 结论(10)的证明如下。

因为

$$\mathrm{Cov}\{\hat{\omega},\hat{\vartheta}-\hat{\omega}\} = \mathrm{Cov}\{\hat{\omega},\hat{\vartheta}\} - \mathrm{Cov}\{\hat{\omega},\hat{\omega}\}$$

只需计算 $\mathrm{Cov}\{\hat{\omega},\hat{\vartheta}\}$,因为 $\mathrm{Cov}\{\hat{\omega},\hat{\omega}\}$ 相当于 $\mathrm{Cov}\{\hat{\omega},\hat{\vartheta}\}$ 在 $h=b$ 时的特殊情况。

$$\begin{aligned}
\mathrm{Cov}\{\hat{\omega},\hat{\vartheta}\} &= \mathrm{Cov}\left\{n^{-1}\sum_{t=1}^{n} G_h(\nu_p - Y_t),\, n^{-1}\sum_{t=1}^{n} G_b(\nu_p - Y_t)\right\} \\
&= n^{-1}\mathrm{Cov}\{G_h(\nu_p - Y_1), G_b(\nu_p - Y_1)\} \\
&\quad + n^{-1}\sum_{k=1}^{n-1}\left(1-\frac{k}{n}\right)\mathrm{Cov}\{G_h(\nu_p - Y_1), G_b(\nu_p - Y_{k+1})\}
\end{aligned}$$

下面计算 $\mathrm{Cov}\{G_h(\nu_p - Y_1), G_b(\nu_p - Y_1)\}$,这与证明结论(8)中计算 $\mathrm{Cov}\{Y_1 G_b(\nu_p - Y_1), G_h(\nu_p - Y_1)\}$ 的方法类似,即

$$\begin{aligned}
&\mathrm{Cov}\{G_h(\nu_p - Y_1), G_b(\nu_p - Y_1)\} \\
&\quad = \mathrm{E}\{G_h(\nu_p - Y_1) G_b(\nu_p - Y_1)\} \\
&\quad\quad - \mathrm{E}\{G_h(\nu_p - Y_1)\}\mathrm{E}\{G_b(\nu_p - Y_1)\}
\end{aligned}$$

先计算 $\mathrm{E}\{G_h(\nu_p - Y_1) G_b(\nu_p - Y_1)\}$。

$$
\begin{aligned}
&\mathrm{E}\{G_h(\nu_p-Y_1)G_b(\nu_p-Y_1)\}\\
&=\int_{-\infty}^{\infty}f(y)\mathrm{d}y\int_{\frac{\nu_p-y}{h}}^{\infty}K(u)\mathrm{d}u\int_{\frac{\nu_p-y}{b}}^{\infty}K(v)\mathrm{d}v\\
&=\int_{-\infty}^{\infty}K(u)\mathrm{d}u\int_{-\infty}^{\infty}K(v)\mathrm{d}v\int_{y\geqslant\max\{\nu_p-hu,\nu_p-bv\}}f(y)\mathrm{d}y\\
&=\int_{-\infty}^{\infty}K(u)\mathrm{d}u\Big[\int_{-\infty}^{\frac{hu}{b}}K(v)\mathrm{d}v\int_{\nu_p-bv}^{\infty}f(y)\mathrm{d}y\\
&\quad+\int_{\frac{hu}{b}}^{\infty}K(v)\mathrm{d}v\int_{\nu_p-hu}^{\infty}f(y)\mathrm{d}y\Big]\\
&=\int_{-\infty}^{\infty}K(u)\mathrm{d}u\int_{-\infty}^{\frac{hu}{b}}K(v)\mathrm{d}v\Big[\int_{\nu_p-bv}^{\nu_p}f(y)\mathrm{d}y+\int_{\nu_p}^{\infty}f(y)\mathrm{d}y\Big]\\
&\quad+\int_{-\infty}^{\infty}K(u)\mathrm{d}u\int_{\frac{hu}{b}}^{\infty}K(v)\mathrm{d}v\Big[\int_{\nu_p-hu}^{\nu_p}f(y)\mathrm{d}y+\int_{\nu_p}^{\infty}f(y)\mathrm{d}y\Big]\\
&=p+\int_{-\infty}^{\infty}K(u)\mathrm{d}u\int_{-\infty}^{\frac{hu}{b}}K(v)\mathrm{d}v\int_{\nu_p-bv}^{\nu_p}f(y)\mathrm{d}y\\
&\quad+\int_{-\infty}^{\infty}K(u)\mathrm{d}u\int_{\frac{hu}{b}}^{\infty}K(v)\mathrm{d}v\int_{\nu_p-hu}^{\nu_p}f(y)\mathrm{d}y\\
&=p+f(\nu_p)b\int_{-\infty}^{\infty}K(u)\mathrm{d}u\int_{-\infty}^{\frac{hu}{b}}vK(v)\mathrm{d}v+f(\nu_p)h\\
&\quad\cdot\int_{-\infty}^{\infty}uK(u)\mathrm{d}u\int_{\frac{hu}{b}}^{\infty}K(v)\mathrm{d}v+O(h^2+b^2)\\
&=p-f(\nu_p)\left\{bC_k\left(\frac{b}{h}\right)+hC_k\left(\frac{h}{b}\right)\right\}+O(h^2+b^2)
\end{aligned}
$$

并且

$$
\mathrm{E}\{G_b(\nu_p-Y_1)\}=p-\frac{1}{2}f'(\nu_p)\sigma_k^2b^2+o(b^2)
$$

$$
\mathrm{E}\{G_h(\nu_p-Y_1)\}=p-\frac{1}{2}f'(\nu_p)\sigma_k^2h^2+o(h^2)
$$

则由以上三式,可得

$$
\begin{aligned}
&\mathrm{Cov}\{G_h(\nu_p-Y_1),G_b(\nu_p-Y_1)\}\\
&\quad=\mathrm{E}\{G_h(\nu_p-Y_1)G_b(\nu_p-Y_1)\}\\
&\qquad-\mathrm{E}\{G_h(\nu_p-Y_1)\}\mathrm{E}\{G_b(\nu_p-Y_1)\}
\end{aligned}
$$

$$= p - f(\nu_p)\left\{bC_k\left(\frac{b}{h}\right) + hC_k\left(\frac{h}{b}\right)\right\} + O(h^2 + b^2)$$

$$- \left[p - \frac{1}{2}f'(\nu_p)\sigma_k^2 h^2 + o(h^2)\right]\left[p - \frac{1}{2}f'(\nu_p)\sigma_k^2 b^2 + o(b^2)\right]$$

$$= p(1-p) - f(\nu_p)\left[bC_k\left(\frac{b}{h}\right) + hC_k\left(\frac{h}{b}\right)\right] + O(h^2 + b^2) \tag{7.56}$$

同样地，由引理 7.5，有

$$\sum_{k=1}^{n-1}\left(1 - \frac{k}{n}\right)\mathrm{Cov}\{G_h(\nu_p - Y_1), G_b(\nu_p - Y_{k+1})\}$$

$$= \sum_{k=1}^{n-1}\left(1 - \frac{k}{n}\right)\mathrm{Cov}\{I(Y_1 \geqslant \nu_p), I(Y_{k+1} \geqslant \nu_p)\} + o(h + b) \tag{7.57}$$

由(7.28)式，有

$$\mathrm{Var}\{\phi_2(\nu_p)\} = n^{-1}\left\{p(1-p) + 2\sum_{k=1}^{n-1}\left(1 - \frac{k}{n}\right) \cdot \mathrm{Cov}\{I(Y_1 \geqslant \nu_p), I(Y_{k+1} \geqslant \nu_p)\}\right\} \tag{7.58}$$

所以，综合(7.56)(7.57)(7.58)三式，可得 $\mathrm{Cov}\{\hat{\omega}, \hat{\vartheta}\}$的值为：

$$\mathrm{Cov}\{\hat{\omega}, \hat{\vartheta}\} = \mathrm{Cov}\left\{n^{-1}\sum_{t=1}^{n} G_h(\nu_p - Y_t), n^{-1}\sum_{t=1}^{n} G_b(\nu_p - Y_t)\right\}$$

$$= n^{-1}\mathrm{Cov}\{G_h(\nu_p - Y_1), G_b(\nu_p - Y_1)\}$$

$$+ n^{-1}\sum_{k=1}^{n-1}\left(1 - \frac{k}{n}\right)\mathrm{Cov}\{G_h(\nu_p - Y_1), G_b(\nu_p - Y_{k+1})\}$$

$$= \mathrm{Var}\{\phi_2(\nu_p)\} - f(\nu_p)\left[C_k\left(\frac{b}{h}\right)n^{-1}b + C_k\left(\frac{h}{b}\right)n^{-1}h\right]$$

$$+ o(n^{-1}h + n^{-1}b) \tag{7.59}$$

上式中，当 $h=b$ 时，可得 $\mathrm{Cov}\{\hat{\omega}, \hat{\omega}\}$的值为：

$$\mathrm{Cov}\{\hat{\omega}, \hat{\omega}\}$$

$$= \mathrm{Var}\{\phi_2(\nu_p)\} - 2f(\nu_p)C_k(1)n^{-1}h + o(n^{-1}h)\mathrm{Cov}\{\hat{\omega}, \hat{\omega}\}$$

$$= \mathrm{Cov}\left\{n^{-1}\sum_{t=1}^{n}G_h(\nu_p - Y_t), n^{-1}\sum_{t=1}^{n}G_h(\nu_p - Y_t)\right\}$$

$$= n^{-1}\mathrm{Cov}\{G_h(\nu_p - Y_1), G_h(\nu_p - Y_1)\}$$

$$+ n^{-1}\sum_{k=1}^{n-1}\left(1 - \frac{k}{n}\right)\mathrm{Cov}\{G_h(\nu_p - Y_1), G_h(\nu_p - Y_{k+1})\}$$

$$= \mathrm{Var}\{\phi_2(\nu_p)\} - 2f(\nu_p)C_k(1)n^{-1}h + o(n^{-1}h) \tag{7.60}$$

综合(7.59)和(7.60)式，可得

$$\mathrm{Cov}\{\hat{\omega}, \hat{\vartheta} - \hat{\omega}\} = \mathrm{Cov}\{\hat{\omega}, \hat{\vartheta}\} - \mathrm{Cov}\{\hat{\omega}, \hat{\omega}\}$$

$$= \mathrm{Var}\{\phi_2(\nu_p)\} - f(\nu_p)\left[C_k\left(\frac{b}{h}\right)n^{-1}b + C_k\left(\frac{h}{b}\right)n^{-1}h\right]$$

$$+ o(n^{-1}h + n^{-1}b) - [\mathrm{Var}\{\phi_2(\nu_p)\}$$

$$- 2f(\nu_p)C_k(1)n^{-1}h + o(n^{-1}h)]$$

$$= O(n^{-1}h + n^{-1}b) \tag{7.61}$$

成立。

引理7.6结论(11)的证明方法与结论(10)类似，此处不再赘述。至此，完成引理7.6全部结论的证明。

定理7.1的证明如下。

笔者已详细推导了 μ_p 的两步核光滑估计 $\hat{\mu}_{p,b,h}$ 为：

$$\hat{\mu}_{p,b,h} = \frac{\sum_{t=1}^{n}\{Y_tG_b(\hat{v}_{p,h} - Y_t) + bG_{1b}(\hat{v}_{p,h} - Y_t)\}}{\sum_{t=1}^{n}\{G_b(\hat{v}_{p,h} - Y_t)\}} \tag{7.62}$$

其中，$G_{1b}(t) = \int_{t/b}^{\infty}uK(u)\mathrm{d}u$ 。

在计算 $\hat{\mu}_{p,b,h}$ 的期望和方差前，先对其形式进行化简、分块，这有助于后面的计算。对分母 $\sum_{t=1}^{n}G_b(\hat{v}_{p,h} - Y_t)$ 进行化简，由于

$$\hat{S}_b(\hat{v}_{p,h}) = \frac{1}{n}\sum_{t=1}^{n}G_b(\hat{v}_{p,h} - Y_t) \tag{7.63}$$

所以，分母 $\sum_{t=1}^{n}G_b(\hat{v}_{p,h} - Y_t)$ 可以转化为：

$$\sum_{t=1}^{n} G_b(\hat{v}_{p,h}-Y_t)= n[\hat{S}_b(\hat{v}_{p,h})-\mathrm{E}\{\hat{S}_b(\hat{v}_{p,h})\}+\mathrm{E}\{\hat{S}_b(\hat{v}_{p,h})\}]$$
$$=(n\mathrm{E}\{\hat{S}_b(\hat{v}_{p,h})\})\left(1+\frac{\hat{S}_b(\hat{v}_{p,h})-\mathrm{E}\{\hat{S}_b(\hat{v}_{p,h})\}}{\mathrm{E}\{\hat{S}_b(\hat{v}_{p,h})\}}\right) \tag{7.64}$$

又因为

$$\left(1+\frac{\hat{S}_b(\hat{v}_{p,h})-\mathrm{E}\{\hat{S}_b(\hat{v}_{p,h})\}}{\mathrm{E}\{\hat{S}_b(\hat{v}_{p,h})\}}\right)^{-1}$$
$$=1-\frac{\hat{S}_b(\hat{v}_{p,h})-\mathrm{E}\{\hat{S}_b(\hat{v}_{p,h})\}}{\mathrm{E}\{\hat{S}_b(\hat{v}_{p,h})\}}+o(h^2+b^2)$$

所以，$\left(\sum_{t=1}^{n} G_b(\hat{v}_{p,h}-Y_t)\right)^{-1}$ 可以记为

$$\left(\sum_{t=1}^{n} G_b(\hat{v}_{p,h}-Y_t)\right)^{-1}=(n\mathrm{E}\{\hat{S}_b(\hat{v}_{p,h})\})^{-1}$$
$$\cdot\left(1-\frac{\hat{S}_b(\hat{v}_{p,h})-\mathrm{E}\{\hat{S}_b(\hat{v}_{p,h})\}}{\mathrm{E}\{\hat{S}_b(\hat{v}_{p,h})\}}+o(h^2+b^2)\right) \tag{7.65}$$

将 $\hat{S}_b(\hat{v}_{p,h})$在 ν_p 处进行泰勒展开，则有

$$\hat{S}_b(\hat{v}_{p,h})=\hat{S}_b(\nu_p)+\hat{S}_b'(\nu_p)(\hat{v}_{p,h}-\nu_p)+O((\hat{v}_{p,h}-\nu_p)^2)$$
$$=\hat{S}_b(\nu_p)-\hat{f}_b(\nu_p)(\hat{v}_{p,h}-\nu_p)+O(n^{-1}) \tag{7.66}$$

此处使用条件期望的双期望公式求 $\hat{S}_b(\hat{v}_{p,h})$的期望，有

$$\mathrm{E}\{\hat{S}_b(\hat{v}_{p,h})\}=\mathrm{E}[\mathrm{E}\{\hat{S}_b(\hat{v}_{p,h})\mid \hat{v}_{p,h}=\nu\}]=\mathrm{E}(\hat{S}_b(\nu))$$

由(7.42)式，可得

$$\mathrm{E}\{\hat{S}_b(\nu)\}=S(\nu)-\frac{1}{2}f'(\nu)\sigma_k^2b^2+O(b^4)$$

所以，可以得到 $\hat{S}_b(\hat{v}_{p,h})$的期望为：

$$\mathrm{E}\{\hat{S}_b(\hat{v}_{p,h})\}=\mathrm{E}(\hat{S}_b(\nu))$$
$$=\mathrm{E}\left\{S(\nu)-\frac{1}{2}f'(\nu)\sigma_k^2b^2+O(b^4)\right\}$$

$$= \mathrm{E}\left\{S(\hat{v}_{p,h}) - \frac{1}{2}f'(\hat{v}_{p,h})\sigma_k^2 b^2 + O(b^4)\right\}$$

$$= \mathrm{E}\{S(\hat{v}_{p,h})\} - \frac{1}{2}\sigma_k^2 b^2 \mathrm{E}\{f'(\hat{v}_{p,h})\} + O(b^4)$$

下面分别计算 $\mathrm{E}\{S(\hat{v}_{p,h})\}$和 $\mathrm{E}\{f'(\hat{v}_{p,h})\}$。将 $S(\hat{v}_{p,h})$在 ν_p 处进行泰勒展开，有

$$S(\hat{v}_{p,h}) = S(\nu_p) + S'(\nu_p)(\hat{v}_{p,h} - \nu_p) + O((\hat{v}_{p,h} - \nu_p)^2)$$
$$= p - f(\nu_p)(\hat{v}_{p,h} - \nu_p) + O((\hat{v}_{p,h} - \nu_p)^2)$$

所以，$S(\hat{v}_{p,h})$的期望为：

$$\mathrm{E}\{S(\hat{v}_{p,h})\} = \mathrm{E}\{p - f(\nu_p)(\hat{v}_{p,h} - \nu_p) + O((\hat{v}_{p,h} - \nu_p)^2)\}$$
$$= p - f(\nu_p)[\mathrm{E}\{\hat{v}_{p,h}\} - \nu_p] + O(n^{-1})$$
$$= p + \frac{1}{2}f'(\nu_p)\sigma_k^2 h^2 + O(n^{-1})$$

同样地，将 $f'(\hat{v}_{p,h})$在 ν_p 处进行泰勒展开，有

$$f'(\hat{v}_{p,h}) = f'(\nu_p) + f''(\nu_p)(\hat{v}_{p,h} - \nu_p) + O((\hat{v}_{p,h} - \nu_p)^2)$$

所以，$f'(\hat{v}_{p,h})$的期望为：

$$\mathrm{E}\{f'(\hat{v}_{p,h})\} = f'(\nu_p) - \frac{1}{2}f'(\nu_p)f''(\nu_p)f^{-1}(\nu_p)\sigma_k^2 h^2 + O(n^{-1})$$

综上，可得 $\hat{S}_b(\hat{v}_{p,h})$的期望为：

$$\mathrm{E}\{\hat{S}_b(\hat{v}_{p,h})\} = \mathrm{E}\{S(\hat{v}_{p,h})\} - \frac{1}{2}\sigma_k^2 b^2 \mathrm{E}\{f'(\hat{v}_{p,h})\} + O(b^4)$$
$$= p + \frac{1}{2}f'(\nu_p)\sigma_k^2 h^2 + O(n^{-1})$$
$$- \frac{1}{2}\sigma_k^2 b^2 \left[f'(\nu_p) - \frac{1}{2}f'(\nu_p)f''(\nu_p)\right.$$
$$\left.\cdot f^{-1}(\nu_p)\sigma_k^2 h^2 + O(n^{-1})\right] + O(b^4)$$
$$= p + \frac{1}{2}f'(\nu_p)\sigma_k^2(h^2 - b^2) + o(h^2 + b^2)$$
$$= p + O(h^2 + b^2) \tag{7.67}$$

由(7.66)和(7.67)式，可得以下关系式：

$$\hat{S}_b(\hat{v}_{p,h}) - \mathrm{E}\{\hat{S}_b(\hat{v}_{p,h})\}$$
$$= \hat{S}_b(\nu_p) - \hat{f}_b(\nu_p)(\hat{v}_{p,h} - \nu_p) + O(n^{-1}) - [p + O(h^2 + b^2)]$$
$$= \frac{1}{n}\sum_{t=1}^{n} G_b(\nu_p - Y_t) - p - \hat{f}_b(\nu_p)(\hat{v}_{p,h} - \nu_p) + O(n^{-1} + h^2 + b^2) \tag{7.68}$$

下面对 $\hat{f}_b(\nu_p)(\hat{v}_{p,h}-\nu_p)$继续进行化简。由(6.39)式可得

$$\hat{f}_b(\nu_p)(\hat{v}_{p,h} - \nu_p)$$
$$= \hat{f}_b(\nu_p) f^{-1}(\nu_p)[\hat{S}_h(\nu_p) - p] + O(n^{-1}h^{-1/2} + n^{-1/2}h^2)$$

又因为

$$\hat{f}_b(\nu_p) = n^{-1}\sum_{t=1}^{n} K_b(\nu_p - Y_t)$$
$$= \frac{1}{nb}[nbf(\nu_p) + O(nb^3)]$$
$$= f(\nu_p) + O(b^2)$$

所以,有

$$\hat{f}_b(\nu_p)(\hat{v}_{p,h} - \nu_p)$$
$$= [f(\nu_p) + O(b^2)] f^{-1}(\nu_p)[\hat{S}_h(\nu_p) - p]$$
$$+ O(n^{-1}h^{-1/2} + n^{-1/2}h^2)$$
$$= \hat{S}_h(\nu_p) - p + O(n^{-1}h^{-1/2} + n^{-1/2}h^2 + b^2)$$

将上式代入(7.68)式,可得

$$\hat{S}_b(\hat{v}_{p,h}) - \mathrm{E}\{\hat{S}_b(\hat{v}_{p,h})\} = \hat{S}_b(\nu_p) - \hat{f}_b(\nu_p)(\hat{v}_{p,h} - \nu_p) + O(n^{-1})$$
$$- [p + O(h^2 + b^2)] = \frac{1}{n}\sum_{t=1}^{n} G_b(\nu_p - Y_t) - p$$
$$- \hat{f}_b(\nu_p)(\hat{v}_{p,h} - \nu_p) + O(n^{-1}) + O(h^2 + b^2)$$
$$= \frac{1}{n}\sum_{t=1}^{n} G_b(\nu_p - Y_t) - p - \hat{f}_b(\nu_p) f^{-1}(\nu_p)[\hat{S}_h(\nu_p) - p]$$
$$+ O(n^{-1} + h^2 + b^2) = \frac{1}{n}\sum_{t=1}^{n} G_b(\nu_p - Y_t) - p$$

$$
\begin{aligned}
&-[f(\nu_p)+O(b^2)]f^{-1}(\nu_p)[\hat{S}_h(\nu_p)-p] \\
&+O(n^{-1}+h^2+b^2) \\
=&\frac{1}{n}\sum_{t=1}^{n}G_b(\nu_p-Y_t)-p-[\hat{S}_h(\nu_p)-p] \\
&+O(n^{-1}+h^2+b^2) \\
=&\frac{1}{n}\sum_{t=1}^{n}G_b(\nu_p-Y_t)-\frac{1}{n}\sum_{t=1}^{n}G_h(\nu_p-Y_t) \\
&+O(n^{-1}+h^2+b^2) \\
=&\hat{\vartheta}-\hat{\omega}+O(n^{-1}+h^2+b^2) \qquad (7.69)
\end{aligned}
$$

将(7.67)和(7.69)式代入(7.65)式,便可将分母转化为以下形式

$$
\begin{aligned}
\left(\sum_{t=1}^{n}G_b(\hat{v}_{p,h}-Y_t)\right)^{-1}&=n^{-1}\,[p+O(h^2+b^2)]^{-1} \\
&\cdot\left[1-\frac{\hat{\vartheta}-\hat{\omega}+O(n^{-1}+h^2+b^2)}{p+O(h^2+b^2)}+o(h^2+b^2)\right] \\
&=n^{-1}p^{-1}-n^{-1}p^{-2}(\hat{\vartheta}-\hat{\omega})+o(n^{-1}h+n^{-1}b)
\end{aligned}
\qquad (7.70)
$$

接着处理 $\hat{\mu}_{p,b,h}$ 的分子部分

$$
\sum_{t=1}^{n}\{Y_tG_b(\hat{v}_{p,h}-Y_t)+bG_{1b}(\hat{v}_{p,h}-Y_t)\}。
$$

将 $Y_tG_b(\hat{v}_{p,h}-Y_t)$ 和 $bG_{1b}(\hat{v}_{p,h}-Y_t)$ 分别在 ν_p 处进行泰勒展开,可得

$$
\begin{aligned}
Y_tG_b(\hat{v}_{p,h}-Y_t)&=Y_tG_b(\nu_p-Y_t) \\
&-Y_tK_b(\nu_p-Y_t)(\hat{v}_{p,h}-\nu_p)+O(n^{-1}) \qquad (7.71)
\end{aligned}
$$

$$
\begin{aligned}
bG_{1b}(\hat{v}_{p,h}-Y_t)&=bG_{1b}(\nu_p-Y_t) \\
&-(\nu_p-Y_t)K_b(\nu_p-Y_t)(\hat{v}_{p,h}-\nu_p)+O(n^{-1}) \qquad (7.72)
\end{aligned}
$$

将(7.71)和(7.72)式代入 $\hat{\mu}_{p,b,h}$ 的分子,

$$
\sum_{t=1}^{n}\{Y_tG_b(\hat{v}_{p,h}-Y_t)+bG_{1b}(\hat{v}_{p,h}-Y_t)\}
$$

经过简单计算,可得

$$
\begin{aligned}
&\sum_{t=1}^{n}\{Y_t G_b(\hat{v}_{p,h}-Y_t)+bG_{1b}(\hat{v}_{p,h}-Y_t)\}\\
&=n\left[\begin{aligned}&n^{-1}\sum_{t=1}^{n}Y_t G_b(\nu_p-Y_t)-n^{-1}\sum_{t=1}^{n}Y_t K_b(\nu_p-Y_t)(\hat{v}_{p,h}-\nu_p)\\&+n^{-1}b\sum_{t=1}^{n}G_{1b}(\nu_p-Y_t)-n^{-1}\sum_{t=1}^{n}(\nu_p-Y_t)\\&\cdot K_b(\nu_p-Y_t)(\hat{v}_{p,h}-\nu_p)+O(n^{-1})\end{aligned}\right]\\
&=n\left[\begin{aligned}&n^{-1}\sum_{t=1}^{n}Y_t G_b(\nu_p-Y_t)-\nu_p n^{-1}\sum_{t=1}^{n}K_b(\nu_p-Y_t)(\hat{v}_{p,h}-\nu_p)\\&+bn^{-1}\sum_{t=1}^{n}G_{1b}(\nu_p-Y_t)+O(n^{-1})\end{aligned}\right]\\
&=n[\hat{\beta}-\nu_p\hat{\zeta}(\hat{v}_{p,h}-\nu_p)+b\hat{\varrho}+O(n^{-1})]
\end{aligned}
\tag{7.73}
$$

将(7.70)和(7.73)式代入(7.62)式，$\hat{\mu}_{p,b,h}$的表达式便可转化为：

$$
\begin{aligned}
\hat{\mu}_{p,b,h}&=\{n^{-1}p^{-1}-n^{-1}p^{-2}(\hat{\vartheta}-\hat{\omega})+o(n^{-1}h+n^{-1}b)\}\\
&\quad\times\{n[\hat{\beta}-\nu_p\hat{\zeta}(\hat{v}_{p,h}-\nu_p)+b\hat{\varrho}+O(n^{-1})]\}\\
&=p^{-1}\hat{\beta}-p^{-1}\nu_p\hat{\zeta}(\hat{v}_{p,h}-\nu_p)-p^{-2}\hat{\beta}(\hat{\vartheta}-\hat{\omega})+p^{-1}b\hat{\varrho}\\
&\quad-p^{-2}b\hat{\varrho}(\hat{\vartheta}-\hat{\omega})+p^{-2}\nu_p(\hat{\vartheta}-\hat{\omega})\hat{\zeta}(\hat{v}_{p,h}-\nu_p)+o(h+b)\\
&=B_1-B_2+B_3+B_4+o(h+b)
\end{aligned}
\tag{7.74}
$$

其中，

$$B_1=p^{-1}\hat{\beta}-p^{-1}\nu_p\hat{\zeta}(\hat{v}_{p,h}-\nu_p) \tag{7.75}$$

$$B_2=p^{-2}\hat{\beta}(\hat{\vartheta}-\hat{\omega}) \tag{7.76}$$

$$B_3=p^{-1}b\hat{\varrho}-p^{-2}b\hat{\varrho}(\hat{\vartheta}-\hat{\omega}) \tag{7.77}$$

$$B_4=p^{-2}\nu_p(\hat{\vartheta}-\hat{\omega})\hat{\zeta}(\hat{v}_{p,h}-\nu_p) \tag{7.78}$$

下面计算 $\hat{\mu}_{p,b,h}$的期望。由(7.74)式，可得

$$E\{\hat{\mu}_{p,b,h}\}=E\{B_1\}-E\{B_2\}+E\{B_3\}+E\{B_4\}$$

以下分别计算 $E\{B_1\}$、$E\{B_2\}$、$E\{B_3\}$和 $E\{B_4\}$。

先计算 $\mathrm{E}\{B_1\}$的值。

$$\begin{aligned}\mathrm{E}\{B_1\} &= \mathrm{E}\{p^{-1}\hat{\beta} - p^{-1}\nu_p\hat{\zeta}(\hat{v}_{p,h} - \nu_p)\} \\ &= p^{-1}\beta - p^{-1}\nu_p\mathrm{E}\{\hat{\zeta}(\hat{v}_{p,h} - \nu_p)\}\end{aligned} \tag{7.79}$$

在证明引理 7.6 时,笔者已计算 β 的值,

$$\begin{aligned}\beta &= \mathrm{E}\{Y_1G_b(\nu_p - Y_1)\} \\ &= p\mu_p - \frac{1}{2}\sigma_k^2b^2(\nu_pf'(\nu_p) + f(\nu_p)) + O(b^4)\end{aligned} \tag{7.80}$$

所以,下面只需要计算 $\mathrm{E}\{\hat{\zeta}(\hat{v}_{p,h} - \nu_p)\}$的值。

$$\mathrm{E}\{\hat{\zeta}(\hat{v}_{p,h} - \nu_p)\} = \zeta\mathrm{E}\{\hat{v}_{p,h} - \nu_p\} + \mathrm{Cov}\{\hat{\zeta}, \hat{v}_{p,h} - \nu_p\} \tag{7.81}$$

ζ 的值为:

$$\begin{aligned}\zeta &= \mathrm{E}\{\hat{\zeta}\} = \mathrm{E}\left\{\frac{1}{n}\sum_{t=1}^{n}K_b(\nu_p - Y_t)\right\} = \mathrm{E}\{K_b(\nu_p - Y_1)\} \\ &= \frac{1}{b}\int_{-\infty}^{\infty}f(y)K\left(\frac{\nu_p - y}{b}\right)\mathrm{d}y \\ &= \int_{-\infty}^{\infty}K(z)f(\nu_p - bz)\mathrm{d}z \\ &= \int_{-\infty}^{\infty}K(z)\left[f(\nu_p) - f'(\nu_p)bz + \frac{1}{2}f''(\nu_p)b^2z^2 + O(b^3z^3)\right]\mathrm{d}z \\ &= f(\nu_p) + \frac{1}{2}f''(\nu_p)\sigma_k^2b^2 + O(b^4)\end{aligned} \tag{7.82}$$

由引理 7.6 可得,

$$\mathrm{Cov}\{\hat{\zeta}, \hat{v}_{p,h} - \nu_p\} = O(n^{-1}) \tag{7.83}$$

另外,由(6.44)式$\hat{v}_{p,h}$的偏差公式可知

$$\mathrm{E}\{\hat{v}_{p,h} - \nu_p\} = -\frac{1}{2}f^{-1}(\nu_p)f'(\nu_p)\sigma_k^2h^2 + o(h^2) \tag{7.84}$$

将(7.82)(7.83)和(7.84)式代入(7.81)式,可得 $\mathrm{E}\{\hat{\zeta}(\hat{v}_{p,h} - \nu_p)\}$ 的值为:

$$\begin{aligned}&\mathrm{E}\{\hat{\zeta}(\hat{v}_{p,h} - \nu_p)\} \\ &= \zeta\mathrm{E}\{\hat{v}_{p,h} - \nu_p\} + \mathrm{Cov}\{\hat{\zeta}, \hat{v}_{p,h} - \nu_p\}\end{aligned}$$

$$= \left[f(\nu_p)+\frac{1}{2}f''(\nu_p)\sigma_k^2 b^2+O(b^4)\right]$$

$$\cdot\left[-\frac{1}{2}f^{-1}(\nu_p)f'(\nu_p)\sigma_k^2 h^2+o(h^2)\right]+O(n^{-1})$$

$$=-\frac{1}{2}f'(\nu_p)\sigma_k^2 h^2+o(b^2+h^2)+O(n^{-1}) \tag{7.85}$$

因此，将(7.80)和(7.85)式代入(7.79)式，可得 $\mathrm{E}\{B_1\}$的值为：

$$\mathrm{E}\{B_1\}=(\mathrm{E}\{\hat{S}_b(\hat{v}_{p,h})\})^{-1}\beta-(\mathrm{E}\{\hat{S}_b(\hat{v}_{p,h})\})^{-1}\nu_p\mathrm{E}\{\hat{\zeta}(\hat{v}_{p,h}-\nu_p)\}$$

$$=n^{-1}\left[p+\frac{1}{2}f'(\nu_p)\sigma_k^2(h^2-b^2)+o(h^2+b^2)\right]^{-1}$$

$$\times\left[p\mu_p-\frac{1}{2}\sigma_k^2 b^2(\nu_p f'(\nu_p)+f(\nu_p))+O(b^4)\right]$$

$$-\left[p+\frac{1}{2}f'(\nu_p)\sigma_k^2(h^2-b^2)+o(h^2+b^2)\right]^{-1}$$

$$\times\nu_p\left[-\frac{1}{2}f'(\nu_p)\sigma_k^2 h^2+o(b^2+h^2)+O(n^{-1})\right]$$

$$=\mu_p-\frac{1}{2}p^{-1}\sigma_k^2[(\nu_p-\mu_p)f'(\nu_p)+f(\nu_p)]b^2$$

$$+\frac{1}{2}p^{-1}\sigma_k^2[(\nu_p-\mu_p)f'(\nu_p)]h^2+o(h^2+b^2) \tag{7.86}$$

接着，计算 $\mathrm{E}\{B_2\}$的值。

$$\mathrm{E}\{B_2\}=\mathrm{E}\{p^{-2}\hat{\beta}(\hat{\vartheta}-\hat{\omega})\}=p^{-2}\mathrm{E}\{\hat{\beta}(\hat{\vartheta}-\hat{\omega})\}$$

$$=p^{-2}[\mathrm{Cov}\{\hat{\beta},(\hat{\vartheta}-\hat{\omega})\}+\beta\mathrm{E}\{\hat{\vartheta}-\hat{\omega}\}]$$

由引理 7.6 可知，

$$\mathrm{Cov}\{\hat{\beta},(\hat{\vartheta}-\hat{\omega})\}=O(n^{-1}h+n^{-1}b)$$

且我们已经得到 β 的值为：

$$\beta=p\mu_p-\frac{1}{2}\sigma_k^2 b^2(\nu_p f'(\nu_p)+f(\nu_p))+O(b^4)$$

笔者在证明引理 7.6 时，已经计算了 $\mathrm{E}\{\hat{\vartheta}\}$和 $\mathrm{E}\{\hat{\omega}\}$，可见(7.32)式和(7.33)式，它们的值分别为：

$$\mathrm{E}\{\hat{\vartheta}\}=p-\frac{1}{2}f'(\nu_p)\sigma_k^2 b^2+o(b^2)$$

$$\mathrm{E}\{\hat{\omega}\}=p-\frac{1}{2}f'(\nu_p)\sigma_k^2 h^2+o(h^2)$$

这样，易得 $\mathrm{E}\{B_2\}$ 的值为：

$$\mathrm{E}\{B_2\}=\frac{1}{2}p^{-1}\mu_p\sigma_k^2 f'(\nu_p)(h^2-b^2)+o(h^2+b^2) \tag{7.87}$$

下面计算 $\mathrm{E}\{B_3\}$ 的值。

$$\begin{aligned}\mathrm{E}\{B_3\}&=\mathrm{E}\{p^{-1}b\,\hat{\varrho}-p^{-2}b\,\hat{\varrho}(\hat{\vartheta}-\hat{\omega})\}\\&=p^{-1}b\,\varrho-p^{-2}b\mathrm{E}\{\hat{\varrho}(\hat{\vartheta}-\hat{\omega})\}\end{aligned}$$

计算 $\mathrm{E}\{\hat{\varrho}(\hat{\vartheta}-\hat{\omega})\}$ 的方法与之前计算 $\mathrm{E}\{\hat{\vartheta}-\hat{\omega}\}$ 的方法相同，

$$\begin{aligned}\mathrm{E}\{\hat{\varrho}(\hat{\vartheta}-\hat{\omega})\}&=\mathrm{Cov}\{\hat{\varrho},(\hat{\vartheta}-\hat{\omega})\}+\mathrm{E}\{\hat{\varrho}\}\mathrm{E}\{\hat{\vartheta}-\hat{\omega}\}\\&=\mathrm{Cov}\{\hat{\varrho},(\hat{\vartheta}-\hat{\omega})\}+\mathrm{E}\{\hat{\vartheta}-\hat{\omega}\}\end{aligned}$$

由引理 7.6 可知，

$$\mathrm{Cov}\{\hat{\varrho},(\hat{\vartheta}-\hat{\omega})\}=O(n^{-1}h+n^{-1}b)$$

并且已知，

$$\mathrm{E}\{\hat{\vartheta}\}=p-\frac{1}{2}f'(\nu_p)\sigma_k^2 b^2+o(b^2)$$

$$\mathrm{E}\{\hat{\omega}\}=p-\frac{1}{2}f'(\nu_p)\sigma_k^2 h^2+o(h^2)$$

这时，计算ϱ即可。计算ϱ的方法与计算 β、ω 的方法相同，即需要进行积分变换、分部积分、泰勒展开等，可得：

$$\begin{aligned}\varrho&=\mathrm{E}\Big\{n^{-1}\sum_{t=1}^{n}G_{1b}(\nu_p-Y_t)\Big\}\\&=\mathrm{E}\{G_{1b}(\nu_p-Y_1)\}\\&=\int_{-\infty}^{\infty}f(y)\mathrm{d}y\int_{\frac{\nu_p-y}{b}}^{\infty}uK(u)\mathrm{d}u\\&=\int_{-\infty}^{\infty}uK(u)\mathrm{d}u\int_{\nu_p-bu}^{\infty}f(y)\mathrm{d}y\\&=\int_{-\infty}^{\infty}uK(u)\mathrm{d}u\int_{\nu_p-bu}^{\nu_p}f(y)\mathrm{d}y+\int_{-\infty}^{\infty}uK(u)\mathrm{d}u\int_{\nu_p}^{\infty}f(y)\mathrm{d}y\end{aligned}$$

$$
\begin{aligned}
&= \int_{-\infty}^{\infty} uK(u)\mathrm{d}u \int_{\nu_p - bu}^{\nu_p} f(y)\mathrm{d}y + 0 \\
&= \int_{-\infty}^{\infty} uK(u)\mathrm{d}u \int_{\nu_p - bu}^{\nu_p} [f(\nu_p) + f'(\nu_p)(y-\nu_p) + O((y-\nu_p)^2)]\mathrm{d}y \\
&= \int_{-\infty}^{\infty} uK(u)\mathrm{d}u \int_{\nu_p - bu}^{\nu_p} \left[f(\nu_p) + f'(\nu_p)(y-\nu_p) + O\left(\frac{1}{2}f''(\nu_p)(y-\nu_p)^2\right)\right]\mathrm{d}y \\
&= f(\nu_p)b\int_{-\infty}^{\infty} u^2K(u)\mathrm{d}u - \frac{1}{2}f'(\nu_p)b^2\int_{-\infty}^{\infty} u^3K(u)\mathrm{d}u + O(b^3) \\
&= f(\nu_p)\sigma_k^2 b + O(b^3) \qquad (7.88)
\end{aligned}
$$

此时,可得 $\mathrm{E}\{B_3\}$的值为:

$$
\begin{aligned}
\mathrm{E}\{B_3\} &= (\mathrm{E}\{\hat{S}_b(\hat{v}_{p,h})\})^{-1} b\mathrm{E}\{\hat{\varrho}\} - (\mathrm{E}\{\hat{S}_b(\hat{v}_{p,h})\})^{-2} b\mathrm{E}\{\hat{\varrho}(\hat{\vartheta}-\hat{\omega})\} \\
&= \left[p + \frac{1}{2}f'(\nu_p)\sigma_k^2(h^2-b^2) + o(h^2+b^2)\right]^{-1} b[f(\nu_p)\sigma_k^2 b + O(b^3)] \\
&\quad - \left[p + \frac{1}{2}f'(\nu_p)\sigma_k^2(h^2-b^2) + o(h^2+b^2)\right]^{-2} b[\{f(\nu_p)\sigma_k^2 b + O(b^3)\} \\
&\quad \cdot \left(\left\{p - \frac{1}{2}f'(\nu_p)\sigma_k^2 b^2 + o(b^2)\right\} - \left\{p - \frac{1}{2}f'(\nu_p)\sigma_k^2 h^2 + o(h^2)\right\}\right) \\
&\quad + O(n^{-1}h + n^{-1}b)] = p^{-1}\sigma_k^2 f(\nu_p)b^2 + o(h^2+b^2) \qquad (7.89)
\end{aligned}
$$

最后计算 $\mathrm{E}\{B_4\}$的值。

$$
\begin{aligned}
\mathrm{E}\{B_4\} &= \mathrm{E}\{p^{-2}\nu_p(\hat{\vartheta}-\hat{\omega})\hat{\zeta}(\hat{v}_{p,h}-\nu_p)\} \\
&= p^{-2}\nu_p\mathrm{E}\{\hat{\zeta}(\hat{v}_{p,h}-\nu_p)(\hat{\vartheta}-\hat{\omega})\} \\
&= p^{-2}\nu_p[\mathrm{Cov}\{\hat{\zeta}(\hat{v}_{p,h}-\nu_p),(\hat{\vartheta}-\hat{\omega})\} \\
&\quad + \mathrm{E}\{\hat{\zeta}(\hat{v}_{p,h}-\nu_p)\}\mathrm{E}\{\hat{\vartheta}-\hat{\omega}\}]
\end{aligned}
$$

笔者已经计算 $\mathrm{E}\{\hat{\zeta}(\hat{v}_{p,h}-\nu_p)\}$和 $\mathrm{E}\{\hat{\vartheta}-\hat{\omega}\}$的值,可见(7.67)式和(7.85)式,因此只需计算 $\mathrm{Cov}\{\hat{\zeta}(\hat{v}_{p,h}-\nu_p),(\hat{\vartheta}-\hat{\omega})\}$的值,

$$
\begin{aligned}
&\mathrm{Cov}\{\hat{\zeta}(\hat{v}_{p,h}-\nu_p),(\hat{\vartheta}-\hat{\omega})\} \\
&\quad = \mathrm{Cov}\{(\zeta+\hat{\zeta}-\zeta)(\hat{v}_{p,h}-\nu_p),(\hat{\vartheta}-\hat{\omega})\} \\
&\quad = \mathrm{Cov}\{(\hat{\zeta}-\zeta)(\hat{v}_{p,h}-\nu_p),(\hat{\vartheta}-\hat{\omega})\} + \mathrm{Cov}\{\zeta(\hat{v}_{p,h}-\nu_p),(\hat{\vartheta}-\hat{\omega})\} \\
&\quad = \mathrm{Cov}\{(\hat{\zeta}-\zeta)(\hat{v}_{p,h}-\nu_p),(\hat{\vartheta}-\hat{\omega})\} + \zeta\mathrm{Cov}\{\hat{v}_{p,h}-\nu_p,\hat{\vartheta}-\hat{\omega}\}
\end{aligned}
$$

由引理 7.6 可得，

$$\mathrm{Cov}\{(\hat{\zeta}-\zeta)(\hat{v}_{p,h}-\nu_p),(\hat{\vartheta}-\hat{\omega})\}=o(n^{-1}h+n^{-1}b)$$

可由此计算 $\mathrm{Cov}\{\hat{v}_{p,h}-\nu_p,\hat{\vartheta}-\hat{\omega}\}$。由(6.39)式可得，

$$\begin{aligned}
&\mathrm{Cov}\{\hat{v}_{p,h}-\nu_p,\hat{\vartheta}-\hat{\omega}\}\\
&=\mathrm{Cov}\left\{\left(\frac{\hat{S}_h(\nu_p)-p}{f(\nu_p)}+O(n^{-1}h^{-1/2}+n^{-1/2}h^2)\right),(\hat{\vartheta}-\hat{\omega})\right\}\\
&=f^{-1}(\nu_p)\mathrm{Cov}\{\hat{S}_h(\nu_p),(\hat{\vartheta}-\hat{\omega})\}+O(n^{-1}h^{-1/2}+n^{-1/2}h^2)\\
&=f^{-1}(\nu_p)\mathrm{Cov}\{\hat{\omega},(\hat{\vartheta}-\hat{\omega})\}+O(n^{-1}h^{-1/2}+n^{-1/2}h^2)
\end{aligned}$$

由引理 7.6 可知，

$$\mathrm{Cov}\{\hat{\omega},\hat{\vartheta}-\hat{\omega}\}=O(n^{-1}h+n^{-1}b)$$

由(6.39)式可知，

$$\zeta=f(\nu_p)+\frac{1}{2}f''(\nu_p)\sigma_k^2b^2+O(b^4)$$

故可得，

$$\zeta\mathrm{Cov}\{\hat{v}_{p,h}-\nu_p,\hat{\vartheta}-\hat{\omega}\}=O(n^{-1}h+n^{-1}b) \tag{7.90}$$

因此，综合(7.32)(7.33)(7.67)(7.85)和(7.90)式，再经过简单计算整理，便可得到 $\mathrm{E}\{B_4\}$ 的值为：

$$\begin{aligned}
\mathrm{E}\{B_4\}=&(\mathrm{E}\{\hat{S}_b(\hat{v}_{p,h})\})^{-2}\nu_p[\mathrm{Cov}\{\hat{\zeta}(\hat{v}_{p,h}-\nu_p),(\hat{\vartheta}-\hat{\omega})\}\\
&+\mathrm{E}\{\hat{\zeta}(\hat{v}_{p,h}-\nu_p)\}\mathrm{E}\{\hat{\vartheta}-\hat{\omega}\}]\\
=&\left[p+\frac{1}{2}f'(\nu_p)\sigma_k^2(h^2-b^2)+o(h^2+b^2)\right]^{-2}\nu_p[O(n^{-1}h+n^{-1}b)]\\
&+\left[-\frac{1}{2}f'(\nu_p)\sigma_k^2h^2+o(b^2+h^2)+O(n^{-1})\right]\\
&\times\left[\left\{p-\frac{1}{2}f'(\nu_p)\sigma_k^2b^2+o(b^2)\right\}-\left\{p-\frac{1}{2}f'(\nu_p)\sigma_k^2h^2+o(h^2)\right\}\right]\\
=&O(n^{-1}h+n^{-1}b)
\end{aligned} \tag{7.91}$$

再综合(7.86)(7.87)(7.89)和(7.91)四式，再经过简单计算整理，可得到 $\hat{\mu}_{p,b,h}$ 的期望为：

$$\mathrm{E}\{\hat{\mu}_{p,b,h}\}=\mathrm{E}\{B_1\}-\mathrm{E}\{B_2\}+\mathrm{E}\{B_3\}+\mathrm{E}\{B_4\}$$

$$\begin{aligned}
&= \Big[\mu_p - \frac{1}{2}p^{-1}\sigma_k^2[(\nu_p-\mu_p)f'(\nu_p)+f(\nu_p)]b^2 \\
&\quad + \frac{1}{2}p^{-1}\sigma_k^2[(\nu_p-\mu_p)f'(\nu_p)]h^2 + o(h^2+b^2)\Big] \\
&\quad - \Big[\frac{1}{2}p^{-1}\mu_p\sigma_k^2 f'(\nu_p)(h^2-b^2)+o(h^2+b^2)\Big] \\
&\quad + [p^{-1}\sigma_k^2 f(\nu_p)b^2+o(h^2+b^2)]? + [O(n^{-1}h+n^{-1}b)] \\
&= \mu_p - \frac{1}{2}p^{-1}\sigma_k^2[(\nu_p-2\mu_p)f'(\nu_p)-f(\nu_p)]b^2 \\
&\quad + \frac{1}{2}p^{-1}\sigma_k^2[(\nu_p-2\mu_p)f'(\nu_p)]h^2+o(h^2+b^2)
\end{aligned} \tag{7.92}$$

因此，$\hat{\mu}_{p,b,h}$的偏差为：

$$\begin{aligned}
\mathrm{Bias}\{\hat{\mu}_{p,b,h}\} &= -\frac{1}{2}p^{-1}\sigma_k^2[(\nu_p-2\mu_p)f'(\nu_p)-f(\nu_p)]b^2 \\
&\quad + \frac{1}{2}p^{-1}\sigma_k^2[(\nu_p-2\mu_p)f'(\nu_p)]h^2+o(h^2+b^2)
\end{aligned} \tag{7.93}$$

以下证明定理的第二部分，即计算 $\hat{\mu}_{p,b,h}$ 的方差。由(7.74)式可得：

$$\begin{aligned}
\mathrm{Var}\{\hat{\mu}_{p,b,h}\} &= \mathrm{Var}\{B_1-B_2+B_3+B_4\} \\
&= \mathrm{Var}\{B_1\}+\mathrm{Var}\{B_2\}+\mathrm{Var}\{B_3\}+\mathrm{Var}\{B_4\} \\
&\quad -2\mathrm{Cov}\{B_1,B_2\}+2\mathrm{Cov}\{B_1,B_3\}+2\mathrm{Cov}\{B_1,B_4\} \\
&\quad -2\mathrm{Cov}\{B_2,B_3\}-2\mathrm{Cov}\{B_2,B_4\}+2\mathrm{Cov}\{B_3,B_4\}
\end{aligned}$$

笔者将分别计算以上结果中的十项。

因为 B_3 中有一个 b，故易得：

$$\mathrm{Cov}\{B_3,B_i\} = o(n^{-1}h+n^{-1}b),\quad i=1,2,3,4$$

由此可计算 $\mathrm{Cov}\{B_1,B_3\}$的值。

$$\begin{aligned}
\mathrm{Cov}\{B_1,B_3\} &= (\mathrm{E}\{\hat{S}_b(\hat{v}_{p,h})\})^{-2}b\mathrm{Cov}\{\hat{\beta},\hat{\varrho}\} \\
&\quad - (\mathrm{E}\{\hat{S}_b(\hat{v}_{p,h})\})^{-3}b\mathrm{Cov}\{\hat{\beta},\hat{\varrho}(\hat{\vartheta}-\hat{\omega})\}
\end{aligned}$$

$$+(\mathrm{E}\{\hat{\mathrm{S}}_b(\hat{v}_{p,h})\})^{-2}b\nu_p\mathrm{Cov}\{\hat{\varrho},\hat{\zeta}(\hat{v}_{p,h}-\nu_p)\}$$
$$+(\mathrm{E}\{\hat{\mathrm{S}}_b(\hat{v}_{p,h})\})^{-3}b\nu_p\mathrm{Cov}\{\hat{\zeta}(\hat{v}_{p,h}-\nu_p),\hat{\varrho}(\hat{\vartheta}-\hat{\omega})\}$$
$$=p^{-2}b\mathrm{Cov}\{\hat{\beta},\hat{\varrho}\}-p^{-3}b\mathrm{Cov}\{\hat{\beta},\hat{\varrho}(\hat{\vartheta}-\hat{\omega})\}$$
$$+p^{-2}b\nu_p\mathrm{Cov}\{\hat{\varrho},\hat{\zeta}(\hat{v}_{p,h}-\nu_p)\}$$
$$+p^{-3}b\nu_p\mathrm{Cov}\{\hat{\zeta}(\hat{v}_{p,h}-\nu_p),\hat{\varrho}(\hat{\vartheta}-\hat{\omega})\}$$

由引理 7.6,可得:

$$\mathrm{Cov}\{\hat{\beta},\hat{\varrho}\}=O(n^{-1}b)$$
$$\mathrm{Cov}\{\hat{\beta},\hat{\varrho}(\hat{\vartheta}-\hat{\omega})\}=O(n^{-1}h+n^{-1}b)$$
$$\mathrm{Cov}\{\hat{\varrho},\hat{\zeta}(\hat{v}_{p,h}-\nu_p)\}=O(n^{-1}h+n^{-1}b)$$
$$\mathrm{Cov}\{\hat{\zeta}(\hat{v}_{p,h}-\nu_p),\hat{\varrho}(\hat{\vartheta}-\hat{\omega})\}=O(n^{-1}h+n^{-1}b)$$

由于 $\mathrm{Cov}\{B_1,B_3\}$每一项前均有 b,所以可以得到

$$\mathrm{Cov}\{B_1,B_3\}=o(n^{-1}h+n^{-1}b) \tag{7.94}$$

同理,可得

$$\mathrm{Cov}\{B_2,B_3\}=o(n^{-1}h+n^{-1}b) \tag{7.95}$$
$$\mathrm{Var}\{B_3\}=o(n^{-1}h+n^{-1}b) \tag{7.96}$$
$$\mathrm{Cov}\{B_3,B_4\}=o(n^{-1}h+n^{-1}b) \tag{7.97}$$

因为以上三式的计算过程与求 $\mathrm{Cov}\{B_1,B_3\}$的值时所用的方法类似,所以此处不再赘述。

以下计算 $\mathrm{Var}\{B_4\}$的值。

$$\mathrm{Var}\{B_4\}=(\mathrm{E}\{\hat{\mathrm{S}}_b(\hat{v}_{p,h})\})^{-4}(\nu_p)2\mathrm{Var}\{\hat{\zeta}(\hat{v}_{p,h}-\nu_p)(\hat{\vartheta}-\hat{\omega})\}$$
$$=p^{-4}\nu_p^2\mathrm{Var}\{\hat{\zeta}(\hat{v}_{p,h}-\nu_p)(\hat{\vartheta}-\hat{\omega})\}$$
$$=p^{-4}\nu_p^2\mathrm{Var}\{(\hat{\zeta}-\zeta+\zeta)(\hat{v}_{p,h}-\nu_p)(\hat{\vartheta}-\hat{\omega})\}$$
$$=p^{-4}\nu_p^2\mathrm{Var}\{(\hat{\zeta}-\zeta)(\hat{v}_{p,h}-\nu_p)(\hat{\vartheta}-\hat{\omega})\}?$$
$$+p^{-4}\nu_p^2\zeta^2\mathrm{Var}\{(\hat{v}_{p,h}-\nu_p)(\hat{\vartheta}-\hat{\omega})\}$$
$$+2p^{-4}\nu_p^2\zeta\mathrm{Cov}\{(\hat{\zeta}-\zeta)(\hat{v}_{p,h}-\nu_p)(\hat{\vartheta}-\hat{\omega}),$$
$$(\hat{v}_{p,h}-\nu_p)(\hat{\vartheta}-\hat{\omega})\}$$

利用与计算(7.41)式时相同的方法,可得,

$$\mathrm{Var}\{(\hat{\zeta}-\zeta)(\hat{v}_{p,h}-\nu_p)(\hat{\vartheta}-\hat{\omega})\}=o(n^{-1}h+n^{-1}b)$$

$$\mathrm{Var}\{(\hat{v}_{p,h}-\nu_p)(\hat{\vartheta}-\hat{\omega})\}=o(n^{-1}h+n^{-1}b)$$

由引理 7.6,可得

$$\mathrm{Cov}\{(\hat{\zeta}-\zeta)(\hat{v}_{p,h}-\nu_p)(\hat{\vartheta}-\hat{\omega}),(\hat{v}_{p,h}-\nu_p)(\hat{\vartheta}-\hat{\omega})\}=o(n^{-1}h+n^{-1}b)$$

所以,可得 $\mathrm{Var}\{B_4\}$的值为:

$$\mathrm{Var}\{B_4\}=o(n^{-1}h+n^{-1}b). \tag{7.98}$$

再计算 $\mathrm{Cov}\{B_1,B_4\}$的值。

$$\begin{aligned}\mathrm{Cov}\{B_1,B_4\}=&\ p^{-3}\nu_p\mathrm{Cov}\{\hat{\beta},\hat{\zeta}(\hat{v}_{p,h}-\nu_p)(\hat{\vartheta}-\hat{\omega})\}\\&+p^{-3}\nu_p^2\mathrm{Cov}\{\hat{\zeta}(\hat{v}_{p,h}-\nu_p),\hat{\zeta}(\hat{v}_{p,h}-\nu_p)(\hat{\vartheta}-\hat{\omega})\}\end{aligned}$$

此处可先计算 $\mathrm{Cov}\{\hat{\beta},\hat{\zeta}(\hat{v}_{p,h}-\nu_p)(\hat{\vartheta}-\hat{\omega})\}$的值。

$$\begin{aligned}&\mathrm{Cov}\{\hat{\beta},\hat{\zeta}(\hat{v}_{p,h}-\nu_p)(\hat{\vartheta}-\hat{\omega})\}\\&=\mathrm{Cov}\{\hat{\beta},(\hat{\zeta}-\zeta)(\hat{v}_{p,h}-\nu_p)(\hat{\vartheta}-\hat{\omega})\}\\&\quad+\zeta\mathrm{Cov}\{\hat{\beta},(\hat{v}_{p,h}-\nu_p)(\hat{\vartheta}-\hat{\omega})\}\end{aligned}$$

由引理 7.6,

$$\mathrm{Cov}\{\hat{\beta},(\hat{\zeta}-\zeta)(\hat{v}_{p,h}-\nu_p)(\hat{\vartheta}-\hat{\omega})\}=o(n^{-1}h+n^{-1}b)$$

$$\mathrm{Cov}\{\hat{\beta},(\hat{v}_{p,h}-\nu_p)(\hat{\vartheta}-\hat{\omega})\}=o(n^{-1}h+n^{-1}b)$$

且已经得到,

$$\zeta=f(\nu_p)+\frac{1}{2}f''(\nu_p)\sigma_k^2b^2+O(b^4)$$

所以,

$$\mathrm{Cov}\{\hat{\beta},\hat{\zeta}(\hat{v}_{p,h}-\nu_p)(\hat{\vartheta}-\hat{\omega})\}=o(n^{-1}h+n^{-1}b)$$

同理可得,

$$\mathrm{Cov}\{\hat{\zeta}(\hat{v}_{p,h}-\nu_p),\hat{\zeta}(\hat{v}_{p,h}-\nu_p)(\hat{\vartheta}-\hat{\omega})\}=o(n^{-1}h+n^{-1}b).$$

因此,$\mathrm{Cov}\{B_1,B_4\}$的值为:

$$\begin{aligned}&\mathrm{Cov}\{B_1,B_4\}\\&=(\mathrm{E}\{\hat{S}_b(\hat{v}_{p,h})\})^{-3}\nu_p\mathrm{Cov}\{\hat{\beta},\hat{\zeta}(\hat{v}_{p,h}-\nu_p)(\hat{\vartheta}-\hat{\omega})\}\end{aligned}$$

$$+ (\mathrm{E}\{\hat{S}_b(\hat{v}_{p,h})\})^{-3}\nu_p^2\mathrm{Cov}\{\hat{\zeta}(\hat{v}_{p,h}-\nu_p),\hat{\zeta}(\hat{v}_{p,h}-\nu_p)(\hat{\vartheta}-\hat{\omega})\}$$

$$= (\mathrm{E}\{\hat{S}_b(\hat{v}_{p,h})\})^{-3}\nu_p\mathrm{Cov}\{\hat{\beta},(\hat{\zeta}-\zeta)(\hat{v}_{p,h}-\nu_p)(\hat{\vartheta}-\hat{\omega})\}$$

$$+ \zeta(\mathrm{E}\{\hat{S}_b(\hat{v}_{p,h})\})^{-3}\nu_p\mathrm{Cov}\{\hat{\beta},(\hat{v}_{p,h}-\nu_p)(\hat{\vartheta}-\hat{\omega})\}$$

$$+ (\mathrm{E}\{\hat{S}_b(\hat{v}_{p,h})\})^{-3}\nu_p^2\mathrm{Cov}\{\hat{\zeta}(\hat{v}_{p,h}-\nu_p),(\hat{\zeta}-\zeta)(\hat{v}_{p,h}-\nu_p)(\hat{\vartheta}-\hat{\omega})\}$$

$$+ \zeta(\mathrm{E}\{\hat{S}_b(\hat{v}_{p,h})\})^{-3}\nu_p^2\mathrm{Cov}\{\hat{\zeta}(\hat{v}_{p,h}-\nu_p),(\hat{v}_{p,h}-\nu_p)(\hat{\vartheta}-\hat{\omega})\}$$

$$= \zeta(\mathrm{E}\{\hat{S}_b(\hat{v}_{p,h})\})^{-3}\nu_p\mathrm{Cov}\{\hat{\beta},(\hat{v}_{p,h}-\nu_p)(\hat{\vartheta}-\hat{\omega})\}$$

$$+ \zeta(\mathrm{E}\{\hat{S}_b(\hat{v}_{p,h})\})^{-3}\nu_p^2\mathrm{Cov}\{\hat{\zeta}(\hat{v}_{p,h}-\nu_p),(\hat{v}_{p,h}-\nu_p)(\hat{\vartheta}-\hat{\omega})\}$$

$$+ o(n^{-1}h+n^{-1}b) = o(n^{-1}h+n^{-1}b) \tag{7.99}$$

以下计算 $\mathrm{Cov}\{B_2,B_4\}$的值。

$$\mathrm{Cov}\{B_2,B_4\} = p^{-4}\nu_p\mathrm{Cov}\{\hat{\beta}(\hat{\vartheta}-\hat{\omega}),\hat{\zeta}(\hat{v}_{p,h}-\nu_p)(\hat{\vartheta}-\hat{\omega})\}$$

笔者在计算 $\mathrm{Cov}\{\hat{\beta}(\hat{\vartheta}-\hat{\omega}),\hat{\zeta}(\hat{v}_{p,h}-\nu_p)(\hat{\vartheta}-\hat{\omega})\}$时所运用的方法与处理 $\mathrm{Cov}\{\hat{\beta},\hat{\zeta}(\hat{v}_{p,h}-\nu_p)(\hat{\vartheta}-\hat{\omega})\}$时应用的方法相同。

$$\mathrm{Cov}\{\hat{\beta}(\hat{\vartheta}-\hat{\omega}),\hat{\zeta}(\hat{v}_{p,h}-\nu_p)(\hat{\vartheta}-\hat{\omega})\}$$

$$= \mathrm{Cov}\{\hat{\beta}(\hat{\vartheta}-\hat{\omega}),(\hat{\zeta}-\zeta)(\hat{v}_{p,h}-\nu_p)(\hat{\vartheta}-\hat{\omega})\}$$

$$+ \zeta\mathrm{Cov}\{\hat{\beta}(\hat{\vartheta}-\hat{\omega}),(\hat{v}_{p,h}-\nu_p)(\hat{\vartheta}-\hat{\omega})\}$$

由引理 7.6 和 ζ 的值，可以得到，

$$\mathrm{Cov}\{\hat{\beta}(\hat{\vartheta}-\hat{\omega}),\hat{\zeta}(\hat{v}_{p,h}-\nu_p)(\hat{\vartheta}-\hat{\omega})\} = o(n^{-1}h+n^{-1}b).$$

综上可得 $\mathrm{Cov}\{B_2,B_4\}$的值为：

$\mathrm{Cov}\{B_2,B_4\}$

$$= (\mathrm{E}\{\hat{S}_b(\hat{v}_{p,h})\})^{-4}\nu_p\mathrm{Cov}\{\hat{\beta}(\hat{\vartheta}-\hat{\omega}),\hat{\zeta}(\hat{v}_{p,h}-\nu_p)(\hat{\vartheta}-\hat{\omega})\}$$

$$= (\mathrm{E}\{\hat{S}_b(\hat{v}_{p,h})\})^{-4}\nu_p\mathrm{Cov}\{\hat{\beta}(\hat{\vartheta}-\hat{\omega}),(\hat{\zeta}-\zeta)(\hat{v}_{p,h}-\nu_p)(\hat{\vartheta}-\hat{\omega})\}$$

$$+ \zeta(\mathrm{E}\{\hat{S}_b(\hat{v}_{p,h})\})^{-4}\nu_p\mathrm{Cov}\{\hat{\beta}(\hat{\vartheta}-\hat{\omega}),(\hat{v}_{p,h}-\nu_p)(\hat{\vartheta}-\hat{\omega})\}$$

$$= \zeta(\mathrm{E}\{\hat{S}_b(\hat{v}_{p,h})\})^{-4}\nu_p\mathrm{Cov}\{\hat{\beta}(\hat{\vartheta}-\hat{\omega}),(\hat{v}_{p,h}-\nu_p)(\hat{\vartheta}-\hat{\omega})\}$$

$$+ o(n^{-1}h+n^{-1}b) = o(n^{-1}h+n^{-1}b) \tag{7.100}$$

下面计算 $\mathrm{Var}\{B_1\}$的值。

由于

$$\begin{aligned}\mathrm{Var}\{B_1\}&=\mathrm{Var}\{p^{-1}\hat{\beta}-p^{-1}\nu_p\hat{\zeta}(\hat{v}_{p,h}-\nu_p)\}\\&=p^{-2}[\mathrm{Var}\{\hat{\beta}\}+\nu_p^2\mathrm{Var}\{\hat{\zeta}(\hat{v}_{p,h}-\nu_p)\}-2\mathrm{Cov}\{\hat{\beta},\hat{\zeta}(\hat{v}_{p,h}-\nu_p)\}]\end{aligned}$$

因此,需要分别计算 $\mathrm{Var}\{\hat{\beta}\}$、$\mathrm{Var}\{\hat{\zeta}(\hat{v}_{p,h}-\nu_p)\}$ 和 $\mathrm{Cov}\{\hat{\beta},\hat{\zeta}(\hat{v}_{p,h}-\nu_p)\}$。之前已经算得

$$\mathrm{Var}\{\hat{\beta}\}=\mathrm{Var}\{\phi_1(\nu_p)\}-2C_k(1)\nu_p^2f(\nu_p)n^{-1}b+o(n^{-1}b) \tag{7.101}$$

此处先计算 $\mathrm{Var}\{\hat{\zeta}(\hat{v}_{p,h}-\nu_p)\}$。

$$\begin{aligned}&\mathrm{Var}\{\hat{\zeta}(\hat{v}_{p,h}-\nu_p)\}\\&=\mathrm{Var}\{(\zeta+\hat{\zeta}-\zeta)(\hat{v}_{p,h}-\nu_p)\}\\&=\mathrm{Var}\{\zeta(\hat{v}_{p,h}-\nu_p)+(\hat{\zeta}-\zeta)(\hat{v}_{p,h}-\nu_p)\}\\&=\zeta^2\mathrm{Var}(\hat{v}_{p,h}-\nu_p)+\mathrm{Var}\{(\hat{\zeta}-\zeta)(\hat{v}_{p,h}-\nu_p)\}\\&\quad+2\mathrm{Cov}\{\zeta(\hat{v}_{p,h}-\nu_p),(\hat{\zeta}-\zeta)(\hat{v}_{p,h}-\nu_p)\}\\&=\zeta^2\mathrm{Var}(\hat{v}_{p,h})+\mathrm{Var}\{(\hat{\zeta}-\zeta)(\hat{v}_{p,h}-\nu_p)\}\\&\quad+2\zeta\mathrm{Cov}\{\hat{v}_{p,h},(\hat{\zeta}-\zeta)(\hat{v}_{p,h}-\nu_p)\}\end{aligned}$$

其中,由(7.82)式已知

$$\zeta=f(\nu_p)+\frac{1}{2}f''(\nu_p)\sigma_k^2b^2+O(b^4) \tag{7.102}$$

由(6.48)式也已经得到

$$\mathrm{Var}\{\hat{v}_{p,h}\}=n^{-1}f^{-2}(\nu_p)\sigma_o^2(p,n)-2f^{-1}(\nu_p)C_k(1)n^{-1}h+o(n^{-1}h) \tag{7.103}$$

另外,由引理 7.6 可知

$$\mathrm{Cov}\{\hat{v}_{p,h},(\hat{\zeta}-\zeta)(\hat{v}_{p,h}-\nu_p)\}=o(n^{-1}h+n^{-1}b) \tag{7.104}$$

因此,只需计算 $\mathrm{Var}\{(\hat{\zeta}-\zeta)(\hat{v}_{p,h}-\nu_p)\}$ 即可。所用的方法与之前计算 $\mathrm{Var}\{(\hat{\eta}-\eta)(\hat{v}_{p,h}-\nu_p)\}$ 时所用的方法完全相同,此处不再赘述。

$$\mathrm{Var}\{(\hat{\zeta}-\zeta)(\hat{v}_{p,h}-\nu_p)\}=O(n^{-2}b^{-3/2}) \tag{7.105}$$

综上,由(7.102)(7.103)(7.104)和(7.105)四式经过简单计算,便可得 $\mathrm{Var}\{\hat{\zeta}(\hat{v}_{p,h}-\nu_p)\}$ 的值为:

$$
\begin{aligned}
&\mathrm{Var}(\hat{\zeta}(\hat{v}_{p,h}-\nu_p)) \\
&\quad = \zeta^2\mathrm{Var}(\hat{v}_{p,h})+\mathrm{Var}\{[\hat{\zeta}-\zeta](\hat{v}_{p,h}-\nu_p)\} \\
&\qquad +2\zeta\mathrm{Cov}\{\hat{v}_{p,h},[\hat{\zeta}-\zeta](\hat{v}_{p,h}-\nu_p)\} \\
&\quad = \left[f(\nu_p)+\frac{1}{2}f''(\nu_p)\sigma_k^2 b^2+O(b^4)\right]^2 \\
&\qquad \times[n^{-1}f^{-2}(\nu_p)\sigma_o^2(p,n)-2f^{-1}(\nu_p)C_k(1)n^{-1}h+o(n^{-1}h)] \\
&\qquad +O(n^{-2}b^{-3/2})+o(n^{-1}h+n^{-1}b) \\
&\quad = n^{-1}\sigma_o^2(p,n)-2f(\nu_p)C_k(1)n^{-1}h+o(n^{-1}h+n^{-1}b) \\
&\quad = \mathrm{Var}\{\phi_2(\nu_p)\}-2f(\nu_p)C_k(1)n^{-1}h+o(n^{-1}h+n^{-1}b)
\end{aligned}
\tag{7.106}
$$

接着计算 $\mathrm{Cov}\{\hat{\beta},\hat{\zeta}(\hat{v}_{p,h}-\nu_p)\}$ 的值。

$$
\begin{aligned}
&\mathrm{Cov}\{\hat{\beta},\hat{\zeta}(\hat{v}_{p,h}-\nu_p)\} \\
&\qquad = \mathrm{Cov}\{\hat{\beta},(\hat{\zeta}-\zeta)(\hat{v}_{p,h}-\nu_p)\}+\zeta\mathrm{Cov}\{\hat{\beta},\hat{v}_{p,h}-\nu_p\}
\end{aligned}
$$

由引理 7.6 可知

$$
\mathrm{Cov}\{\hat{\beta},(\hat{\zeta}-\zeta)(\hat{v}_{p,h}-\nu_p)\}=o(n^{-1}h+n^{-1}b)
$$

所以,此处只需要计算 $\mathrm{Cov}\{\hat{\beta},\hat{v}_{p,h}-\nu_p\}$ 的值。可以由(6.39)式将其转化为:

$$
\mathrm{Cov}\{\hat{\beta},\hat{v}_{p,h}-\nu_p\}=\mathrm{Cov}\{\hat{\beta},\hat{v}_{p,h}\}=f^{-1}(\nu_p)\mathrm{Cov}\{\hat{\beta},\hat{\omega}\}
$$

且由(7.53)式,已经得到 $\mathrm{Cov}\{\hat{\beta},\hat{\omega}\}$ 的值。所以,将其代入并简单整理后,便可得 $\mathrm{Cov}\{\hat{\beta},\hat{v}_{p,h}-\nu_p\}$ 的值为:

$$
\begin{aligned}
&\mathrm{Cov}\{\hat{\beta},\hat{v}_{p,h}-\nu_p\} \\
&\qquad = \mathrm{Cov}\{\hat{\beta},\hat{v}_{p,h}\} \\
&\qquad = f^{-1}(\nu_p)\mathrm{Cov}\{\hat{\beta},\hat{\omega}\}
\end{aligned}
$$

$$= f^{-1}(\nu_p)\begin{Bmatrix}\text{Cov}\{\phi_1(\nu_p),\phi_2(\nu_p)\} - \nu_p f(\nu_p) \\ \left[C_k\left(\frac{b}{h}\right)n^{-1}b + C_k\left(\frac{h}{b}\right)n^{-1}h\right] + o(n^{-1}h + n^{-1}b)\end{Bmatrix}$$

$$= f^{-1}(\nu_p)\text{Cov}\{\phi_1(\nu_p),\phi_2(\nu_p)\}$$

$$-\nu_p\left[C_k\left(\frac{b}{h}\right)n^{-1}b + C_k\left(\frac{h}{b}\right)n^{-1}h\right] + o(n^{-1}h + n^{-1}b)$$

进而得到 $\text{Cov}\{\hat{\beta},\hat{\zeta}(\hat{v}_{p,h}-\nu_p)\}$ 的值为：

$$\text{Cov}\{\hat{\beta},\hat{\zeta}(\hat{v}_{p,h}-\nu_p)\}$$

$$= \text{Cov}\{\hat{\beta},(\hat{\zeta}-\zeta)(\hat{v}_{p,h}-\nu_p)\} + \zeta\text{Cov}\{\hat{\beta},\hat{v}_{p,h}-\nu_p\}$$

$$= \begin{Bmatrix}f^{-1}(\nu_p)\text{Cov}\{\phi_1(\nu_p),\phi_2(\nu_p)\} - \\ \nu_p\left[C_k\left(\frac{b}{h}\right)n^{-1}b + C_k\left(\frac{h}{b}\right)n^{-1}h\right] + o(n^{-1}h + n^{-1}b)\end{Bmatrix}$$

$$\times\left[f(\nu_p) + \frac{1}{2}f''(\nu_p)\sigma_k^2 b^2 + O(b^4)\right] + o(n^{-1}h + n^{-1}b)$$

$$= \text{Cov}\{\phi_1(\nu_p),\phi_2(\nu_p)\} - \nu_p f(\nu_p)\left[C_k\left(\frac{b}{h}\right)n^{-1}b + C_k\left(\frac{h}{b}\right)n^{-1}h\right]$$

$$+ o(n^{-1}h + n^{-1}b) \tag{7.107}$$

综合(7.101)(7.106)(7.107)三式，再经过简单运算整理，便可得 $\text{Var}\{B_1\}$ 的值为：

$$\text{Var}\{B_1\} = p^{-2}n^{-1}\sigma_1^2(p,n) + 2\nu_p^2 f(\nu_p)p^{-2}\left[C_k\left(\frac{b}{h}\right) - C_k(1)\right]n^{-1}b$$

$$+ 2\nu_p^2 f(\nu_p)p^{-2}\left[C_k\left(\frac{h}{b}\right) - C_k(1)\right]n^{-1}h + o(n^{-1}h + n^{-1}b) \tag{7.108}$$

以下计算 $\text{Var}\{B_2\}$ 的值。由(6.39)式可得，

$$\text{Var}\{B_2\} = \text{Var}\{p^{-2}\hat{\beta}(\hat{\vartheta}-\hat{\omega})\}$$

$$= p^{-4}\text{Var}\{\hat{\beta}(\hat{\vartheta}-\hat{\omega})\}$$

$$= p^{-4}f^2(\nu_p)\text{Var}\{\hat{\beta}(\hat{v}_{p,b}-\nu_p) - \hat{\beta}(\hat{v}_{p,h}-\nu_p)\}$$

所以，需要计算 $\text{Var}\{\hat{\beta}(\hat{v}_{p,b}-\nu_p) - \hat{\beta}(\hat{v}_{p,h}-\nu_p)\}$ 的值。而

$$
\begin{aligned}
&\operatorname{Var}\{\hat{\beta}(\hat{v}_{p,b}-\nu_p)-\hat{\beta}(\hat{v}_{p,h}-\nu_p)\} \\
&\quad =\operatorname{Var}\{\hat{\beta}(\hat{v}_{p,b}-\nu_p)\}+\operatorname{Var}\{\hat{\beta}(\hat{v}_{p,h}-\nu_p)\} \\
&\qquad -2\operatorname{Cov}\{\hat{\beta}(\hat{v}_{p,b}-\nu_p),\hat{\beta}(\hat{v}_{p,h}-\nu_p)\}
\end{aligned}
$$

因此，就要分别计算 $\operatorname{Var}\{\hat{\beta}(\hat{v}_{p,b}-\nu_p)\}$、$\operatorname{Var}\{\hat{\beta}(\hat{v}_{p,h}-\nu_p)\}$、$\operatorname{Cov}\{\hat{\beta}(\hat{v}_{p,b}-\nu_p)$和$\hat{\beta}(\hat{v}_{p,h}-\nu_p)\}$的值。

$$
\begin{aligned}
\operatorname{Var}\{\hat{\beta}(\hat{v}_{p,b}-\nu_p)\} &= \operatorname{Var}\{(\hat{\beta}-\beta+\beta)(\hat{v}_{p,b}-\nu_p)\} \\
&= \beta^2\operatorname{Var}\{\hat{v}_{p,b}\}+\operatorname{Var}\{(\hat{\beta}-\beta)(\hat{v}_{p,b}-\nu_p)\} \\
&\quad +2\beta\operatorname{Cov}\{\hat{v}_{p,b},(\hat{\beta}-\beta)(\hat{v}_{p,b}-\nu_p)\}
\end{aligned}
$$

由引理 7.6 可知，

$$\operatorname{Cov}\{\hat{v}_{p,b},(\hat{\beta}-\beta)(\hat{v}_{p,b}-\nu_p)\}=o(n^{-1}b)$$

运用与计算 $\operatorname{Var}\{(\hat{\eta}-\eta)(\hat{v}_{p,h}-\nu_p)\}$相同的方法，可得，

$$\operatorname{Var}\{(\hat{\beta}-\beta)(\hat{v}_{p,b}-\nu_p)\}=o(n^{-1}b)$$

则加上(7.48)式中 β 的值和(6.48)式中 $\operatorname{Var}\{\hat{v}_{p,b}\}$的值，便可得到 $\operatorname{Var}\{\hat{\beta}(\hat{v}_{p,b}-\nu_p)\}$为：

$$
\begin{aligned}
&\operatorname{Var}\{\hat{\beta}(\hat{v}_{p,b}-\nu_p)\} \\
&\quad =(\beta)^2\operatorname{Var}\{\hat{v}_{p,b}\}+\operatorname{Var}\{(\hat{\beta}-\beta)(\hat{v}_{p,b}-\nu_p)\} \\
&\qquad +2\beta\operatorname{Cov}\{\hat{v}_{p,b},(\hat{\beta}-\beta)(\hat{v}_{p,b}-\nu_p)\} \\
&\quad =\left[p\mu_p-\frac{1}{2}\sigma_k^2b^2(\nu_pf'(\nu_p)+f(\nu_p))+O(b^4)\right]^2 \\
&\qquad \times[n^{-1}f^{-2}(\nu_p)\sigma_o^2(p,n)-2f^{-1}(\nu_p)C_k(1)n^{-1}b \\
&\qquad +o(n^{-1}b)]+o(n^{-1}b) \\
&\quad =n^{-1}p^2\mu_p^2f^{-2}(\nu_p)\sigma_o^2(p,n) \\
&\qquad -2p^2\mu_p^2f^{-1}(\nu_p)C_k(1)n^{-1}b+o(n^{-1}b)
\end{aligned}
\tag{7.109}
$$

此处与计算 $\operatorname{Var}\{\beta(\hat{v}_{p,b}-\nu_p)\}$的方法相同，可得 $\operatorname{Var}\{\hat{\beta}(\hat{v}_{p,h}-\nu_p)\}$ 的值为：

$$
\begin{aligned}
&\operatorname{Var}\{\hat{\beta}(\hat{v}_{p,h}-\nu_p)\}\\
&\quad=\operatorname{Var}\{(\hat{\beta}-\beta+\beta)(\hat{v}_{p,h}-\nu_p)\}\\
&\quad=(\beta)^2\operatorname{Var}\{\hat{v}_{p,h}\}+\operatorname{Var}\{(\hat{\beta}-\beta)(\hat{v}_{p,h}-\nu_p)\}\\
&\qquad+2\beta\operatorname{Cov}\{\hat{v}_{p,h},(\hat{\beta}-\beta)(\hat{v}_{p,h}-\nu_p)\}\\
&\quad=\left[p\mu_p-\frac{1}{2}\sigma_k^2b^2(\nu_pf'(\nu_p)+f(\nu_p))+O(b^4)\right]^2\\
&\qquad\times[n^{-1}f^{-2}(\nu_p)\sigma_o^2(p,n)-2f^{-1}(\nu_p)C_k(1)n^{-1}h+o(n^{-1}h)]\\
&\qquad+o(n^{-1}h+n^{-1}b)\\
&\quad=n^{-1}p^2\mu_p^2f^{-2}(\nu_p)\sigma_o^2(p,n)-2p^2\mu_p^2f^{-1}(\nu_p)C_k(1)n^{-1}h\\
&\qquad+o(n^{-1}h+n^{-1}b)
\end{aligned}
\tag{7.110}
$$

现计算 $\operatorname{Cov}\{\hat{\beta}(\hat{v}_{p,b}-\nu_p),\hat{\beta}(\hat{v}_{p,h}-\nu_p)\}$。

$$
\begin{aligned}
&\operatorname{Cov}\{\hat{\beta}(\hat{v}_{p,b}-\nu_p),\hat{\beta}(\hat{v}_{p,h}-\nu_p)\}\\
&\quad=\operatorname{Cov}\{\hat{\beta}(\hat{v}_{p,b}-\nu_p),(\hat{\beta}-\beta+\beta)(\hat{v}_{p,h}-\nu_p)\}\\
&\quad=\operatorname{Cov}\{\hat{\beta}(\hat{v}_{p,b}-\nu_p),(\hat{\beta}-\beta)(\hat{v}_{p,h}-\nu_p)\}\\
&\qquad+\beta\operatorname{Cov}\{\hat{\beta}(\hat{v}_{p,b}-\nu_p),\hat{v}_{p,h}-\nu_p\}
\end{aligned}
$$

由引理 7.6 可知，

$$
\operatorname{Cov}\{\hat{\beta}(\hat{v}_{p,b}-\nu_p),(\hat{\beta}-\beta)(\hat{v}_{p,h}-\nu_p)\}=o(n^{-1}h+n^{-1}b)
$$

所以，$\operatorname{Cov}\{\hat{\beta}(\hat{v}_{p,b}-\nu_p),\hat{\beta}(\hat{v}_{p,h}-\nu_p)\}$可以简化为：

$$
\begin{aligned}
&\operatorname{Cov}\{\hat{\beta}(\hat{v}_{p,b}-\nu_p),\hat{\beta}(\hat{v}_{p,h}-\nu_p)\}\\
&\quad=\beta\operatorname{Cov}\{\hat{\beta}(\hat{v}_{p,b}-\nu_p),\hat{v}_{p,h}-\nu_p\}+o(n^{-1}h+n^{-1}b)\\
&\quad=\beta\operatorname{Cov}\{(\hat{\beta}-\beta+\beta)(\hat{v}_{p,b}-\nu_p),\hat{v}_{p,h}-\nu_p\}+o(n^{-1}h+n^{-1}b)\\
&\quad=\beta\operatorname{Cov}\{(\hat{\beta}-\beta)(\hat{v}_{p,b}-\nu_p),\hat{v}_{p,h}-\nu_p\}\\
&\qquad+\beta^2\operatorname{Cov}\{\hat{v}_{p,b}-\nu_p,\hat{v}_{p,h}-\nu_p\}+o(n^{-1}h+n^{-1}b)
\end{aligned}
$$

再运用引理 7.6，可得，

$$
\operatorname{Cov}\{(\hat{\beta}-\beta)(\hat{v}_{p,b}-\nu_p),\hat{v}_{p,h}-\nu_p\}=o(n^{-1}h+n^{-1}b)
$$

所以，

$$\begin{aligned}&\mathrm{Cov}\{\hat{\beta}(\hat{v}_{p,b}-\nu_p),\hat{\beta}(\hat{v}_{p,h}-\nu_p)\}\\&\quad=\beta^2\mathrm{Cov}\{\hat{v}_{p,b}-\nu_p,\hat{v}_{p,h}-\nu_p\}+o(n^{-1}h+n^{-1}b)\end{aligned}$$

运用(6.39)式，可将 $\mathrm{Cov}\{\hat{\beta}(\hat{v}_{p,b}-\nu_p),\hat{\beta}(\hat{v}_{p,h}-\nu_p)\}$化简为：

$$\begin{aligned}&\mathrm{Cov}\{\hat{\beta}(\hat{v}_{p,b}-\nu_p),\hat{\beta}(\hat{v}_{p,h}-\nu_p)\}\\&\quad=\beta^2 f^{-2}(\nu_p)\mathrm{Cov}\{\hat{\vartheta},\hat{\omega}\}+o(n^{-1}h+n^{-1}b)\end{aligned}$$

由于根据(7.59)式已经得到 $\mathrm{Cov}\{\hat{\vartheta},\hat{\omega}\}$的值，所以经过简单运算整理就可以得到 $\mathrm{Cov}\{\hat{\beta}(\hat{v}_{p,b}-\nu_p),\hat{\beta}(\hat{v}_{p,h}-\nu_p)\}$的值为：

$$\begin{aligned}&\mathrm{Cov}\{\hat{\beta}(\hat{v}_{p,b}-\nu_p),\hat{\beta}(\hat{v}_{p,h}-\nu_p)\}\\&\quad=p^2\mu_p^2 f^{-2}(\nu_p)n^{-1}\sigma_0^2(p,n)\\&\quad\quad-p^2\mu_p^2 f^{-1}(\nu_p)\left[C_k\left(\frac{h}{b}\right)n^{-1}h+C_k\left(\frac{b}{h}\right)n^{-1}b\right]\\&\quad\quad+o(n^{-1}h+n^{-1}b)\end{aligned}\tag{7.111}$$

综合(7.109)(7.110)(7.111)三式，再经过运算整理，便可得 $\mathrm{Var}\{B_2\}$的值为：

$$\begin{aligned}\mathrm{Var}\{B_2\}=&\ (\mathrm{E}\{\hat{S}_b(\hat{v}_{p,h})\})^{-4}f^2(\nu_p)\\&\times\left\{\begin{aligned}&\mathrm{Var}[\hat{\beta}(\hat{v}_{p,b}-\nu_p)]+\mathrm{Var}[\hat{\beta}(\hat{v}_{p,h}-\nu_p)]\\&-2\mathrm{Cov}[\hat{\beta}(\hat{v}_{p,b}-\nu_p),\hat{\beta}(\hat{v}_{p,h}-\nu_p)]\end{aligned}\right\}\\=&\left[p+\frac{1}{2}f'(\nu_p)\sigma_k^2(h^2-b^2)+o(h^2+b^2)\right]^{-4}f^2(\nu_p)\\&\times\left\{\begin{aligned}&[n^{-1}p^2\mu_p^2 f^{-2}(\nu_p)\sigma_o^2(p,n)-2p^2\mu_p^2 f^{-1}(\nu_p)C_k(1)n^{-1}b+o(n^{-1}b)]\\&+\left[\begin{aligned}&n^{-1}p^2\mu_p^2 f^{-2}(\nu_p)\sigma_o^2(p,n)\\&-2p^2\mu_p^2 f^{-1}(\nu_p)C_k(1)n^{-1}h+o(n^{-1}h+n^{-1}b)\end{aligned}\right]\\&-2[p^2\mu_p^2 f^{-2}(\nu_p)n^{-1}\sigma_0^2(p,n)-p^2\mu_p^2 f^{-1}(\nu_p)\\&\left[C_k\left(\frac{h}{b}\right)n^{-1}h+C_k\left(\frac{b}{h}\right)n^{-1}b\right]\\&+o(n^{-1}h+n^{-1}b)]\end{aligned}\right\}\end{aligned}$$

$$= 2p^{-2}\mu_p^2 f(\nu_p)\left\{\left[C_k\left(\frac{b}{h}\right) - C_k(1)\right]n^{-1}b + \left[C_k\left(\frac{h}{b}\right) - C_k(1)\right]n^{-1}h\right\} + o(n^{-1}h + n^{-1}b) \quad (7.112)$$

最后，计算 $\mathrm{Cov}\{B_1, B_2\}$ 的值。运用引理 7.6 对 $\mathrm{Cov}\{B_1, B_2\}$ 进行化简可得，

$$\begin{aligned}
\mathrm{Cov}\{B_1, B_2\} &= p^{-3}\mathrm{Cov}\{\hat{\beta}, \hat{\beta}(\hat{\vartheta} - \hat{\omega})\} \\
&\quad - p^{-3}\nu_p \mathrm{Cov}\{\hat{\zeta}(\hat{v}_{p,h} - \nu_p), \hat{\beta}(\hat{\vartheta} - \hat{\omega})\} \\
&= p^{-3}\begin{bmatrix} \mathrm{Cov}\{\hat{\beta}, (\hat{\beta} - \beta)(\hat{\vartheta} - \hat{\omega})\} + \beta\mathrm{Cov}\{\hat{\beta}, \hat{\vartheta} - \hat{\omega}\} \\ - \nu_p \mathrm{Cov}\{\hat{\zeta}(\hat{v}_{p,h} - \nu_p), (\hat{\beta} - \beta)(\hat{\vartheta} - \hat{\omega})\} \\ - \beta\nu_p \mathrm{Cov}\{\hat{\zeta}(\hat{v}_{p,h} - \nu_p), \hat{\vartheta} - \hat{\omega}\} \end{bmatrix} \\
&= p^{-3}\begin{bmatrix} \beta\mathrm{Cov}\{\hat{\beta}, \hat{\vartheta} - \hat{\omega}\} \\ - \beta\nu_p \mathrm{Cov}\{\hat{\zeta}(\hat{v}_{p,h} - \nu_p), \hat{\vartheta} - \hat{\omega}\} \end{bmatrix} + o(n^{-1}h + n^{-1}b) \\
&= p^{-3}\begin{bmatrix} \beta\mathrm{Cov}\{\hat{\beta}, \hat{\vartheta} - \hat{\omega}\} - \\ \beta\nu_p \mathrm{Cov}\{(\hat{\zeta} - \zeta)(\hat{v}_{p,h} - \nu_p), \hat{\vartheta} - \hat{\omega}\} \\ - \zeta\beta\nu_p \mathrm{Cov}\{\hat{v}_{p,h} - \nu_p, \hat{\vartheta} - \hat{\omega}\} \end{bmatrix} + o(n^{-1}h + n^{-1}b) \\
&= p^{-3}\begin{bmatrix} \beta\mathrm{Cov}\{\hat{\beta}, \hat{\vartheta} - \hat{\omega}\} \\ - \zeta\beta\nu_p \mathrm{Cov}\{\hat{v}_{p,h} - \nu_p, \hat{\vartheta} - \hat{\omega}\} \end{bmatrix} + o(n^{-1}h + n^{-1}b) \\
&= p^{-3}\begin{bmatrix} \beta\mathrm{Cov}\{\hat{\beta}, \hat{\vartheta} - \hat{\omega}\} \\ - \zeta\beta\nu_p f^{-1}(\nu_p)\mathrm{Cov}\{\hat{\omega}, \hat{\vartheta} - \hat{\omega}\} \end{bmatrix} + o(n^{-1}h + n^{-1}b)
\end{aligned}$$

由(7.53)式可得 $\mathrm{Cov}\{\hat{\beta}, \hat{\omega}\}$ 的值为：

$$\begin{aligned}
&\mathrm{Cov}\{\hat{\beta}, \hat{\omega}\} \\
&= \mathrm{Cov}\{\phi_1(\nu_p), \phi_2(\nu_p)\} - \nu_p f(\nu_p)\left[C_k\left(\frac{h}{b}\right)n^{-1}h + C_k\left(\frac{b}{h}\right)n^{-1}b\right] \\
&\quad + o(n^{-1}h + n^{-1}b)
\end{aligned}$$

由(7.54)式可得 $\mathrm{Cov}\{\hat{\beta}, \hat{\vartheta}\}$ 的值为：

$$\mathrm{Cov}\{\hat{\beta},\hat{\vartheta}\}=\mathrm{Cov}\{\phi_1(\nu_p),\phi_2(\nu_p)\}-2\nu_p f(\nu_p)C_k(1)n^{-1}b+o(n^{-1}b)$$

由(7.59)式可得 $\mathrm{Cov}\{\hat{\omega},\hat{\vartheta}\}$的值为：

$$\mathrm{Cov}\{\hat{\omega},\hat{\vartheta}\}=\mathrm{Var}\{\phi_2(\nu_p)\}-f(\nu_p)\left[C_k\left(\frac{h}{b}\right)n^{-1}h+C_k\left(\frac{b}{h}\right)n^{-1}b\right]+o(n^{-1}h+n^{-1}b)$$

由(7.60)式可得 $\mathrm{Cov}\{\hat{\omega},\hat{\omega}\}$的值为：

$$\mathrm{Cov}\{\hat{\omega},\hat{\omega}\}=\mathrm{Var}\{\phi_2(\nu_p)\}-2f(\nu_p)C_k(1)n^{-1}h+o(n^{-1}h)$$

综合以上各式，并进行计算整理，可得 $\mathrm{Cov}\{B_1,B_2\}$的值为：

$$\mathrm{Cov}\{B_1,B_2\}=2p^{-2}\mu_p\nu_p f(\nu_p)\left[C_k\left(\frac{b}{h}\right)-C_k(1)\right]n^{-1}b+2p^{-2}\mu_p\nu_p f(\nu_p)\left[C_k\left(\frac{h}{b}\right)-C_k(1)\right]n^{-1}h+o(n^{-1}h+n^{-1}b) \tag{7.113}$$

综上所述，我们发现在计算 $\mathrm{Var}\{\hat{\mu}_{p,b,h}\}$时，相当于计算

$$\mathrm{Var}\{B_1\}+\mathrm{Var}\{B_2\}-2\mathrm{Cov}\{B_1,B_2\}+o(n^{-1}h+n^{-1}b).$$

所以，由(7.108)(7.112)(7.113)三式，可得 $\mathrm{Var}\{\hat{\mu}_{p,b,h}\}$的值为：

$$\begin{aligned}\mathrm{Var}\{\hat{\mu}_{p,b,h}\}&=\mathrm{Var}\{B_1\}+\mathrm{Var}\{B_2\}-2\mathrm{Cov}\{B_1,B_2\}+o(n^{-1}h+n^{-1}b)\\&=p^{-2}n^{-1}\sigma_1^2(p,n)+2p^{-2}f(\nu_p)(\nu_p-\mu_p)2\left[C_k\left(\frac{b}{h}\right)-C_k(1)\right]n^{-1}b\\&\quad+2p^{-2}f(\nu_p)(\nu_p-\mu_p)2\left[C_k\left(\frac{h}{b}\right)-C_k(1)\right]n^{-1}h\\&\quad+o(n^{-1}h+n^{-1}b)\end{aligned} \tag{7.114}$$

7.6 附录：ES的非参数估计 $\hat{\mu}_p$ 与 $\hat{\mu}_{p,h}$的期望和方差的计算

定理7.1的证明是在VaR的非参数估计 $\hat{v}_p$ 与 $\hat{v}_{p,h}$和ES的完全经验估计 $\hat{\mu}_p$ 与一步核光滑估计 $\hat{\mu}_{p,h}$的期望和方差基础上完成的。以

下为推导 $\hat{\mu}_p$ 与 $\hat{\mu}_{p,h}$ 的期望和方差的详细过程。

7.6.1 计算 $\hat{\mu}_p$ 的期望和方差

由前文已经定义的符号,易得以下关系式:

$$\hat{\mu}_p = \frac{\sum_{t=1}^{n} Y_t I(Y_t \geqslant \hat{v}_p)}{\sum_{t=1}^{n} I(Y_t \geqslant \hat{v}_p)} = \frac{\phi_1(\hat{v}_p)}{\phi_2(\hat{v}_p)} \tag{7.115}$$

由引理 7.4,可得,

$$\begin{aligned} & n^{-1}\sum_{t=1}^{n} Y_t I(Y_t \geqslant \hat{v}_p) \\ & = n^{-1}\sum_{t=1}^{n} Y_t I(Y_t \geqslant \nu_p) - n^{-1}\nu_p \left[\sum_{t=1}^{n} I(Y_t \geqslant \nu_p) - \sum_{t=1}^{n} I(Y_t \geqslant \hat{v}_p)\right] \\ & + o(n^{-3/4+\kappa}) \end{aligned}$$

即

$$\phi_1(\hat{v}_p) = \phi_1(\nu_p) + \nu_p(\phi_2(\hat{v}_p) - \phi_2(\nu_p)) + o(n^{-3/4+\kappa}) \tag{7.116}$$

其中,

$$\phi_2(\hat{v}_p) = \frac{1}{n}\sum_{t=1}^{n} I(Y_t \geqslant \hat{v}_p) = \frac{[np]+1}{n} = p + O(n^{-1}) \tag{7.117}$$

$[np]$表示不大于 np 的最大整数。对 $\hat{\mu}_p$ 进行形式转换,可得,

$$\hat{\mu}_p = \mu_p + \hat{\mu}_p - \mu_p = \mu_p + \frac{\phi_1(\hat{v}_p)}{\phi_2(\hat{v}_p)} - \mu_p$$

于是,将(7.116)式和(7.117)式代入上式,并通过简单计算,可得,

$$\begin{aligned} \hat{\mu}_p &= \mu_p + \hat{\mu}_p - \mu_p \\ &= \mu_p + \frac{\phi_1(\hat{v}_p)}{\phi_2(\hat{v}_p)} - \mu_p \\ &= \mu_p + \frac{\phi_1(\nu_p) + \nu_p(p + O(n^{-1}) - \phi_2(\nu_p)) + o(n^{-3/4+\kappa})}{p + O(n^{-1})} - \mu_p \\ &= \mu_p + p^{-1}\{\phi_1(\nu_p) - p\mu_p\} + p^{-1}\nu_p\{p - \phi_2(\nu_p) + O(n^{-1})\} + o(n^{-3/4+\kappa}) \end{aligned}$$

$$= \mu_p + p^{-1}\{\phi_1(\nu_p) - p\mu_p\} + p^{-1}\nu_p\{p - \phi_2(\nu_p)\} + o(n^{-3/4+\kappa})$$

$$= \mu_p + p^{-1}\left\{n^{-1}\sum_{t=1}^{n} Y_t I(Y_t \geqslant \nu_p) - p\mu_p + p\nu_p - \nu_p n^{-1}\sum_{t=1}^{n} I(Y_t \geqslant \nu_p)\right\} + o(n^{-3/4+\kappa})$$

$$= \mu_p + p^{-1}\left\{n^{-1}\sum_{t=1}^{n}(Y_t - \nu_p)I(Y_t \geqslant \nu_p) - p(\mu_p - \nu_p)\right\} + o(n^{-3/4+\kappa})$$

$$= \mu_p + p^{-1}\{\phi_1(\nu_p) - \nu_p\phi_2(\nu_p) - p(\mu_p - \nu_p)\} + o(n^{-3/4+\kappa}) \tag{7.118}$$

由(7.118)式，可得 $\hat{\mu}_p$ 的期望为：

$$\begin{aligned} E\{\hat{\mu}_p\} &= E\{\mu_p + p^{-1}\{\phi_1(\nu_p) - \nu_p\phi_2(\nu_p) - p(\mu_p - \nu_p)\} + o(n^{-3/4+\kappa})\} \\ &= \mu_p + p^{-1}\{E\{\phi_1(\nu_p)\} - \nu_p E\{\phi_2(\nu_p)\} - p(\mu_p - \nu_p)\} + o(n^{-3/4+\kappa}) \\ &= \mu_p + p^{-1}\{p\mu_p - p\nu_p - p(\mu_p - \nu_p)\} + o(n^{-3/4+\kappa}) \\ &= \mu_p + O(n^{-3/4}) \end{aligned} \tag{7.119}$$

于是，$\hat{\mu}_p$ 的偏差为：

$$\text{Bias}\{\hat{\mu}_p\} = O(n^{-3/4}) \tag{7.120}$$

下面继续利用(7.118)式计算 $\hat{\mu}_p$ 的方差。

$$\begin{aligned} \text{Var}\{\hat{\mu}_p\} &= \text{Var}\{\mu_p + p^{-1}\{\phi_1(\nu_p) - \nu_p\phi_2(\nu_p) - p(\mu_p - \nu_p)\} + o(n^{-3/4+\kappa})\} \\ &= p^{-2}\text{Var}\{\phi_1(\nu_p) - \nu_p\phi_2(\nu_p))\} + o(n^{-3/4+\kappa}) \end{aligned}$$

于是，只需计算 $\text{Var}\{\phi_1(\nu_p) - \nu_p\phi_2(\nu_p))\}$ 的值。

$$\begin{aligned} &\text{Var}\{\phi_1(\nu_p) - \nu_p\phi_2(\nu_p))\} \\ &= \text{Var}\left\{\frac{1}{n}\sum_{t=1}^{n}(Y_t - \nu_p)I(Y_t \geqslant \nu_p)\right\} \\ &= n^{-1}\text{Var}\{(Y_1 - \nu_p)I(Y_1 \geqslant \nu_p)\} \\ &\quad + n^{-1}2\sum_{k=1}^{n-1}\left(1 - \frac{k}{n}\right)\text{Cov}\{(Y_1 - \nu_p)I(Y_1 \geqslant \nu_p), (Y_{k+1} - \nu_p)I(Y_{k+1} \geqslant \nu_p)\} \\ &= n^{-1}\sigma_1^2(p, n) \end{aligned} \tag{7.121}$$

其中，

$$\sigma_1^2(p, n) = \text{Var}\{(Y_1 - \nu_p)I(Y_1 \geqslant \nu_p)\} + 2\sum_{k=1}^{n-1}\left(1 - \frac{k}{n}\right)r_1(k)$$

$$r_1(k) = \mathrm{Cov}\{(Y_1 - \nu_p)I(Y_1 \geqslant \nu_p), (Y_{k+1} - \nu_p)I(Y_{k+1} \geqslant \nu_p)\}$$

所以，可以得到 $\hat{\mu}_p$ 的方差为：

$$\begin{aligned}\mathrm{Var}\{\hat{\mu}_p\} &= p^{-2}\mathrm{Var}\{\phi_1(\nu_p) - \nu_p\phi_2(\nu_p))\} + o(n^{-3/4+\kappa}) \\ &= p^{-2}n^{-1}\sigma_1^2(p,n) + o(n^{-1})\end{aligned} \tag{7.122}$$

由(7.120)和(7.122)式可得 $\hat{\mu}_p$ 的均方误差为：

$$\begin{aligned}\mathrm{MSE}\{\hat{\mu}_p\} &= \mathrm{Var}\{\hat{\mu}_p\} + [\mathrm{Bias}\{\hat{\mu}_p\}]^2 \\ &= p^{-2}n^{-1}\sigma_1^2(p,n) + o(n^{-1})\end{aligned} \tag{7.123}$$

7.6.2 计算 $\hat{\mu}_{p,h}$ 的期望和方差

笔者已在前面章节介绍过 ES 的一步核光滑估计 $\hat{\mu}_{p,h}$ 为：

$$\hat{\mu}_{p,h} = \frac{\sum_{t=1}^{n} Y_t G_h(\hat{v}_{p,h} - Y_t)}{np} \tag{7.124}$$

将 $G_h(\hat{v}_{p,h} - Y_t)$ 在 $(\nu_p - Y_t)$ 处进行泰勒展开，可得

$$\begin{aligned}&G_h(\hat{v}_{p,h} - Y_t) \\ &= G_h(\nu_{p,h} - Y_t) - K_h(\nu_{p,h} - Y_t)(\hat{v}_{p,h} - \nu_p) + O((\hat{v}_{p,h} - \nu_p)^2)\end{aligned} \tag{7.125}$$

对 $\hat{\mu}_{p,h}$ 进行形式转化，将(7.125)式代入(7.124)式，可得，

$$\begin{aligned}\hat{\mu}_{p,h} &= \frac{1}{np}\sum_{t=1}^{n} Y_t G_h(\nu_p - Y_t) \\ &\quad - \frac{1}{np}\sum_{t=1}^{n} Y_t K_h(\nu_p - Y_t)(\hat{v}_{p,h} - \nu_p) + O(n^{-1}) + o(h^2) \\ &= p^{-1}\hat{\omega} - p^{-1}\hat{\eta}(\hat{v}_{p,h} - \nu_p) + O(n^{-1}) + o(h^2) \\ &= A_1 - A_2 + O(n^{-1}) + o(h^2)\end{aligned} \tag{7.126}$$

其中，

$$A_1 = p^{-1}\hat{\omega}$$

$$A_2 = p^{-1}\hat{\eta}(\hat{v}_{p,h} - \nu_p)$$

所以，$E\{\hat{\mu}_{p,h}\}$可以记为：

$$E\{\hat{\mu}_{p,h}\} = E\{A_1\} - E\{A_2\} + O(n^{-1}) + o(h^2)$$

由(7.48)式可以得到$E\{A_1\}$的值为：

$$\begin{aligned} E\{A_1\} &= p^{-1}E\{\hat{\omega}\} \\ &= p^{-1}\left\{p\mu_p - \frac{1}{2}\sigma_k^2 h^2(\nu_p f'(\nu_p) + f(\nu_p)) + O(h^4)\right\} \\ &= \mu_p - \frac{1}{2}p^{-1}\sigma_k^2 h^2(\nu_p f'(\nu_p) + f(\nu_p)) + O(h^4) \end{aligned} \tag{7.127}$$

下面计算$E\{A_2\}$的值。

$$\begin{aligned} E\{A_2\} &= p^{-1}E\{\hat{\eta}(\hat{v}_{p,h} - \nu_p)\} \\ &= p^{-1}E\{\hat{\eta}\}E\{\hat{v}_{p,h} - \nu_p\} + p^{-1}\mathrm{Cov}\{\hat{\eta},(\hat{v}_{p,h} - \nu_p)\} \end{aligned}$$

故需要分别计算$E\{\hat{\eta}\}$、$E\{\hat{v}_{p,h} - \nu_p\}$和$\mathrm{Cov}\{\hat{\eta},(\hat{v}_{p,h} - \nu_p)\}$的值。

$$\begin{aligned} E\{\hat{\eta}\} &= E\left\{\frac{1}{n}\sum_{t=1}^{n} Y_t K_h(\nu_p - Y_t)\right\} \\ &= E\{Y_1 K_h(\nu_p - Y_1)\} \\ &= \frac{1}{h}\int_{-\infty}^{\infty} y f(y) K\left(\frac{\nu_p - y}{h}\right)dy \\ &= \int_{-\infty}^{\infty} K(z)(\nu_p - hz) f(\nu_p - hz)dz \\ &= \int_{-\infty}^{\infty} K(z)\{\nu_p f(\nu_p) - [\nu_p f'(\nu_p) + f(\nu_p)]hz + O(h^2 z^2)\}dz \\ &= \nu_p f(\nu_p) + O(h^2) \end{aligned} \tag{7.128}$$

由(6.43)式可知，

$$\begin{aligned} E\{\hat{v}_{p,h} - \nu_p\} &= E\{\hat{v}_{p,h}\} - \nu_p \\ &= -\frac{1}{2}f^{-1}(\nu_p)f'(\nu_p)\sigma_k^2 h^2 + o(h^2) \end{aligned} \tag{7.129}$$

由引理7.6可得，

$$\mathrm{Cov}\{\hat{\eta},(\hat{v}_{p,h} - \nu_p)\} = O(n^{-1}) \tag{7.130}$$

所以,综合(7.128)(7.129)(7.130)三式,可得 $\mathrm{E}\{A_2\}$的值为:

$$\begin{aligned}\mathrm{E}(A_2) &= p^{-1}\mathrm{E}\{\hat{\eta}\}\mathrm{E}\{\hat{v}_{p,h}-\nu_p\}+p^{-1}\mathrm{Cov}\{\hat{\eta},(\hat{v}_{p,h}-\nu_p)\}\\ &= p^{-1}[\nu_p f(\nu_p)+O(h^2)]\\ &\quad\times\left[-\frac{1}{2}f^{-1}(\nu_p)f'(\nu_p)\sigma_k^2h^2+o(h^2)\right]+O(n^{-1})\\ &=-\frac{1}{2}\sigma_k^2p^{-1}\nu_pf'(\nu_p)h^2+O(n^{-1})+o(h^2)\end{aligned} \tag{7.131}$$

于是,由(7.127)和(7.131)式可以得到 $\hat{\mu}_{p,h}$的期望为:

$$\begin{aligned}\mathrm{E}\{\hat{\mu}_{p,h}\} &= \mathrm{E}(A_1)-\mathrm{E}(A_2)+O(n^{-1})+o(h^2)\\ &=\mu_p-\frac{1}{2}p^{-1}\sigma_k^2h^2(\nu_pf'(\nu_p)+f(\nu_p))+O(h^4)\\ &\quad-\left[-\frac{1}{2}\sigma_k^2p^{-1}\nu_pf'(\nu_p)h^2+O(n^{-1})+o(h^2)\right]\\ &\quad+O(n^{-1})+o(h^2)\\ &=\mu_p-\frac{1}{2}p^{-1}\sigma_k^2f(\nu_p)h^2+O(n^{-1})+o(h^2)\end{aligned} \tag{7.132}$$

接着可以得到 $\hat{\mu}_{p,h}$的偏差为:

$$\mathrm{Bias}\{\hat{\mu}_{p,h}\}=-\frac{1}{2}p^{-1}\sigma_k^2f(\nu_p)h^2+O(n^{-1})+o(h^2) \tag{7.133}$$

下面计算 $\hat{\mu}_{p,h}$的方差。

$$\mathrm{Var}\{\hat{\mu}_{p,h}\}=\mathrm{Var}\{A_1\}+\mathrm{Var}\{A_2\}-2\mathrm{Cov}\{A_1,A_2\}$$

$\mathrm{Var}\{A_1\}$的值如下:

$$\begin{aligned}\mathrm{Var}\{A_1\} &= p^{-2}\mathrm{Var}\{\hat{\omega}\}\\ &= p^{-2}n^{-1}\mathrm{Var}\{Y_1G_h(\nu_p-Y_1)\}+2p^{-2}n^{-1}\sum_{k=1}^{n-1}\left(1-\frac{k}{n}\right)\\ &\quad\cdot\mathrm{Cov}\{Y_1G_h(\nu_p-Y_1),Y_{k+1}G_h(\nu_p-Y_{k+1})\}\end{aligned} \tag{7.134}$$

其中,

$\mathrm{Var}\{Y_1 G_h(\nu_p - Y_1)\} = \mathrm{E}\,[Y_1 G_h(\nu_p - Y_1)]^2 - \{\mathrm{E}[Y_1 G_h(\nu_p - Y_1)]\}^2$
由(7.48)式可知，

$$\mathrm{E}\{Y_1 G_h(\nu_p - Y_1)\} = p\mu_p - \frac{1}{2}\sigma_k^2 h^2 (\nu_p f'(\nu_p) + f(\nu_p)) + O(h^4)$$

计算 $\mathrm{E}\,[Y_1 G_h(\nu_p - Y_1)]^2$ 所用的方法与之前证明引理 7.6 结论(8)时，计算 $\mathrm{E}\{Y_1 G_b(\nu_p - Y_1) G_h(\nu_p - Y_1)\}$所用的方法相同，即，

$$\begin{aligned}
&\mathrm{E}\,[Y_1 G_h(\nu_p - Y_1)]^2 \\
&= \int_{-\infty}^{\infty} y^2 f(y)\mathrm{d}y \int_{\frac{\nu_p - y}{h}}^{\infty} K(u)\mathrm{d}u \int_{\frac{\nu_p - y}{h}}^{\infty} K(v)\mathrm{d}v \\
&= \int_{-\infty}^{\infty} K(u)\mathrm{d}u \int_{-\infty}^{\infty} K(v)\mathrm{d}v \int_{y \geqslant \max\{\nu_p - hu, \nu_p - hv\}} y^2 f(y)\mathrm{d}y \\
&= \int_{-\infty}^{\infty} K(u)\mathrm{d}u \int_{-\infty}^{u} K(v)\mathrm{d}v \int_{\nu_p - hv}^{\infty} y^2 f(y)\mathrm{d}y \\
&\quad + \int_{-\infty}^{\infty} K(u)\mathrm{d}u \int_{u}^{\infty} K(v)\mathrm{d}v \int_{\nu_p - hu}^{\infty} y^2 f(y)\mathrm{d}y \\
&= \int_{-\infty}^{\infty} K(u)\mathrm{d}u \int_{-\infty}^{u} K(v)\mathrm{d}v \left[\int_{\nu_p - hv}^{\nu_p} y^2 f(y)\mathrm{d}y + \int_{\nu_p}^{\infty} y^2 f(y)\mathrm{d}y\right] \\
&\quad + \int_{-\infty}^{\infty} K(u)\mathrm{d}u \int_{u}^{\infty} K(v)\mathrm{d}v \left[\int_{\nu_p - hu}^{\nu_p} y^2 f(y)\mathrm{d}y + \int_{\nu_p}^{\infty} y^2 f(y)\mathrm{d}y\right] \\
&= \int_{\nu_p}^{\infty} y^2 f(y)\mathrm{d}y + \int_{-\infty}^{\infty} K(u)\mathrm{d}u \int_{-\infty}^{u} K(v)\mathrm{d}v \int_{\nu_p - hv}^{\nu_p} y^2 f(y)\mathrm{d}y \\
&\quad + \int_{-\infty}^{\infty} K(u)\mathrm{d}u \int_{u}^{\infty} K(v)\mathrm{d}v \int_{\nu_p - hu}^{\nu_p} y^2 f(y)\mathrm{d}y \\
&= \int_{\nu_p}^{\infty} y^2 f(y)\mathrm{d}y + \int_{-\infty}^{\infty} K(u)\mathrm{d}u \int_{-\infty}^{u} K(v)\mathrm{d}v \int_{\nu_p - hv}^{\nu_p} [\nu_p^2 f(\nu_p) + O(y - \nu_p)]\mathrm{d}y \\
&\quad + \int_{-\infty}^{\infty} K(u)\mathrm{d}u \int_{u}^{\infty} K(v)\mathrm{d}v \int_{\nu_p - hu}^{\nu_p} [\nu_p^2 f(\nu_p) + O(y - \nu_p)]\mathrm{d}y \\
&= \int_{\nu_p}^{\infty} y^2 f(y)\mathrm{d}y + \int_{-\infty}^{\infty} K(u)\mathrm{d}u \int_{-\infty}^{u} [\nu_p^2 f(\nu_p) hv + O(h^2 v^2)] K(v)\mathrm{d}v \\
&\quad + \int_{-\infty}^{\infty} K(u)\mathrm{d}u \int_{u}^{\infty} [\nu_p^2 f(\nu_p) hu + O(h^2 u^2)] K(v)\mathrm{d}v \\
&= \int_{\nu_p}^{\infty} y^2 f(y)\mathrm{d}y + \nu_p^2 f(\nu_p) h \int_{-\infty}^{\infty} K(u)\mathrm{d}u \int_{-\infty}^{u} vK(v)\mathrm{d}v
\end{aligned}$$

$$+\nu_p^2 f(\nu_p)h\int_{-\infty}^{\infty}uK(u)\mathrm{d}u\int_{u}^{\infty}K(v)\mathrm{d}v+O(h^2)$$

$$=\int_{\nu_p}^{\infty}y^2 f(y)\mathrm{d}y-2\nu_p^2 f(\nu_p)h\int_{-\infty}^{\infty}uK(u)\mathrm{d}u\int_{-\infty}^{u}K(v)\mathrm{d}v+O(h^2)$$

$$=\int_{\nu_p}^{\infty}y^2 f(y)\mathrm{d}y-2C_k(1)\nu_p^2 f(\nu_p)h+O(h^2) \tag{7.135}$$

其中，

$$C_k(t)=\int_{-\infty}^{\infty}uK(u)\mathrm{d}u\int_{-\infty}^{tu}K(v)\mathrm{d}v$$

于是可得 $\mathrm{Var}\{Y_1G_h(\nu_p-Y_1)\}$的值为：

$$\begin{aligned}&\mathrm{Var}\{Y_1G_h(\nu_p-Y_1)\}\\&\quad=\mathrm{E}\,[Y_1G_h(\nu_p-Y_1)]^2-\{\mathrm{E}[Y_1G_h(\nu_p-Y_1)]\}^2\\&\quad=\int_{\nu_p}^{\infty}y^2 f(y)\mathrm{d}y-2C_k(1)\nu_p^2 f(\nu_p)h+O(h^2)\\&\qquad-\left[p\mu_p-\frac{1}{2}\sigma_k^2h^2(\nu_p f'(\nu_p)+f(\nu_p))+O(h^4)\right]^2\\&\quad=\int_{\nu_p}^{\infty}y^2 f(y)\mathrm{d}y-2C_k(1)\nu_p^2 f(\nu_p)h-p^2\mu_p^2+O(h^2)\end{aligned} \tag{7.136}$$

因为

$$\begin{aligned}&\mathrm{Var}\{Y_1I(Y_1\geqslant\nu_p)\}\\&\quad=\mathrm{E}\,\{Y_1I(Y_1\geqslant\nu_p)\}^2-[\mathrm{E}\{Y_1I(Y_1\geqslant\nu_p)\}]^2\\&\quad=\int_{-\infty}^{\infty}y^2I^2(Y_1\geqslant\nu_p)f(y)\mathrm{d}y-\left(\int_{-\infty}^{\infty}yI(Y_1\geqslant\nu_p)f(y)\mathrm{d}y\right)\\&\quad=\int_{\nu_p}^{\infty}y^2 f(y)\mathrm{d}y-\left(\int_{\nu_p}^{\infty}yf(y)\mathrm{d}y\right)^2\\&\quad=\int_{\nu_p}^{\infty}y^2 f(y)\mathrm{d}y-p^2\mu_p^2\end{aligned}$$

所以，$\mathrm{Var}\{Y_1G_h(\nu_p-Y_1)\}$又可以记为：

$$\begin{aligned}&\mathrm{Var}\{Y_1G_h(\nu_p-Y_1)\}\\&\quad=\int_{\nu_p}^{\infty}y^2 f(y)\mathrm{d}y-2C_k(1)\nu_p^2 f(\nu_p)h-p^2\mu_p^2+O(h^2)\end{aligned}$$

$$= \mathrm{Var}\{Y_1 I(Y_1 \geqslant \nu_p)\} - 2C_k(1)\nu_p^2 f(\nu_p)h + O(h^2) \tag{7.137}$$

由引理7.5可知，

$$\sum_{k=1}^{n-1}\left(1-\frac{k}{n}\right)\mathrm{Cov}\{Y_1 G_h(\nu_p - Y_1), Y_{k+1}G_h(\nu_p - Y_{k+1})\}$$
$$= \sum_{k=1}^{n-1}\left(1-\frac{k}{n}\right)\mathrm{Cov}\{Y_1 I(Y_1 \geqslant \nu_p), Y_{k+1} I(Y_{k+1} \geqslant \nu_p)\} + o(h) \tag{7.138}$$

将(7.137)和(7.138)两式代入(7.134)式，并根据(7.27)式 Var $\{\phi_1(\nu_p)\}$的表达式，便可以得到 Var$\{A_1\}$的值为：

$$\begin{aligned}\mathrm{Var}(A_1) = &\ p^{-2}n^{-1}\mathrm{Var}\{Y_1 G_h(\nu_p - Y_1)\}\\
&+ 2p^{-2}n^{-1}\sum_{k=1}^{n-1}\left(1-\frac{k}{n}\right)\mathrm{Cov}\{Y_1 G_h(\nu_p - Y_1),\\
&Y_{k+1}G_h(\nu_p - Y_{k+1})\} = p^{-2}n^{-1}[\mathrm{Var}\{Y_1 I(Y_1 \geqslant \nu_p)\}\\
&- 2C_k(1)\nu_p^2 f(\nu_p)h + O(n^{-1}h^2)]\\
&+ 2p^{-2}n^{-1}\sum_{k=1}^{n-1}\left(1-\frac{k}{n}\right)\mathrm{Cov}\{Y_1 I(Y_1 \geqslant \nu_p),\\
&Y_{k+1} I(Y_{k+1} \geqslant \nu_p)\} + o(n^{-1}h) = p^{-2}\mathrm{Var}\{\phi_1(\nu_p)\}\\
&- 2C_k(1)\nu_p^2 f(\nu_p)p^{-2}n^{-1}h + o(n^{-1}h)\end{aligned} \tag{7.139}$$

以下计算 Var$\{A_2\}$的值。

$$\begin{aligned}\mathrm{Var}(A_2) &= \mathrm{Var}\{p^{-1}\hat{\eta}(\hat{v}_{p,h} - \nu_p)\} = p^{-2}\mathrm{Var}\{[\eta + \hat{\eta} - \eta](\hat{v}_{p,h} - \nu_p)\}\\
&= p^{-2}\mathrm{Var}\{\eta(\hat{v}_{p,h} - \nu_p) + [\hat{\eta} - \eta](\hat{v}_{p,h} - \nu_p)\}\\
&= p^{-2}\eta^2\mathrm{Var}(\hat{v}_{p,h} - \nu_p) + p^{-2}\mathrm{Var}\{[\hat{\eta} - \eta](\hat{v}_{p,h} - \nu_p)\}\\
&\quad + 2p^{-2}\mathrm{Cov}\{\eta(\hat{v}_{p,h} - \nu_p), [\hat{\eta} - \eta](\hat{v}_{p,h} - \nu_p)\}\\
&= p^{-2}\eta^2\mathrm{Var}(\hat{v}_{p,h}) + p^{-2}\mathrm{Var}\{[\hat{\eta} - \eta](\hat{v}_{p,h} - \nu_p)\}\\
&\quad + 2p^{-2}\eta\mathrm{Cov}\{\hat{v}_{p,h}, [\hat{\eta} - \eta](\hat{v}_{p,h} - \nu_p)\}\end{aligned}$$

将(6.48)式和(7.128)式代入 $p^{-2}\eta^2\mathrm{Var}\{\hat{v}_{p,h}\}$，经过简单计算可得

$$p^{-2}\eta^2\mathrm{Var}(\hat{v}_{p,h}) = p^{-2}\ [\nu_p f(\nu_p) + O(h^2)]^2$$
$$\cdot [n^{-1}f^{-2}(\nu_p)\sigma_o^2(p,n) - 2f^{-1}(\nu_p)C_k(1)n^{-1}h + o(n^{-1}h)]$$
$$= p^{-2}\nu_p^2 n^{-1}\sigma_o^2(p,n) - 2p^{-2}\nu_p^2 f(\nu_p)C_k(1)n^{-1}h + o(n^{-1}h)$$
$$= p^{-2}\nu_p^2\mathrm{Var}\left\{n^{-1}\sum_{t=1}^{n} I(Y_t \geqslant \nu_p)\right\}$$
$$- 2p^{-2}\nu_p^2 f(\nu_p)C_k(1)n^{-1}h + o(n^{-1}h)$$
$$= p^{-2}\nu_p^2\mathrm{Var}\{\phi_2(\nu_p)\} - 2p^{-2}\nu_p^2 f(\nu_p)C_k(1)n^{-1}h + o(n^{-1}h) \tag{7.140}$$

以下计算 $p^{-2}\mathrm{Var}\{(\hat{\eta}-\eta)(\hat{v}_{p,h}-\nu_p)\}$的值。

$$p^{-2}\mathrm{Var}\{(\hat{\eta}-\eta)(\hat{v}_{p,h}-\nu_p)\}$$
$$= p^{-2}\{\mathrm{E}[(\hat{\eta}-\eta)^2\ (\hat{v}_{p,h}-\nu_p)^2] - [\mathrm{E}\{(\hat{\eta}-\eta)(\hat{v}_{p,h}-\nu_p)\}]^2\}$$

先处理 $\mathrm{E}[(\hat{\eta}-\eta)^2\ (\hat{v}_{p,h}-\nu_p)^2]$，由 Cauchy-Schwartz 不等式可得：

$$\mathrm{E}[(\hat{\eta}-\eta)^2\ (\hat{v}_{p,h}-\nu_p)^2] \leqslant \sqrt{\mathrm{E}\ (\hat{v}_{p,h}-\nu_p)^4\mathrm{E}\ (\hat{\eta}-\eta)^4}$$

又因为(Yokoyama，1980)

$$\mathrm{E}\ (\hat{v}_{p,h}-\nu_p)^4 \leqslant Cn^{-2}$$

其中，C 为一大于 0 的常数，

$$\mathrm{E}\ (\hat{\eta}-\eta)^4 = O(n^{-2}h^{-3})$$

于是，有

$$\mathrm{E}[(\hat{\eta}-\eta)^2\ (\hat{v}_{p,h}-\nu_p)^2]$$
$$\leqslant \sqrt{\mathrm{E}\ (\hat{v}_{p,h}-\nu_p)^4\mathrm{E}\ (\hat{\eta}-\eta)^4}$$
$$\leqslant \sqrt{Cn^{-2}O(n^{-2}h^{-3})}$$
$$= \sqrt{O(n^{-4}h^{-3})}$$
$$= O(n^{-2}h^{-3/2})$$

再处理第二项 $[\mathrm{E}\{(\hat{\eta}-\eta)(\hat{v}_{p,h}-\nu_p)\}]^2$，由(6.39)式和(7.131)式，可得，

$$[\mathrm{E}\{(\hat{\eta}-\eta)(\hat{v}_{p,h}-\nu_p)\}]^2$$
$$= [\mathrm{E}\{\hat{\eta}(\hat{v}_{p,h}-\nu_p)\} - \eta\mathrm{E}\{\hat{v}_{p,h}-\nu_p\}]^2$$

$$= [O(h^2)]^2$$

综上,可得,

$$\begin{aligned} & p^{-2}\text{Var}\{(\hat{\eta}-\eta)(\hat{v}_{p,h}-\nu_p)\} \\ & \quad \leqslant O(n^{-2}h^{-3/2}) + [O(h^2)]^2 = O(n^{-2}h^{-3/2}) \end{aligned} \tag{7.141}$$

另,由引理 7.6 可知,

$$2p^{-2}\eta\text{Cov}\{\hat{v}_{p,h},(\hat{\eta}-\eta)(\hat{v}_{p,h}-\nu_p)\} = o(n^{-1}h) \tag{7.142}$$

所以,综合(7.140)(7.141)和(7.142)式,便可以得到 $\text{Var}\{A_2\}$ 的值为:

$$\begin{aligned} \text{Var}\{A_2\} &= p^{-2}\eta^2\text{Var}\{\hat{v}_{p,h}\} + p^{-2}\text{Var}\{(\hat{\eta}-\eta)(\hat{v}_{p,h}-\nu_p)\} \\ &\quad + 2p^{-2}\eta\text{Cov}\{\hat{v}_{p,h},(\hat{\eta}-\eta)(\hat{v}_{p,h}-\nu_p)\} \\ &= p^{-2}\nu_p^2\text{Var}\{\phi_2(\nu_p)\} - 2p^{-2}\nu_p^2 f(\nu_p)C_k(1)n^{-1}h \\ &\quad + o(n^{-1}h) + O(n^{-2}h^{-3/2}) + o(n^{-1}h) \\ &= p^{-2}\nu_p^2\text{Var}\{\phi_2(\nu_p)\} - 2p^{-2}\nu_p^2 f(\nu_p)C_k(1)n^{-1}h + o(n^{-1}h) \end{aligned} \tag{7.143}$$

再计算 $\text{Cov}\{A_1,A_2\}$ 的值。

$$\begin{aligned} & \text{Cov}\{A_1,A_2\} \\ & \quad = \text{Cov}\{p^{-1}\hat{\bar{\omega}}, p^{-1}\hat{\eta}(\hat{v}_{p,h}-\nu_p)\} \\ & \quad = p^{-2}\text{Cov}\{\hat{\bar{\omega}},\hat{\eta}(\hat{v}_{p,h}-\nu_p)\} \\ & \quad = p^{-2}\text{Cov}\{\hat{\bar{\omega}},(\hat{\eta}-\eta)(\hat{v}_{p,h}-\nu_p)\} + p^{-2}\eta\text{Cov}\{\hat{\bar{\omega}},(\hat{v}_{p,h}-\nu_p)\} \end{aligned}$$

先处理第一项 $p^{-2}\text{Cov}\{\hat{\bar{\omega}},(\hat{\eta}-\eta)(\hat{v}_{p,h}-\nu_p)\}$。由引理 7.6 可知,

$$\text{Cov}\{\hat{\bar{\omega}},(\hat{\eta}-\eta)(\hat{v}_{p,h}-\nu_p)\} = o(n^{-1}h)$$

再处理第二项 $p^{-2}\eta\text{Cov}\{\hat{\bar{\omega}},(\hat{v}_{p,h}-\nu_p)\}$。根据(6.39)式,有

$$\begin{aligned} & p^{-2}\eta\text{Cov}\{\hat{\bar{\omega}},(\hat{v}_{p,h}-\nu_p)\} \\ & \quad = p^{-2}\eta\text{Cov}\left\{\hat{\bar{\omega}},\frac{\hat{S}_h(\nu_p)-p}{f(\nu_p)} + O(n^{-1}h^{-1/2}+n^{-1/2}h^2)\right\} \\ & \quad = p^{-2}\eta f^{-1}(\nu_p)\text{Cov}\{\hat{\bar{\omega}},\hat{S}_h(\nu_p)\} \end{aligned}$$

$$= p^{-2}\eta f^{-1}(\nu_p)\mathrm{Cov}\left\{\hat{\bar{\omega}}, n^{-1}\sum_{t=1}^{n} G_h(\nu_p - Y_t)\right\}$$

$$= p^{-2}\eta f^{-1}(\nu_p)\mathrm{Cov}\{\hat{\bar{\omega}}, \hat{\omega}\}$$

之后只需计算 $\mathrm{Cov}\{\hat{\bar{\omega}}, \hat{\omega}\}$ 即可。

$$\begin{aligned}
\mathrm{Cov}\{\hat{\bar{\omega}}, \hat{\omega}\} &= \mathrm{Cov}\left\{n^{-1}\sum_{t=1}^{n} Y_t G_h(\nu_p - Y_t), n^{-1}\sum_{t=1}^{n} G_h(\nu_p - Y_t)\right\} \\
&= n^{-1}\mathrm{Cov}\{Y_1 G_h(\nu_p - Y_1), G_h(\nu_p - Y_1)\} \\
&\quad + n^{-1} 2\sum_{k=1}^{n-1}\left(1 - \frac{k}{n}\right)\mathrm{Cov}\{Y_1 G_h(\nu_p - Y_1), G_h(\nu_p - Y_{k+1})\}
\end{aligned}$$

其中，

$$\begin{aligned}
&\mathrm{Cov}\{Y_1 G_h(\nu_p - Y_1), G_h(\nu_p - Y_1)\} \\
&\quad = \mathrm{E}\{Y_1 G_h^2(\nu_p - Y_1)\} - \mathrm{E}\{Y_1 G_h(\nu_p - Y_1)\}\mathrm{E}\{G_h(\nu_p - Y_1)\}
\end{aligned}$$

以下计算 $\mathrm{E}\{Y_1 G_h^2(\nu_p - Y_1)\}$。

$$\begin{aligned}
&\mathrm{E}\{Y_1 G_h^2(\nu_p - Y_1)\} \\
&= \int_{-\infty}^{\infty} y f(y)\mathrm{d}y \int_{\frac{\nu_p - y}{h}}^{\infty} K(u)\mathrm{d}u \int_{\frac{\nu_p - y}{h}}^{\infty} K(v)\mathrm{d}v \\
&= \int_{-\infty}^{\infty} K(u)\mathrm{d}u \int_{-\infty}^{\infty} K(v)\mathrm{d}v \int_{y \geqslant \max\{\nu_p - hu, \nu_p - hv\}} y f(y)\mathrm{d}y \\
&= \int_{-\infty}^{\infty} K(u)\mathrm{d}u \int_{-\infty}^{u} K(v)\mathrm{d}v \int_{\nu_p - hv}^{\infty} y f(y)\mathrm{d}y \\
&\quad + \int_{-\infty}^{\infty} K(u)\mathrm{d}u \int_{u}^{\infty} K(v)\mathrm{d}v \int_{\nu_p - hu}^{\infty} y f(y)\mathrm{d}y \\
&= \int_{-\infty}^{\infty} K(u)\mathrm{d}u \int_{-\infty}^{u} K(v)\mathrm{d}v \left[\int_{\nu_p - hv}^{\nu_p} y f(y)\mathrm{d}y + \int_{\nu_p}^{\infty} y f(y)\mathrm{d}y\right] \\
&\quad + \int_{-\infty}^{\infty} K(u)\mathrm{d}u \int_{u}^{\infty} K(v)\mathrm{d}v \left[\int_{\nu_p - hu}^{\nu_p} y f(y)\mathrm{d}y + \int_{\nu_p}^{\infty} y f(y)\mathrm{d}y\right] \\
&= p\mu_p + \int_{-\infty}^{\infty} K(u)\mathrm{d}u \int_{-\infty}^{u} K(v)\mathrm{d}v \int_{\nu_p - hv}^{\nu_p} y f(y)\mathrm{d}y \\
&\quad + \int_{-\infty}^{\infty} K(u)\mathrm{d}u \int_{u}^{\infty} K(v)\mathrm{d}v \int_{\nu_p - hu}^{\nu_p} y f(y)\mathrm{d}y
\end{aligned}$$

$$= p\mu_p + \int_{-\infty}^{\infty} K(u)\mathrm{d}u \int_{-\infty}^{u} K(v)\mathrm{d}v \int_{\nu_p - hv}^{\nu_p} [\nu_p f(\nu_p) + O(y-\nu_p)]\mathrm{d}y$$

$$+ \int_{-\infty}^{\infty} K(u)\mathrm{d}u \int_{u}^{\infty} K(v)\mathrm{d}v \int_{\nu_p - hu}^{\nu_p} [\nu_p f(\nu_p) + O(y-\nu_p)]\mathrm{d}y$$

$$= p\mu_p + \int_{-\infty}^{\infty} K(u)\mathrm{d}u \int_{-\infty}^{u} [\nu_p f(\nu_p)hv + O(h^2v^2)]K(v)\mathrm{d}v$$

$$+ \int_{-\infty}^{\infty} K(u)\mathrm{d}u \int_{u}^{\infty} [\nu_p f(\nu_p)hu + O(h^2u^2)]K(v)\mathrm{d}v$$

$$= p\mu_p + \nu_p f(\nu_p)h \int_{-\infty}^{\infty} K(u)\mathrm{d}u \int_{-\infty}^{u} vK(v)\mathrm{d}v$$

$$+ \nu_p f(\nu_p)h \int_{-\infty}^{\infty} uK(u)\mathrm{d}u \int_{u}^{\infty} K(v)\mathrm{d}v + O(h^2)$$

$$= p\mu_p - 2C_k(1)\nu_p f(\nu_p)h + O(h^2)$$

另外，因为

$$\mathrm{E}\{G_h(\nu_p - Y_1)\} = p - \frac{1}{2}f'(\nu_p)\sigma_k^2 h^2 + o(h^2)$$

$$\mathrm{E}\{Y_1 G_h(\nu_p - Y_1)\} = p\mu_p - \frac{1}{2}\sigma_k^2 h^2(\nu_p f'(\nu_p) + f(\nu_p)) + O(h^4)$$

综上，可得，

$$\begin{aligned}
&\mathrm{Cov}\{Y_1 G_h(\nu_p - Y_1), G_h(\nu_p - Y_1)\}\\
&\quad = \mathrm{E}\{Y_1 G_h^2(\nu_p - Y_1)\} - \mathrm{E}\{Y_1 G_h(\nu_p - Y_1)\}\mathrm{E}\{G_h(\nu_p - Y_1)\}\\
&\quad = p\mu_p - 2C_k(1)\nu_p f(\nu_p)h + O(h^2)\\
&\qquad - \left[p - \frac{1}{2}f'(\nu_p)\sigma_k^2 h^2 + o(h^2)\right]\\
&\qquad \times \left[p\mu_p - \frac{1}{2}\sigma_k^2 h^2(\nu_p f'(\nu_p) + f(\nu_p)) + O(h^4)\right]\\
&\quad = p(1-p)\mu_p - 2\nu_p f(\nu_p)C_k(1)h + O(h^2)
\end{aligned}$$

由引理 7.6 可知

$$\begin{aligned}
&\sum_{k=1}^{n-1}\left(1-\frac{k}{n}\right)\mathrm{Cov}\{Y_1 G_h(\nu_p - Y_1), G_h(\nu_p - Y_{k+1})\}\\
&\quad = \sum_{k=1}^{n-1}\left(1-\frac{k}{n}\right)\mathrm{Cov}\{Y_1 \mathrm{E}(Y_1 \geqslant \nu_p), I(Y_{k+1} \geqslant \nu_p)\} + o(h)
\end{aligned}$$

所以，由以上两式可得 $\mathrm{Cov}\{\hat{\omega},\hat{\omega}\}$ 的值。

$$
\begin{aligned}
&\mathrm{Cov}\{\hat{\hat{\omega}},\hat{\omega}\}\\
&\quad = n^{-1}\mathrm{Cov}\{Y_1 G_h(\nu_p - Y_1), G_h(\nu_p - Y_1)\}\\
&\qquad + n^{-1}2\sum_{k=1}^{n-1}\left(1-\frac{k}{n}\right)\mathrm{Cov}\{Y_1 G_h(\nu_p - Y_1), G_h(\nu_p - Y_{k+1})\}\\
&\quad = n^{-1}p(1-p)\mu_p - 2\nu_p f(\nu_p)C_k(1)n^{-1}h + O(n^{-1}h^2)\\
&\qquad + n^{-1}2\sum_{k=1}^{n-1}\left(1-\frac{k}{n}\right)\mathrm{Cov}\{Y_1\mathrm{E}(Y_1 \geqslant \nu_p),\\
&\qquad I(Y_{k+1} \geqslant \nu_p)\} + o(n^{-1}h)
\end{aligned}
$$

又因为

$$
\begin{aligned}
\mathrm{Cov}\{\phi_1(\nu_p),\phi_2(\nu_p)\} = n^{-1}p(1-p)\mu_p + n^{-1}2\sum_{k=1}^{n-1}\left(1-\frac{k}{n}\right)\\
\cdot\mathrm{Cov}\{Y_1 I(Y_1 \geqslant \nu_p), I(Y_{k+1} \geqslant \nu_p)\}.
\end{aligned}
$$

所以，$\mathrm{Cov}\{\hat{\hat{\omega}},\hat{\omega}\}$ 又可以记为：

$$
\begin{aligned}
&\mathrm{Cov}\{\hat{\hat{\omega}},\hat{\omega}\}\\
&= n^{-1}p(1-p)\mu_p - 2\nu_p f(\nu_p)C_k(1)n^{-1}h + O(n^{-1}h^2)\\
&\quad + n^{-1}2\sum_{k=1}^{n-1}\left(1-\frac{k}{n}\right)\mathrm{Cov}\{Y_1\mathrm{E}(Y_1 \geqslant \nu_p), I(Y_{k+1} \geqslant \nu_p)\} + o(n^{-1}h)\\
&= \mathrm{Cov}\{\phi_1(\nu_p),\phi_2(\nu_p)\} - 2\nu_p f(\nu_p)C_k(1)n^{-1}h + o(n^{-1}h)
\end{aligned}
\tag{7.144}
$$

综合(7.128)和(7.144)两式，可得 $\mathrm{Cov}\{A_1, A_2\}$ 的值为：

$$
\begin{aligned}
&\mathrm{Cov}\{A_1, A_2\}\\
&\quad = p^{-2}\eta f^{-1}(\nu_p)\mathrm{Cov}\{\hat{\hat{\omega}},\hat{\omega}\} + o(n^{-1}h)\\
&\quad = p^{-2}f^{-1}(\nu_p)[\nu_p f(\nu_p) + O(h^2)]\\
&\qquad \times [\mathrm{Cov}\{\phi_1(\nu_p),\phi_2(\nu_p)\} - 2\nu_p f(\nu_p)C_k(1)n^{-1}h + o(n^{-1}h)]\\
&\quad = p^{-2}\nu_p\mathrm{Cov}\{\phi_1(\nu_p),\phi_2(\nu_p)\} - 2p^{-2}\nu_p^2 f(\nu_p)C_k(1)n^{-1}h + o(n^{-1}h)
\end{aligned}
\tag{7.145}
$$

综合(7.139)(7.143)(7.145)三式，可得 $\hat{\mu}_{p,h}$ 的方差为：

$$
\begin{aligned}
&\mathrm{Var}\{\hat{\mu}_{p,h}\} \\
&= \mathrm{Var}\{A_1\} + \mathrm{Var}\{A_2\} - 2\mathrm{Cov}\{A_1, A_2\} \\
&= p^{-2}\mathrm{Var}\{\phi_1(\nu_p)\} - 2C_k(1)\nu_p^2 f(\nu_p) p^{-2} n^{-1} h + o(n^{-1}h) \\
&\quad + p^{-2}\nu_p^2 \mathrm{Var}\{\phi_2(\nu_p)\} - 2p^{-2}\nu_p^2 f(\nu_p) C_k(1) n^{-1} h + o(n^{-1}h) \\
&\quad - 2[p^{-2}\nu_p \mathrm{Cov}\{\phi_1(\nu_p), \phi_2(\nu_p)\} - 2p^{-2}\nu_p^2 f(\nu_p) C_k(1) n^{-1} h + o(n^{-1}h)] \\
&= p^{-2}\mathrm{Var}\{\phi_1(\nu_p) - \nu_p \phi_2(\nu_p)\} + o(n^{-1}h) \\
&= p^{-2} n^{-1} \sigma_1^2(p,n) + o(n^{-1}h) \qquad (7.146)
\end{aligned}
$$

其中，

$$
\sigma_1^2(p,n) = \mathrm{Var}\{(Y_1 - \nu_p) I(Y_1 \geqslant \nu_p)\} + 2\sum_{k=1}^{n-1}\left(1 - \frac{k}{n}\right) r_1(k)
$$

$$
r_1(k) = \mathrm{Cov}\{(Y_1 - \nu_p) I(Y_1 \geqslant \nu_p), (Y_{k+1} - \nu_p) I(Y_{k+1} \geqslant \nu_p)\}
$$

最后，由(7.133)和(7.146)两式，可得 $\hat{\mu}_{p,h}$ 的均方误差为：

$$
\begin{aligned}
\mathrm{MSE}\{\hat{\mu}_{p,h}\} &= \mathrm{Var}\{\hat{\mu}_{p,h}\} + [\mathrm{Bias}\{\hat{\mu}_{p,h}\}]^2 \\
&= p^{-2} n^{-1} \sigma_1^2(p,n) + o(n^{-1}h) \\
&\quad + \left[-\frac{1}{2} p^{-1} \sigma_k^2 f(\nu_p) h^2 + O(n^{-1}) + o(h^2)\right]^2 \\
&= p^{-2} n^{-1} \sigma_1^2(p,n) + \frac{1}{4} p^{-2} (\sigma_k^2)^2 [f(\nu_p)]^2 h^4 + o(n^{-1}h + h^4)
\end{aligned}
\qquad (7.147)
$$

参考文献

[1] 陈希儒、柴根象编著:《非参数统计教程》,华东师范大学出版社 1989 年版。

[2] 〔美〕菲利普·乔瑞:《风险价值 VaR》,陈跃等译,中信出版社 2005 年版。

[3] 高惠璇编著:《应用多元统计分析》,北京大学出版社 2005 年版。

[4] 何其祥、郑明:《一元线性模型异方差的局部多项式回归》,载《系统工程理论方法应用》2003 年第 2 期,第 153—156 页。

[5] 〔美〕克里斯·莫里森:《金融风险度量概论》,汤大马、李松译,清华大学出版社 2009 年版。

[6] 马昀蓓、周勇:《带有辅助信息的 ROC 曲线两种估计的比较》,载《数理统计与管理》2010 年第 1 期,第 75—83 页。

[7] 牛昂:《银行风险管理的新方法》,载《国际金融研究》1997 年第 4 期,第 61—65 页。

[8] 周勇:《广义估计方程估计方法》,科学出版社 2013 年版。

[9] 刘晓倩:《金融风险度量的 VaR 与 ES 光滑估计及比较》,2010 年上海财经大学硕士学位论文。

[10] 刘晓倩、周勇:《金融风险管理中 VaR 度量的光滑估计效率》,载《应用数学学报》,2011 年第 4 期,第 752—768 页。

[11] 刘晓倩、周勇:《金融风险管理中 ES 度量的非参数方法的比较及其应用》,载《系统工程理论与实践》2011 年第 4 期,第 631—642 页。

[12] 刘晓倩、周勇:《加权复合分位数回归方法在动态 VaR 风险度量中的应用》,载《中国管理科学》2015 年第 6 期,第 1—8 页。

[13] Acerbi C., Nordio C., Sirtori C., Expected Shortfall as a Tool for Financial Risk Management, Working paper, 2001.

[14] Acerbi C., Tasche D., On the Coherence of Expected Shortfall, *Journal of Bank & Finance*, 2002(7): 1478-1503.

［15］Alexander G. J.，Baptista A. M.，Economic Implications of Using a Mean-VaR Model for Portfolio Selection：a Comparison with Mean-variance Analysis，*Journal of Economic Dynamics & Control*，2002(7)：1159-1193.

［16］Artzner P.，Delbaen F.，Eber J. M.，Heath D.，Coherent Measures of Risk，*Mathematical Finance*，1999(9)：203-228.

［17］Artzner P.，Application of Coherent Risk Measures to Capital Requirements in Insurance，*North American Actuarial Journal*，1999(3)：11-25.

［18］Beder T.，VaR：Seductive but Dangerous，*Financial Analysts Journal*，1995(5)：12-24.

［19］Beran J.，Feng Y.，Local Polynomial Fitting with Long-memory，Short-memory and Antipersistent Errors，*Annals of the Institute of Statistical Mathematics*，2002 (2)：291-311.

［20］Billingsley P.，*Convergence of Probability Measures*，New York：Wiley，1968.

［21］Bosq D.，*Nonparametric Statistics for Stochastic Processes*，Heidelberg：Springer，1998.

［22］Bouchand J. P.，Potters M.，Worse Fluctuation Method for Fast Valule at Risk Estimates，*Science & Finance*，1999(16)：109-117.

［23］Buckley M. J.，Eagleson G. K.，Silverman B. W.，The Estimation of Residual Variance in Nonparametric Regression，*Biometrika*，1988(2)：189-199.

［24］Carrasco M.，Chen X.，Mixing and Moment Properties of Various GARCH and Stochastic Volatility Models，*Econometric Theory*，2002(18)：17-39.

［25］Casella G.，Berger R. L.，*Statistical Inference*，Thomson Press (India) Ltd，2006.

［26］Chen S. X.，Tang C. Y. Nonparametric Inference of Value at Risk for Dependent Financial Returns，*Journal of Financial Econometrics*，2005(2)：227-255.

［27］Chen S. X.，Nonparametric Estimation of Expected Shortfall，*Journal of Financial Econometrics*，2007(9)：87-107.

［28］Cleveland W. S.，Robust Locally Weighted Regression and Smoothing Scatterplots，*Journal of American Statistical Association*，1979(74)：829-836.

［29］Danielsson J.，Casper G.，Value at Risk and Extreme Returns，Discussion Paper，Lse Financial Markets Group Discussion Paper Series，1997.

[30] Dowd K. , The Extreme Value Approach to VaR: An Introduction(1), *Financial Engineering News*, 1999(11): 33-45.

[31] Dowd K. , The Extreme Value Approach to VaR: An Introduction(2), *Financial Engineering News*, 1999(12): 24-34.

[32] Dowd K. , Estimating VaR with Order Statistics, *The Journal of Derivatives*, 2001(3): 23-30.

[33] Duffie D. , Pan J. , An Overview of Value at Risk, *The Journal of Derivatives*, 1997(4): 7-49.

[34] Fabozzi F. J. , Tunaru R. , On Risk Management Problems Related to a Coherence Property, *Quantitative Finance*, 2006(1): 75-81.

[35] Falk M. , Relative Effciency and Deficiency of Kernel Type Estimators of Smooth Distribution Functions, *Statistica Neerlandica*, 1983(37): 73-83.

[36] Falk M. , Relative Deficiency of Kernel Type Estimators of Quantiles, *The Annals of Statistics*, 1984(1): 261-268.

[37] Fama E. F. , Roll R. , Parameter Estimates for Symmetric Stable Distributions, *Journal of American Statistical Association*, 1971(334): 331-338.

[38] Fan J. , Gijbels I. , Variable Bandwidth and Local Linear Regression Smoothers, *The Annals of Statistics*, 1992 (4): 2008-2036.

[39] Fan J. , Gijbels I. , *Local Polynomial Modelling and Its Applications*, London: Chapman and Hall, 1996.

[40] Fernández M. , Vila J. , Local Polynomial Regression Estimation with Correlated Errors, *Communications in Statistics Theory and Methods*, 2001 (7): 1271-1293.

[41] Frey R. , McNeil A. J. , VaR and Expected Shortfall in Portfolios of Dependent Credit Risks: Conceptual and Practical Insights, *Journal of Banking and Finance*, 2002(26): 1317-1334.

[42] Glasserman P. , Heidelberger P. , Shahabuddin P. , Efficient Monte Carlo Methods for Value at Risk, *Mastering Risk*, 2001(2): 33-45.

[43] Hall P. , Law of the Iterated Logarithm for Nonparametric Density Estimators, *Probability Theory and Related Fields*, 1981 (1): 47-61.

[44] Hall P. , Using the Bootstrap to Estimate Mean Squared Error and Select Smoothing Parameter in Nonparametric Problems, *Journal of Multivariate Analy-*

sis, 1990(2): 177-203.

[45] Harmantzis F. C. , Miao L. , Chien Y. Empirical Study of Value-at-Risk and Expected Shortfall Models with Heavy Tails, *SSRN Electric Journal*, 2005.

[46] Hendricks D. , Evaluation of Value-at-Risk Models Using Historical Data, *Federal Reserve Bank* of *New York Economic Policy Review*, 1996(2): 12-44.

[47] Hodges J. L. , Lemman E. L. , Deficiency, *Annals of Mathematical Statistics*, 1970(41): 783-801.

[48] Inui K. , Kijima M. , On the Significance of Expected Shortfall as a Coherent Risk Measure, *Journal of Banking & Finance*, 2005(4): 853-864.

[49] Jeffrey S. Simonoff, *Smoothing Methods in Statistics*, New York: Springer, 1996.

[50] Li D. , Value at Risk Based on the Volatility, Skewness and Kurtosis, Riskmetrics Working Paper, 1999.

[51] Linsmeier T. J. , Pearson N. D. , Risk Measurement: An Introduction to Value at Risk. *Financial Analysis*, 2000, 56: 47-67.

[52] Lloyd, C. J. , Zhou, Y. Kernel Estimators of the ROC Curve are Better than Empirical, *Statistics & Probability Letters*, 1999(3): 221-228.

[53] McNeil A. J. , Estimating the Tails of Loss Severity Distributions Using Extreme Value Theory, *Astin Bulletin*, 1997(1): 1117-1137.

[54] Mittnik S. , Rachev S. , Doganoglu T. S. , Chenyao D. Maximum Likelihood Estimation of Stable Paretian Models, *Mathematical and Computer Modelling*, 1999(10-12): 275-293.

[55] Parzen E. , Nonparametric Statistical Data Modeling, *Journal of American Statistical Association*, 1979(365): 105-121.

[56] Rachev S. , Mittnik S. , *Stable Paretian Models in Finance*, Chichester: John Wiley & Sons, 2000.

[57] Rockafellar R. T. , Uryasev S. , Optimization of Conditional Value at Risk, *The Journal of Risk*, 2000(3): 21-41.

[58] Rosenblatt M. , A Central Limit Theorem and a Strong Mixing Condition, *Proceedings of the National Academy of Science*, 1956(1): 43-47.

[59] Ruppert D. , Wand M. P. , Multivariate Locally Weighted Least Squares Regression, *The Annals of Statistics*, 1994(22):1346-1370.

[60] Scaillet O. , Nonparametric Estimation and Sensitivity Analysis of Expected Shortfall, *Mathematical Finance*, 2004(1): 115-129.

[61] Scaillet O. , Nonparametric Estimation of Conditional Expected Shortfall, *Fame Research Paper*, 2004(5): 639-660.

[62] Silverman B. W. , *Density Estimation for Statistics and Data Analysis*, New York: Chapman and Hall, 1986.

[63] Stambaugh F. , Risk and Value at Risk, *European Management Journal*, 1996(14): 612-621.

[64] Stone C. J. , Consistent Nonparametric Regression, *The Annals of Statistics*, 1977(5): 595-645.

[65] Stute W. , A Law of the Logarithm for Kernel Density Estimators, *The Annals of Probabilty*, 1982 (2): 414-422.

[66] Yamai Y. , Yoshiba T. , Comparative Analyses of Expected Shortfall and Value-at-Risk: Their Estimation Error, Decomposition, and Optimization, *Monetary & Economic Study*, 2002(20): 87-122.

[67] Yang S. C. , Moment Bounds for Strong Mixing Sequences and Their Application, *Mathematical Research & Exposition*, 2000(20): 349-359.

[68] Yokoyama R. , Moment Bounds for Stationary Mixing Sequences, *Probability Theory and Related Fields*, 1980(52): 45-87.

[69] Yoshihara K. , The Bahadur Representation of Sample Quantiles for Sequences of Strongly Mixing Random Variables, *Statistics & Probability Letters*, 1995 (4): 299-304.